D1943238

Marketingplanung

Angela Hatton ist für ihren enthusiastischen Stil als Trainerin und für ihren Pragmatismus als Beraterin bekannt. Sie arbeitete schon mit großen und kleinen Organisationen und Unternehmen sowohl im öffentlichen als auch im privaten Sektor. Dazu gehören die BBC, IBM, Cable & Wireless, Halifax plc, Lloyds/TSB und Skillset.

Angela Hatton verfügt über mehr als 13 Jahre Erfahrung als Prüferin und wissenschaftliche Beraterin am Chartered Institute of Marketing (CIM) und lehrt als Gastdozentin an der Londoner City University Business School. Daneben leitet sie eine eigene Firma.

Angela Hatton

Financial Times Managementpraxis

Marketingplanung

Effektive Marketingstrategien entwickeln und umsetzen

Übersetzung aus dem Englischen
von Matthias Eickhoff

FINANCIAL TIMES
DEUTSCHLAND
FINANCIAL TIMES PRENTICE HALL

München • Amsterdam • Hongkong • Kapstadt
London • Madrid • New York • Paris • San Francisco
Singapur • Sydney • Tokio • Toronto

Die Deutsche Bibliothek – CIP-Einheitsaufnahme

Ein Titeldatensatz für diese Publikation ist bei
Der Deutschen Bibliothek erhältlich.

Alle Rechte vorbehalten, auch die der fotomechanischen
Wiedergabe und der Speicherung in elektronischen Medien.

Umwelthinweis:
Dieses Buch wurde auf chlorfrei gebleichtem Papier gedruckt.
Die Einschrumpffolie – zum Schutz vor Verschmutzung – ist aus
umweltverträglichem und recycelbarem PE-Material.

10 9 8 7 6 5 4 3 2 1

04 03 02

ISBN 3-8272-7075-8

Die englische Originalausgabe erschien 2000 bei Financial Times Prentice Hall
unter dem Titel *The Definitive Guide to Marketing Planning*.

© Pearson Education Limited 2000

© 2002 by Financial Times Prentice Hall
Pearson Education Deutschland GmbH
Martin-Kollar-Straße 10–12
D-81829 München
www.ftmanagement.de

Übersetzung: Matthias Eickhoff, Münster
Redaktion: Dunja Reulein, München
Lektorat: Kerrin Hintz, khintz@pearson.de
Herstellung: Claudia Bäurle, cbaeurle@pearson.de
Einbandgestaltung: Jarzina Kommunikations-Design, Köln
Titelabbildung: Zefa, Düsseldorf
Satz: PC-DTP-Satz und Informations GmbH, München
Druck und Verarbeitung: Bercker, Kevelaer
Printed in Germany

Inhalt

Einführung

Sie haben womöglich Ihre eigene Firma oder arbeiten im oberen Management. Vielleicht versuchen Sie, in einer Organisation des ressourcenschwachen öffentlichen Sektors Prioritäten zu setzen oder die Bedürfnisse von unterschiedlichen und anspruchsvollen Interessengruppen zufrieden zu stellen. Ihre Ziele sind jedoch dieselben, ob Sie nun leitender Beamter oder Geschäftsführer sind. Sie versuchen, den größtmöglichen Output aus dem mageren Input zu erzielen, der Ihnen zur Verfügung steht. Sie streben danach, aus weniger mehr zu schaffen.

Der Schlüssel für Ihren Erfolg liegt in der Planung. Als Erstes müssen Sie jedoch Zeit für diese Planung finden. Manager haben normalerweise immer zu viel zu tun und anscheinend niemals genug Zeit dafür. Der Planungszyklus, falls er formell existiert, ist einfach eine weitere unwillkommene Aufgabe, die routinemäßig ausgeführt werden muss.

Sobald dieser Plan erstellt ist, setzt er auf dem Regal Staub an, bis er zur Einführung des Programms des nächsten Jahres hervorgezogen wird. Er wird abgestaubt, überprüft und modifiziert, um die nächste Frist in einem sterilen Planungsprozess einzuhalten.

In großen wie in kleinen Unternehmen aller Wirtschaftssektoren gibt es folgende Planungsaktivitäten:

- Planungen von oben nach unten, sodass sie nicht von denen stammen, die sie umsetzen müssen.
- Aktivitäten, die an den Produkt- oder Geschäftsprioritäten und nicht an den Kundenprioritäten orientiert sind. Die Ressourcen werden so vielleicht effizient eingesetzt, aber der Output wird nicht seine maximale Größe erreichen. Die Maßnahmen sind ineffektiv.
- Im Mittelpunkt steht die Erstellung eines Dokuments und nicht

die eines Aktionsplans, der die Betriebsaktivitäten des nächsten Jahres lenkt.

- Inflexibilität: Einmal festgelegte Pläne werden zu starren Vorgaben, die nicht mehr angepasst werden können, egal was passiert oder wie die Marktbedingungen sind. Solcher Realitätsmangel macht die Pläne praktisch nutzlos und führt dazu, dass im mittleren Management nur Pläne erstellt werden, die das geringste Risiko versprechen. So wird der kleinste gemeinsame Nenner angepeilt.
- Zu oft werden die Pläne isoliert vom Unternehmensplan erstellt und nicht mit denen abgesprochen, die für die Ausführung zuständig sind. Die Marketingplaner entwickeln die Marketingstrategie nicht gemeinsam mit den Verantwortlichen für den Kommunikationsplan.
- Zu selten werden die Pläne denjenigen Kollegen und den Mitarbeitern »verkauft«, die für die Erreichung der gesetzten Ziele zuständig sind.
- Die Aufgabe wird Mitarbeitern überlassen, welche die Instrumente und Rahmenbedingungen, die den Planungsprozess zum dynamischen und unschätzbaren Herzstück im Aufgabenbereich des Managers machen, nicht richtig einschätzen können.

In diesem Buch habe ich versucht, einen leicht verständlichen Leitfaden für den Planungsprozess aufzuzeichnen. Anhand des schrittweisen Ansatzes kann ein integrierter und kundenorientierter Unternehmens- und Marketingplan aufgestellt werden. Die Managementinstrumente sind erstaunlich flexibel und anpassungsfähig, sie können in den verschiedensten Situationen angewendet werden. Wie bei jeder Kunst entwickelt sich die Kompetenz und das Selbstvertrauen im Umgang mit diesen Instrumenten durch die praktische Übung. Die Planungsrahmen liefern eine Methodik, die den Prozess logisch strukturiert. Man kann damit einen persönlichen Stil und Zeitplan entwickeln, der den eigenen Bedürfnissen und denen des Unternehmens angepasst ist.

Es gibt viele wissenschaftliche Werke, welche die einzelnen Instrumente detaillierter beschreiben und ihren Nutzen tiefer analysieren. Dieses Buch soll einen pragmatischen Überblick über einen Ansatz liefern, den ich einsetze, wenn ich eine neue Beratungsaufgabe oder eine wissenschaftliche Fallstudie angehe. Mit diesem Rahmen können Sie Ihre eigenen Instrumente und Ansätze entwickeln, anpassen oder überarbeiten. Dieser geradlinige Ansatz soll Ihnen einen hilfreichen Überblick und nützliche Erkenntnisse über das kundenorientierte Planen liefern.

Planende Manager sind öfter Herr der Lage, werden weniger durch Ereignisse überrascht und müssen seltener akute Krisen bewältigen. Informierte Mitarbeiter sind motivierter und besser in der Lage, Probleme vorherzusehen und zu vermeiden. Im Endergebnis werden die eigenen Ressourcen effizient und effektiv eingesetzt; Sie stellen Ihre Kunden zufrieden und bringen den Nutzen, den die Anteilseigner erwarten. Es ist eben ein Rezept, um aus weniger mehr zu schaffen.

Schlüssel für die Symbole

Praxistricks

Vorsicht!

Schneller ans Ziel

Nicht vergessen!

Beispiel

1

Aus weniger mehr schaffen

Das Grundprinzip der Marketingplanung

Wie viel Erfahrung Sie auch als Planer im Unternehmen besitzen, Planung als solche ist Ihnen nicht unbekannt. Sie verstehen bereits das Grundprinzip, sind erfahren in den Planungstechniken und verfügen über eine breite Planungserfahrung, aus der Sie schöpfen können. Sie haben bereits Reisen, Dinnerpartys und Urlaube geplant. Sie haben die Regeln des Zeitmanagements angewandt, um einen vollen Terminkalender zu organisieren, sowie die Regeln der Finanzplanung, um mit einem knappen Haushaltsbudget zurechtzukommen. Neben der Karriere-, Familien- und vielleicht sogar Rentenplanung haben Sie wahrscheinlich auch schon im Beruf einige Zeit mit Planungen verbracht. Seien es Geschäftsanrufe, Projekte oder Werbekampagnen – alle Bereiche der geschäftlichen Aktivitäten können von einem Plan profitieren.

Der gemeinsame Grund für all diese Pläne ist die Ressourcenknappheit. Planung hilft uns bei der Lösung des Problems, dass wir zu viel zu tun haben und über zu wenig Zeit und/oder Ressourcen verfügen, um es zu tun. Zu den Instrumenten der Planer gehören Techniken der Prioritätensetzung und Entscheidungsfindung sowie der Zielsetzung und Kontrolle. All diese Maßnahmen stellen sicher, dass unsere begrenzten Ressourcen effizient eingesetzt werden. Das heißt, dass wir aus jeder eingesetzten Stunde und jedem Euro das meiste herausholen.

Doch in der stark wettbewerbsorientierten Geschäftswelt von heute reicht Effizienz allein nicht aus. Auf den Märkten des neuen Jahrtausends sind die Kunden so rar wie Zeit und Geld. Erfolg ist nur dann garantiert, wenn sich die Planung darauf konzentriert, diese wertvollen Kunden und Klienten zufrieden zu stellen. Die *effektive* Nutzung knapper Ressourcen ist genauso wichtig wie deren *effiziente* Nutzung. Vor dieser besonderen Herausforderung stehen die Manager heute. Die Marketingplanung verschafft den Rahmen für kundenorientierte Strategien und sichert den Geschäftserfolg. Man benötigt dafür Zeit und Energie, aber die Ergebnisse rechtfertigen die Investition. Die Konzepte sind einfach und universell einsetzbar. Sowohl ein Geschäftsführer eines multinationalen Unternehmens als auch ein Einzelhändler können von den Disziplinen der kundenorientierten Planung gleichermaßen profitieren. Die Auswirkungen des Plans sind nicht nur auf Profit und Umsatz beschränkt. Egal ob es darum geht, eine

Kirchengemeinde zu vergrößern, mehr Spenden für eine Wohlfahrtsorganisation zu sammeln oder die Verwaltung des öffentlichen Sektors zu verbessern – in allen Bereichen wird die Marketingplanung dabei helfen, aus weniger mehr zu machen.

In diesem ersten Kapitel werden folgende Aspekte diskutiert:

- die Planungsaufgaben der Manager;
- die Gründe für die wachsende Bedeutung der Kunden- und Qualitätsorientierung;
- die neue Entwicklung im Kontext vergangener Managementansätze und -stile;
- die Auswirkungen der kundenorientierten Planung auf die Kultur und die Organisationsstrukturen;
- Ihr eigenes Herangehen an Planung und Ihre Position in der Marketingplanung.

Die Aufgabe der Manager

Ein Unternehmen ist ungeachtet seiner Größe und Zusammensetzung eine Ansammlung an Ressourcen und Interessengruppen. Dazu können eine Belegschaft, die ihre Arbeitskraft einbringt, Anteilseigner oder Partner, die finanzielle Ressourcen anbieten, sowie Gebäude, Ausrüstungsgegenstände und Rohmaterialien gehören. Welche Ressourcen auch eingesetzt werden: Ohne Organisation wird der Betrieb nicht funktionieren. Die zentrale Aufgabe des Managers bezieht sich auf diese Ressourcen. Er oder sie ist dafür zuständig und muss sich gegenüber denjenigen verantworten, die sie zur Verfügung gestellt haben. Dazu gehören all diejenigen, die an den Betriebsaktivitäten beteiligt sind, von Bankmanagern und Aktionären bis zu Angestellten und Lieferanten.

Ressourcen sind begrenzt und haben einen Wert. Doch der Manager ist nicht nur Wächter der Ressourcen. Es reicht nicht, sie einfach zu verwahren. Nur wenn eine Ressourcenmenge effizient kombiniert wird, entsteht aus ihr ein Output mit Mehrwert (siehe Abbildung 1.1).

Bei einem Transformationsprozess ist das Ergebnis mehr wert als die Summe der Kosten für den Input. Es wurde ein Mehrwert geschaffen. Manager sind mit der Planung und der Kontrolle dieses Umformungsprozesses beauftragt, damit die Ressourcen produktiv eingesetzt werden und der Mehrwert maximiert wird.

Es gibt zwei Möglichkeiten, warum der Prozess nicht erfolgreich verläuft:

- Die knappen Ressourcen werden verschwendet, also nicht effizient eingesetzt. In diesem Fall kann der Input mehr kosten, als der erzeugte Output wert ist.
- Der Output wird nicht gekauft, trifft also auf keine Nachfrage, oder der erzielte Preis liegt unter den Produktionskosten. Die Güter haben einen begrenzten Wert auf dem Markt und der Transformationsprozess war ebenfalls unproduktiv.

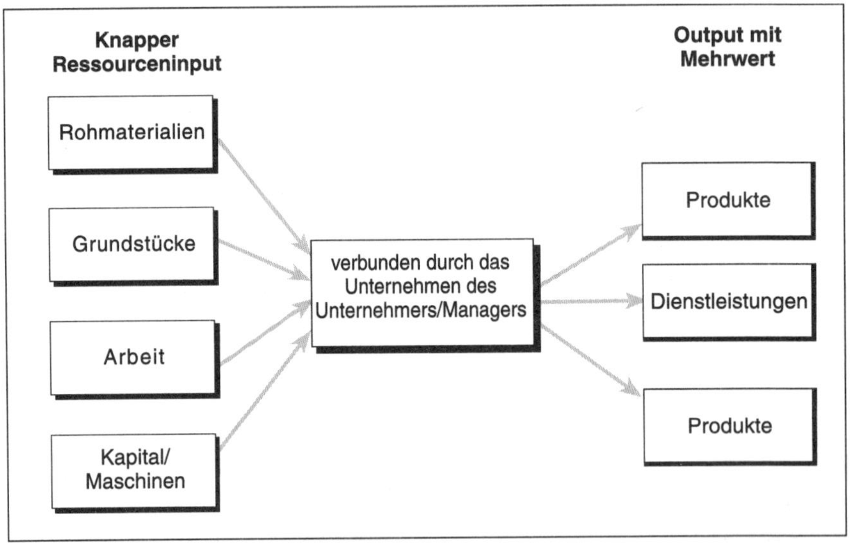

Abbildung 1.1: Der Transformationsprozess

Planung ist entscheidend

- Marketingplanung ist für den Erfolg jedes Unternehmens entscheidend und sollte eine Kernkompetenz aller Manager sein.
- Nur wenn die Manager die Fähigkeiten und Methoden der Planer mit der kundenorientierten Vision einer Marketingkultur verbinden können, hat ein Unternehmen eine Überlebenschance, von Erfolgschance ganz zu schweigen.

Die Kosten des Inputs müssen unter dem Wert des Outputs liegen, wenn sich für die Beteiligten ein Nutzen oder Profit ergeben soll.

Manager müssen vor allem entscheiden, wie die Ressourcen des Unternehmens am besten eingesetzt werden (Planung) und was sie produzieren sollen, damit das Unternehmen seinen Kunden den größten Wert beziehungsweise Nutzen bieten kann (Marketing). Siehe hierzu Abbildung 1.2.

Marketing darf nicht als ein Element oder eine Funktion des Unternehmens angesehen werden, sondern als die treibende Kraft und der Fokus des gesamten Unternehmensplans. Deshalb müssen die Unternehmensplaner das Marketingkonzept mit einbeziehen. Sie müssen zudem die Fähigkeit haben, all ihren Entscheidungen und Geschäftsaktivitäten einen kundenorientierten Ansatz zugrunde zu legen.

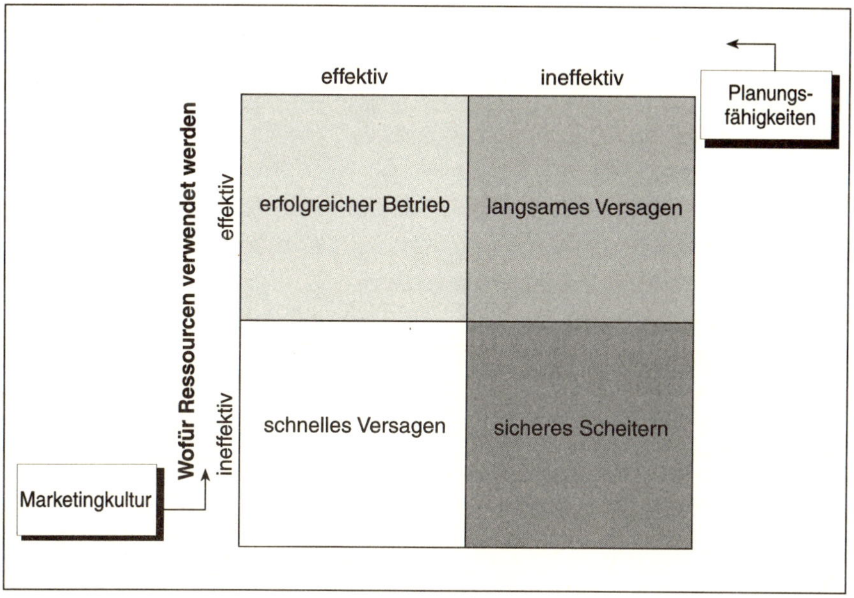

Abbildung 1.2: Wie Ressourcen kombiniert werden

Warum Marketing?

Geschäftserfolg war nicht immer von der Kundenorientierung abhängig. Ein Überblick über die Managementtheorien zeigt, dass das alles entscheidende Ziel der Kundenbefriedigung eine relativ neue Dimension moderner Wirtschaftheorien ist. Selbst jetzt wird sie nicht allgemein akzeptiert oder verstanden. Die Rolle des Marketings entwickelt sich in vielen Firmen noch.

Andere meinen, dass Marketing alles andere als neu im Geschäftsleben, sondern vielleicht sogar die älteste Geschäftsdisziplin überhaupt sei. Ein Produkt hatte niemals einen Wert, bis sich dafür nicht ein Kunde gefunden hatte. Der Ökonom Adam Smith schrieb im 18. Jahrhundert in *Wohlstand der Nationen*, dass der einzige Grund für die Produktion der Verbrauch sei. Selbst damals war die Bedeutung der Kunden ganz offensichtlich.

Produkte zu erzeugen, welche die Kunden schätzen und kaufen, ist eine grundlegende Geschäftsaktivität. Zwei Entwicklungen haben jedoch die Betonung verschoben und die Notwendigkeit der Kundenorientierung in den Unternehmen vergrößert.

- Durch den verstärkten Wettbewerb haben die Kunden mehr Auswahl und wählen den Lieferanten, dessen Angebot die meiste Befriedigung verspricht.
- Im Zuge einer Expansion verlieren Unternehmen oft den Kundenbezug. Örtlich oder durch die Unternehmenshierarchien abgespaltene Unternehmensplaner treffen Entscheidungen, die auf ihren Annahmen der Kundenbedürfnisse und -wünsche basieren. Entscheidungen werden mit den besten Absichten von Personen getroffen, die von den Kunden weit entfernt sind. Diese wiederum haben sich gewandelt und ihre Bedürfnisse entwickeln sich ständig weiter.

Niemand sollte sich dem Irrglauben hingeben, er wisse, was die Kunden möchten. Das gilt für alle Unternehmen oder Organisationen, ob klein oder groß. Man liegt damit fast automatisch falsch und wird knappe Ressourcen für die Produktion von Produkten oder Dienstleistungen verschwenden, die vom Kunden nicht angenommen werden. Es gibt nur einen Experten, wenn es um Kundenbedürfnisse geht, den Kunden selbst.

Kleinere Firmen wie diejenigen, die bis zur Mitte des 20. Jahrhunderts typisch waren, standen den Kunden sowohl emotional als auch physisch viel näher. Der Bedarf an formalisierter Kundenvertretung war daher nicht so augenfällig. Man konnte erwarten, dass Geschäftsentscheidungen selbstverständlich die Kundenprioritäten widerspiegelten; deshalb war Marketing ein integraler Bestandteil im Denken aller Manager. Leider haben zunehmende Entfernungen und wachsende Unternehmen dazu geführt, dass diese traditionelle Fähigkeit aus der Kunst des Managements fast vollständig verschwunden ist. Heute muss Marketing wieder eingeführt und sein Wachstum und seine Verbreitung beaufsichtigt werden.

Das professionelle Marketing ist die Vertretung der Kunden in einem Unternehmen. Während die Firmen langsam wieder entdecken, dass es logisch ist, ihre Aktivitäten auf die Befriedigung der Kunden auszurichten, wird die strategische Verantwortung der Marketingmanager auch von größeren Teilen des Managementteams getragen werden.

Warum Kundenorientierung wieder wichtig ist

Das Geschäftsleben war und ist ein Austauschprozess. Der Ressourceninput wird gegen Miete, Löhne, Zinsen und Profite getauscht, der Ressourcenoutput gegen einen Preis. Damit ein Austausch zustande kommt, müssen beide Seiten profitieren. Sie müssen also etwas von der Transaktion haben, sonst ist sie überflüssig. Wirtschaftswissenschaftler sprechen von gegenseitig Gewinn bringendem Austausch. Es müssen jedoch nicht beide Seiten den gleichen Nutzen aus dem Tausch ziehen. Wer was bekommt, hängt von der Machtverteilung ab. Auf Märkten entscheidet das Gleichgewicht von Angebot und Nachfrage über die relative Machtverteilung zwischen Kunden und Anbietern.

Produktorientierung

Betrachten Sie die Situation eines *Anbietermarktes:* Das Güterangebot ist knapp und es gibt Schlangen unzufriedener Kunden. Wie würden Sie in einer solchen Lage als gewinnorientierter Manager reagieren?

Es gibt zwei allgemeine Strategien, die einem zur Verfügung stehen:

- Sie können Ihre Preise anheben, um das vorhandene Angebot zu rationieren und den Gewinn zu steigern.
- Sie können sich darauf konzentrieren, mehr Güter mit den vorhandenen Ressourcen zu produzieren (aus weniger mehr schaffen). Der gesteigerte Output wird mehr Umsatz und Profit bringen.

Sie können auch eine Kombination aus beidem verfolgen, und selbstverständlich tun Unternehmen innerhalb der einzelnen Branchen genau dies.

Viele Volkswirtschaften befinden sich noch immer im Stadium eines Wirtschaftswachstums, das durch einen Anbietermarkt charakterisiert wird. In Großbritannien herrschte bis in die frühen fünfziger Jahre des 20. Jahrhunderts Rationierung vor. Es gibt also immer noch Manager, die ihre Karriere auf solchen Märkten begannen. Auch die wachsenden Volkswirtschaften in den Entwicklungsländern und den neuen Marktwirtschaften in Osteuropa weisen die Merkmale eines Anbietermarktes auf.

In solch einem Szenario ist die Tatsache, dass ein Kunde ein Produkt vielleicht in einer anderen Farbe oder Größe wünscht oder es nach Hause geliefert und ein flexibles Finanzierungspaket haben möchte, nicht relevant. Die Kunden haben keine Wahl – friss oder stirb. Es gibt für den Anbieter keinerlei Anreiz, sich über einen weniger zufriedenen Kunden Gedanken zu machen, weil viele weitere in der Schlange stehen. Er kann also so viele Produkte verkaufen, wie produziert werden können. In den USA war diese Entwicklungsära durch eine oft zitierte Äußerung von Henry Ford gekennzeichnet: Sie können jede Farbe haben, die sie möchten, solange es schwarz ist.

Die Anstrengungen und Energien dieser Manager sind logischerweise nach innen gerichtet, indem sie den Betrieb auf Möglichkeiten überprüfen, effizienter zu arbeiten. Diese Managementkultur oder -philosophie wird auch als Produkt- oder Betriebsmanagement bezeichnet. Die Aufmerksamkeit des Managements richtet sich auf das, was produziert wird und wie dies geschieht. Die Bedürfnisse des Unternehmens und der Mitarbeiter dominieren dabei die Entscheidungsfindung.

Anbietermarkt

↓

betrieblich orientierte Manager

Interne Orientierung

Die Banken haben bis vor kurzem ein hervorragendes Beispiel für betriebliche Orientierung geliefert. Begrenzte Öffnungszeiten verringerten den Zugang für Kunden, stellten aber sicher, dass die Mitarbeiter am

Ende eines Arbeitstages bereits bilanziert hatten. Diese Praxis stammte aus den Zeiten, als die Hauptbücher noch manuell geführt wurden. Ähnliches galt für Krankenschwestern in Großbritannien, die ihre Patienten um sechs Uhr morgens weckten, damit das Frühstück und andere Aufgaben vor dem Dienstantritt der Tagschicht erledigt werden konnten. Dieses System half zwar den Angestellten, war aber für die Patienten nicht sehr angenehm. Beide Beispiele verdeutlichen eine interne Orientierung.

Verkaufsorientierung

Märkte sind nicht statisch. Die hohen Gewinne, welche unsere Anbieter in obigem Szenario einstreichen konnten, locken neue Unternehmen und Ressourcen in den Sektor. Das Angebot wird auch durch die Manager vergrößert, die den Output erhöhen wollen. In dem Maße, wie sich das Angebot erhöht, wandelt sich das Machtverhältnis zu Ungunsten der Anbieter. Sobald Angebot und Nachfrage mehr oder weniger im Gleichklang sind, muss das Management die Prioritäten neu bestimmen. Der Output regelt sich nunmehr automatisch. Erfolg (und Gewinn) werden nun erzielt, wenn sich ein Käufer für die produzierten Güter findet.

Die Firmen produzieren immer noch die Güter und Dienstleistungen, von denen sie annehmen, dass die Kunden sie wünschen, doch nun setzen sie verkaufsfördernde Techniken ein, wie Werbung und Verkauf, um das Produkt zu den Kunden zu »schieben« (siehe Abbildung 1.3).

Dieses Stadium der Unternehmensentwicklung ist durch eine *verkaufsorientierte* Managementkultur gekennzeichnet, welche wird häufig mit Marketing oder Kundenorientierung verwechselt wird. Marketing wird oft schlicht als eine kollektive Bezeichnung für Verkaufsförderung oder Werbung angesehen. Der verkaufsorientierte Geschäftsansatz wird deshalb fälschlicherweise oft als Marketing gewertet. Dieses Missverständnis schafft eine Reihe von Fallstricken.

Während sich also das Gleichgewicht von Angebot und Nachfrage verschiebt, ändern sich auch die kritischen Erfolgsfaktoren (siehe Abbildung 1.4). Statt eines gesteigerten Outputs rücken verkaufsfördernde Maßnahmen in den Vordergrund.

Richtiges Marketing

- Marketing wird zu einer funktionalen Aktivität degradiert, die nur wenig oder manchmal sogar gar nicht im leitenden Management vertreten ist. Die Betonung liegt auf spontanen, taktischen Werbemaßnahmen, welche die Ressourcen meist weder effizient noch effektiv verwenden.
- Das Management macht sich selbst vor, Marketing zu betreiben. Es bemerkt daher nicht die Gefahr, dass Umsatz und Marktanteile an Konkurrenten verloren gehen können, die den Übergang zur Kundenorientierung tatsächlich vollziehen und so die Kundenbedürfnisse besser befriedigen können.
- Produkte werden den Kunden aufgedrängt, welche diese eigentlich gar nicht wünschen. In diesem teuren Prozess erhöhen die Ausgaben für die Werbung die Kosten. So wird die Wettbewerbsfähigkeit verringert und das Unternehmen verliert womöglich noch mehr Kunden.

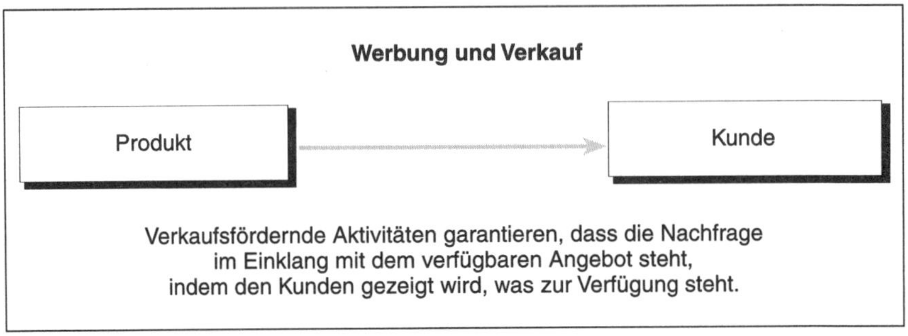

Abbildung 1.3: Verkaufsorientierte Managementkultur

Kundenorientierung

Dieses neue Gleichgewicht auf den Märkten wird wahrscheinlich nicht lange währen. Von den Managern nicht kontrollierbare Einwirkungen vergrößern das Angebot stetig. Technologische Fortschritte oder politische Veränderungen öffnen zum Beispiel die Märkte für neue Konkurrenten. Dadurch hat sich das Angebot in den Industriestaaten so lange weiter ausgedehnt, bis sich auf einem Markt nach dem anderen ein *Käufermarkt* entwickelt hat.

Auf einem Käufermarkt ist das Angebot größer als die Nachfrage. Einige Unternehmen werden keine Käufer für ihre Produkte oder Dienstleistungen finden. Wenn sie knappe Ressourcen ineffektiv eingesetzt haben, werden sie nach und nach aus dem Geschäft gedrängt. Sind die Manager mit dieser komplett gewandelten Machtverteilung konfrontiert, müssen sie den Kunden wieder entdecken und anerkennen, dass die Befriedigung der Kundenbedürfnisse für den Erfolg des Unternehmens entscheidend ist (siehe Abbildung 1.5). Für ein Unternehmen, das traditionellerweise das Produkt vor den Kunden gestellt hat, ist dies ein dramatischer Wandel.

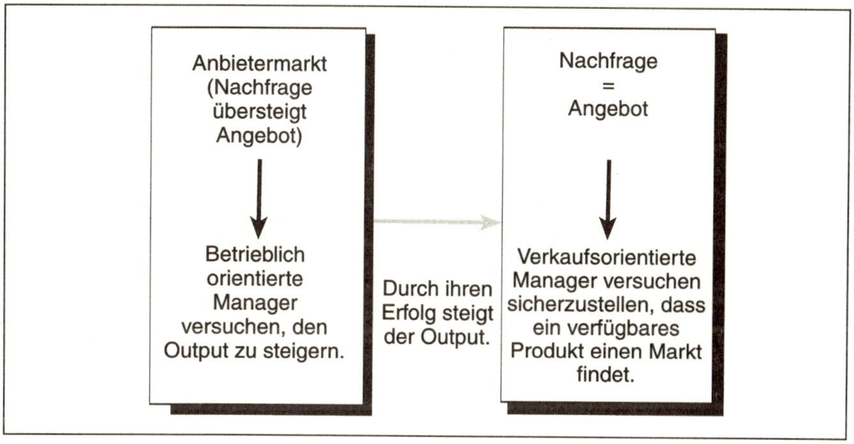

Abbildung 1.4: Von der Produkt- zur Verkaufsorientierung

Marktforschung, nicht Werbung und Verkauf, ist das wirkliche Kennzeichen eines kundenorientierten Geschäftsansatzes. Die Meinung der Kunden wird aktiv erfragt und das Unternehmen nutzt sein Fachwissen und seine Fähigkeiten, um Gewinn bringende Wege zu finden, diese Bedürfnisse zu erfüllen. Die Firma muss sich als Dienstleister der Kunden sehen.

Es gibt immer noch Unternehmen, die sich auf unterschiedlichen Stufen des Kontinuums in Abbildung 1.6 befinden. Die zur Einstellungsänderung des Managements notwendige Dynamik entfaltet sich nur, wenn sich das Gleichgewicht zwischen Angebot und Nachfrage verschiebt.

Die Rezession der späten achtziger und frühen neunziger Jahre zwang eine Reihe von Firmen dazu, ihre Geschäftsorientierung und Managementphilosophien neu zu bewerten. Das Angebot wuchs beständig durch die technologische Weiterentwicklung und den Abbau von internationalen Handelsbarrieren. Dieser Effekt wurde durch eine schwere Rezession verstärkt. Sie reduzierte die Nachfrage und vergrößerte die Kluft zwischen den Käufern und Anbietern. Der neue Käufermarkt traf die Unternehmen hart und viele gingen Pleite.

Mittel und Zweck

- Verwechseln Sie nicht den Zweck mit den Mitteln.
- Marketing fördert die Kundenzufriedenheit. Dies ist in einem Wettbewerbsumfeld der einzige Garant, dass das Unternehmen und seine Anteilseigner ihre Ziele erreichen.
- Ein Marketingansatz ist ein Mittel zum Zweck. Der Austausch muss immer noch beiden Seiten nützen. Sowohl Kunde wie Unternehmen müssen zufrieden sein.

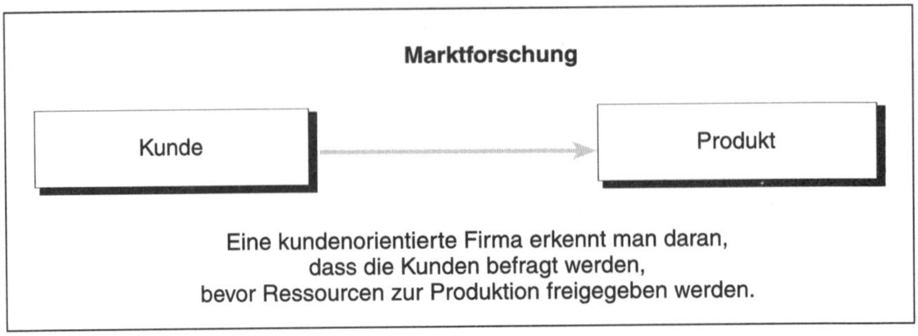

Abbildung 1.5: Marktforschung als Kennzeichen der Kundenorientierung

Die treibende Kraft der Deregulierung

Im öffentlichen Wirtschaftssektor war die Deregulierung der Märkte der Hauptmotor für den Wandel. In Europa wurden die Telekommunikationsfirmen dem offenen Wettbewerb auf den Märkten ausgesetzt, und für eine Reihe von Anbietern des öffentlichen Sektors wurde marktüblicher Wettbewerb eingeführt. Das Ergebnis ist dasselbe: Sobald die Kunden die Wahl haben, müssen die Anbieter auf ihre Bedürfnisse, Prioritäten und Vorlieben Rücksicht nehmen.

- Glauben Sie nicht, dass die Neuverpackung Ihres alten Produkts und die Ernennung eines Marketingmanagers schon mit Kundenorientierung gleichzusetzen ist; das ist es nicht und die Kunden werden es merken! Sie werden zu anderen Anbietern wechseln, und es ist schwer, den eigenen Ansatz zu ändern, wenn man mit sinkenden Einnahmen konfrontiert ist.

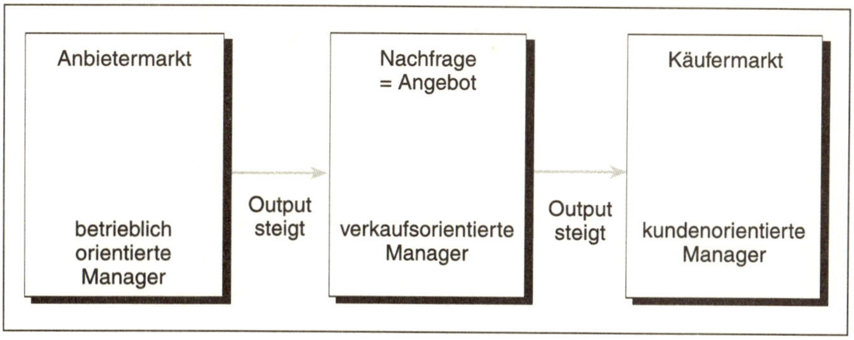

Abbildung 1.6: Kundenorientierung

- Geschicktere Manager werden die Bildung eines Verbrauchermarkts vorhersehen, falls sie nicht schon in einem operieren. Sie führen den notwendigen Kulturwechsel durch, bevor sie dazu gezwungen werden.

Das einzig Wahre?
In der Mitte der neunziger Jahre beschwerten sich die Lebensmittelhändler in Großbritannien, dass die Markenkriege zwischen den Herstellern ihnen nur noch wenig Mehrwert ließen. Giganten wie PepsiCo und Coca-Cola sahen sich bald einer verstärkten Konkurrenz von Händlermarken wie Sainsbury's Classic oder Virgin Cola gegenüber. Hätten diese Hersteller die Bedürfnisse ihrer Handelskunden früher erkannt und darauf reagiert, wäre es vielleicht zu einem anderen Ergebnis gekommen.

Gesellschaftsorientierung

Die Marketingphilosophie predigt einen »gegenseitig nutzbringenden Austausch«. Die Bedürfnisse sowohl der Anbieter wie der Nutzer werden zufrieden gestellt. Manager werden sich zukünftig jedoch weiteren Herausforderungen stellen müssen. Umweltprobleme und allgemeine Gesellschaftsbedürfnisse rücken stärker in den Mittelpunkt. Einzelne können heute die Befriedigung ihrer Bedürfnisse nicht mehr erwarten, wenn dies zulasten von anderen geht. Diese Forderungen nach einer umfassenderen Betrachtungsweise kommen von den Kunden selbst und repräsentieren so einen neuen Forderungskatalog, den die Manager befriedigen müssen. Wie man in Abbildung 1.7 sieht, wird Erfolg in Zukunft nur erzielt werden, wenn Manager die knappen Ressourcen so kombinieren können, dass

- sie die erkannten Bedürfnisse einzelner Kunden befriedigen (effektiv);
- sie nicht die Öffentlichkeit oder die globalen Interessen schädigen (sozial gebilligt);
- sie die Unternehmensziele verwirklichen (effizient).

Die Aufgabe des Managements wird zunehmend anspruchsvoller und die Fähigkeit zur Marketingplanung wird sogar noch entscheidender – immer mehr.

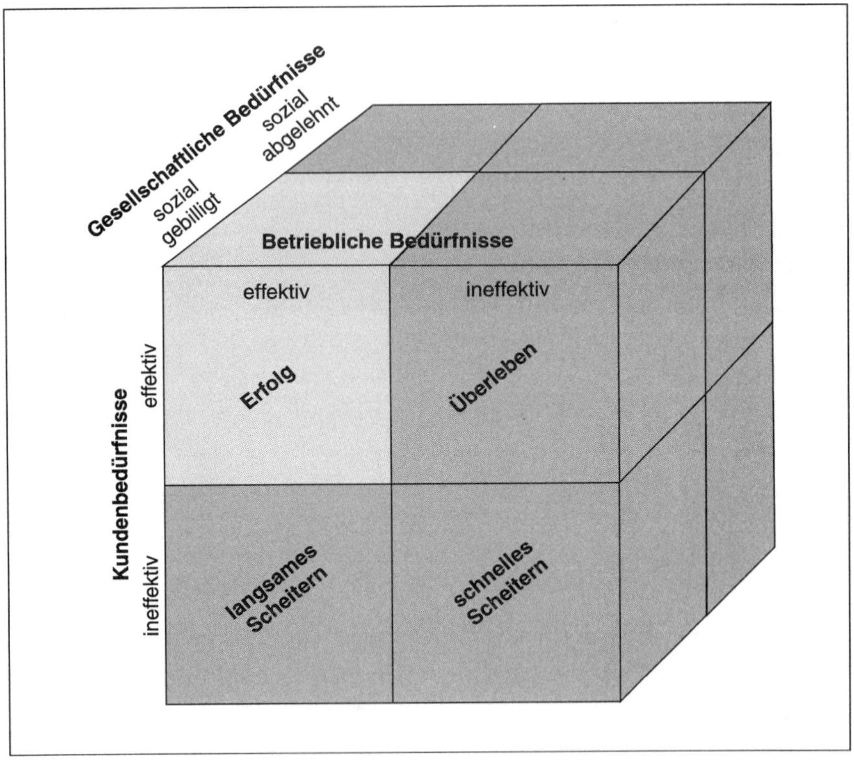

Abbildung 1.7: Die dritte Dimension

Die Managementphilosophie Ihres Unternehmens

Nehmen Sie sich ein paar Minuten, um über Ihr eigenes Unternehmen oder andere, die Ihnen vertraut sind, nachzudenken. Fragen Sie sich:

- Worauf konzentrieren sich die Manager?
- Ist das Unternehmen den betrieblichen Aktivitäten, dem Verkauf oder den Kunden entsprechend organisiert?
- Haben Kunden auf Ihrem Markt eine Auswahl?
- Setzen Sie Ressourcen für die Forschung ein, und verfügen Sie über Mechanismen, um mit den Kunden eine gegenseitige Kommunikation zu führen?
- Sind Ihre Kunden/Klienten zufrieden?
- Erreicht das Unternehmen seine Ziele?
- Wie würden Sie die jetzige Orientierung einschätzen, und muss diese sich wandeln?

Checkliste

Die folgenden Fragen werden Ihnen dabei helfen, Ihre Orientierung zu bestimmen:

- Haben Sie einen Marketingfürsprecher im Spitzenmanagement?
- Ist Marketing eine »Abteilung«, oder ist es eng mit allen anderen Abteilungen verzahnt?
- Holen Sie regelmäßig die Meinung Ihrer Kunden ein, um Ihre Produkte und Dienstleistungen zu verbessern?
- Ist es für Sie schwierig, Budgets zu verwirklichen, die Änderungen auf den Märkten nicht in Betracht gezogen haben?
- Ist Ihre Unternehmensmission angemessen formuliert und relevant, oder wird sie von den meisten Leuten ignoriert?
- Machen Sie von Verkaufsinformationen Gebrauch, um mehr Produkte zu verkaufen?
- Wissen Ihre Mitarbeiter im Marketing irgendetwas über die Bedürfnisse der Kunden auf Ihren Märkten?
- Verbringt Ihr Marketingpersonal mehr als 20 Prozent seiner Zeit mit Kunden?
- Wissen Sie, was mit Ihren Produkten/Dienstleistungen passiert, sobald sie Ihr Unternehmen verlassen?
- Danken Sie Ihren Kunden je persönlich?
- Haben Sie Ihre Kunden je gefragt, warum sie bei Ihnen gekauft haben – oder warum nicht?
- Werden Sie oder Ihre Mitarbeiter über Verkaufszahlen oder die Kundenzufriedenheit informiert?

Die Auswirkungen des Wandels

Sie haben mittlerweile vielleicht die Notwendigkeit erkannt, den Ansatz und die Einstellung Ihres Unternehmens gegenüber dem Markt zu ändern.

Vielleicht sind Sie auch schon dabei, diesen Wandel durchzuführen, doch wie bereits erwähnt ist dies kein unbedeutendes Unterfangen. Kulturwandel ist ein langsamer Prozess, der einen fundamentalen Wandel in der Einstellung sowohl der Manager als auch der Mitarbeiter mit Kundenkontakt erfordert. Die Verwirklichung eines kundenorientierten Unternehmens erfordert Einsatz und Investitionen. Es erfordert einen Wandel nicht so sehr in dem, was gemacht wird, als vielmehr in dem, wie es gemacht wird. Das ist viel schwerer greifbar.

In traditionellen Organisationsstrukturen sind die Manager in der Regel von den Kunden und Mitarbeitern durch zahlreiche Schichten des mittleren und unteren Managements getrennt. Das spiegelt sich normalerweise durch eine korrespondierende Anzahl von Stockwerken wider, wobei das Topmanagement abgeschirmt in der obersten Etage arbeitet. Kommunikation findet normalerweise nur einseitig statt und läuft von oben nach unten. So führen Buchhalter nur die Bücher, Marketingleute machen Marketing und so weiter (siehe Abbildung 1.8).

Die Technik hat die Möglichkeiten für einen radikalen Wandel in den Organisationsstrukturen geschaffen. Die Computertechnik und verbesserte Kommunikationsmöglichkeiten haben es ermöglicht, viele Managementschichten zu entfernen. Dieser Prozess hat die traditionelle Pyramide verflacht und die Spitzenmanager näher an die Kunden gebracht und an diejenigen, die sie bedienen (siehe Abbildung 1.9). Das ist ganz offensichtlich gut so.

Die Technik ermöglichte diesen dramatischen Wandel; angetrieben wurde er von den Zwängen zur Kosteneinsparung in der Rezession der frühen neunziger Jahre. Manager wurden zu einer sehr teuren Ressource – sobald sie für das Unternehmen keinen echten Mehrwert mehr schufen, wurden sie zu einem bevorzugten Ziel für Entlassungen.

Die Rezession senkte auch die Nachfrage und führte von Branche zu Branche zu einem Überangebot. Leitende Manager, die durch die flacheren Strukturen die Kunden nun wieder ins Visier bekamen, wollten erreichen, dass die Kundenbedürfnisse ins Zentrum der Unternehmensanstrengungen rückten. Mit anderen Worten versuchten die jetzt effizienteren Strukturen sicherzustellen, dass ihre Anstrengungen gleichermaßen effektiv wurden.

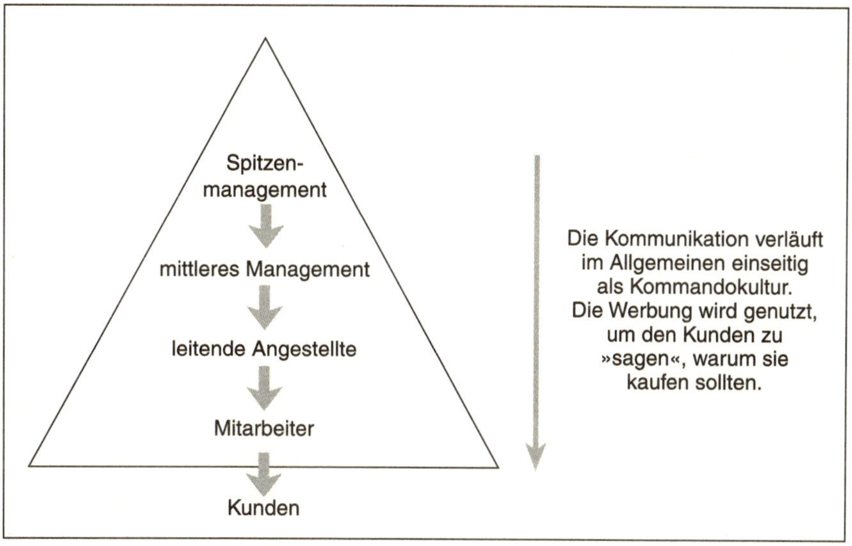

Abbildung 1.8: Die traditionelle hierarchische Organisationsstruktur

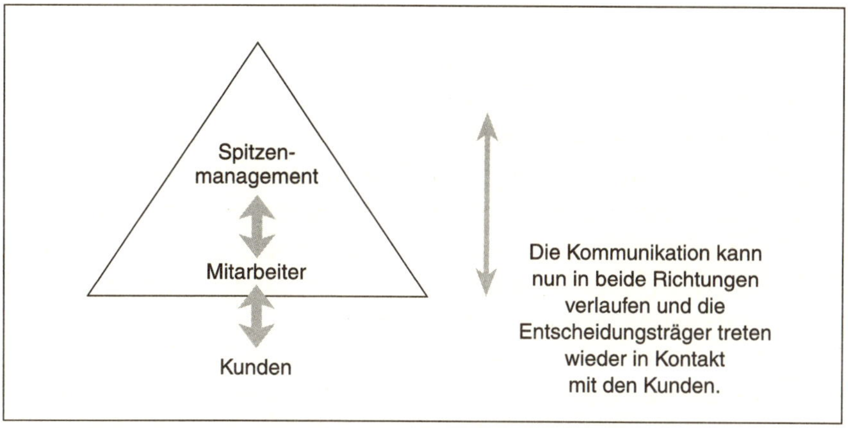

Abbildung 1.9: Das neue Modell einer Organisationsstruktur

Dieses Ansinnen wurde dadurch unterstützt, dass sich in den »schlanken« Unternehmen weniger Möglichkeiten für Kosteneinsparungen ergaben. So wurde die Steigerung der Einnahmen zum Schlüssel für die Rentabilität.

Doch der dafür notwendige Kulturwandel bedeutete, dass das Unternehmen im wörtlichen Sinne auf den Kopf gestellt werden musste (siehe Abbildung 1.10). Getrieben von zwei sich ergänzenden Kräften, dem Marketingdrang zur Kundenorientierung und dem Streben nach Qualität, erkannten die Manager, dass Verbesserungen auf einem Gebiet das andere unterstützen.

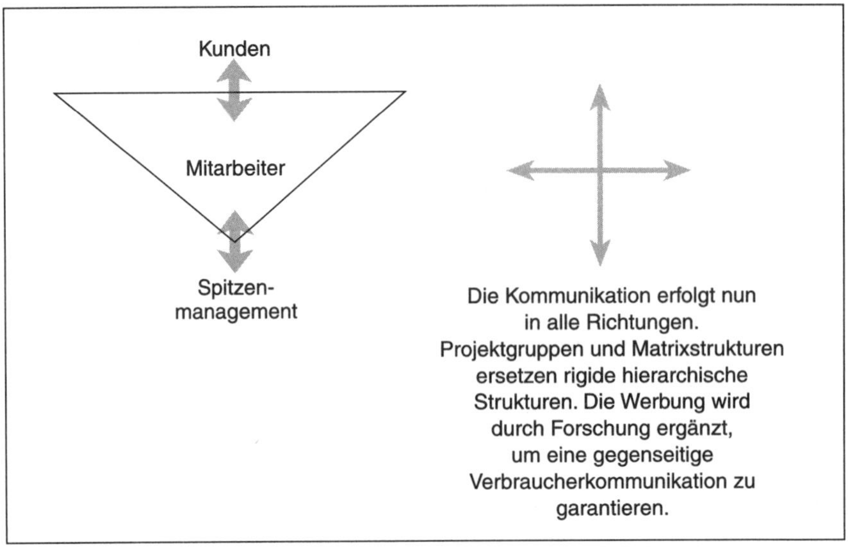

Abbildung 1.10: Eine frei fließende Struktur

Qualität und Kundenzufriedenheit

- Verbesserte Qualität steigert die Kundenzufriedenheit.
- Nur mit Befugnissen ausgestattete Mitarbeiter können eingreifen, um Qualität zu verbessern und Kundenprobleme zu lösen.
- Qualität wird erreicht, wenn alle Mitarbeiter die Bedürfnisse ihrer Kunden berücksichtigen, ganz gleich ob es ein interner Kollege oder ein externer Kunde ist.
- Wenn jeder eine kleine Verbesserung erreicht, macht dies zusammen einen großen Unterschied in der Qualität und im Kundennutzen aus. Das Streben nach konstanter Verbesserung ist der Schlüssel zum Erfolg.
- Verbesserte Kommunikation und Motivation sind für die Kundenpflege und die Qualität entscheidend.
- Genau wie die Marketingplanung betrachten Qualitätsinitiativen die zwei Facetten der Geschäftsaktivität: Was tun wir und wie tun wir es? Verknüpfen Sie Ihre Initiativen.

Ein Aktivitätenbündel?

Man sollte sich nicht von einer Vielzahl an Unternehmensaktivitäten durcheinander bringen lassen. Viele Manager möchten Marketing als die gerade gängige Marotte abtun.

Letzten Monat waren es Beurteilungen und im nächsten Monat wird es Qualität sein. Gleichzeitig begehen viele Manager den Fehler, zwischen dem fortgesetzten Bedarf nach verbesserter Leistung - aus weniger mehr schaffen - und anderen Managementvorgaben einen direkten Konflikt zu entdecken.

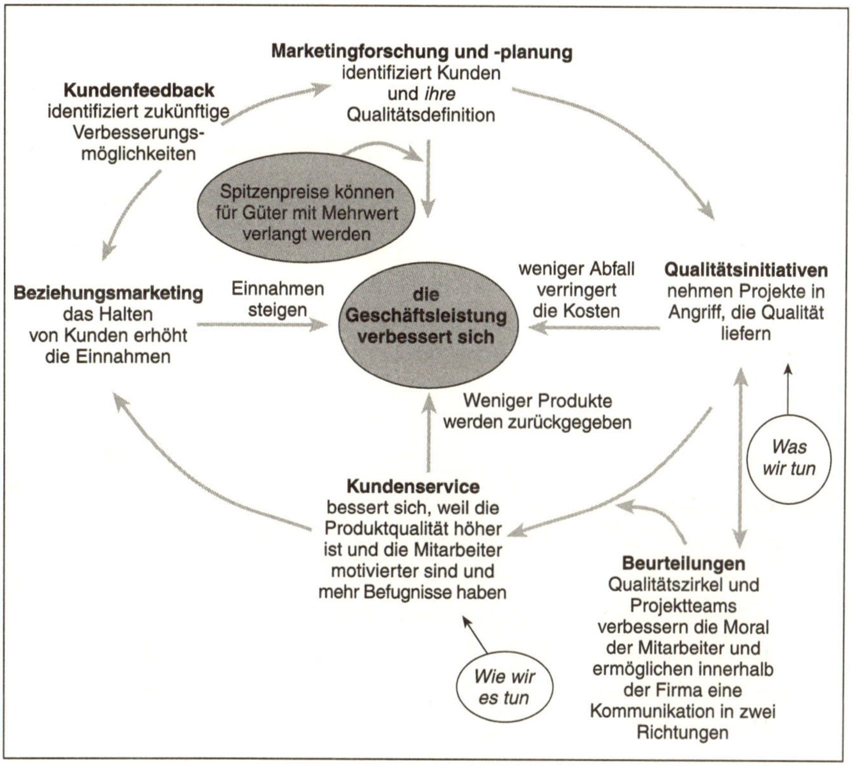

Abbildung 1.11: Der vorbildliche Planungskreislauf

Dabei beruhen alle diese Initiativen auf derselben grundlegenden Philosophie. Sie repräsentieren jeweils einen Teil eines Kreislaufs, den Planer zu verwirklichen suchen (siehe Abbildung 1.11).

Es geht nur darum, ob man am besten mit Qualität oder Marketing startet.

Die Einführung einer kundenorientierten Kultur

Wie ist Ihr Unternehmen strukturiert? Werden die Zielvorgaben an den Produkten oder an den Kunden ausgerichtet? Wenn den Mitarbeitern Ziele vorgegeben und Ressourcen sowie Prämien zugewiesen werden, die sich nach den Verkaufszahlen der Produkte X, Y und Z richten, überrascht es nicht, dass sie ihre Entscheidungen auf die Produkte beziehen und nicht auf die Kunden. Wenn die Ziele jedoch so gesetzt werden, dass es um eine Steigerung der Einnahmen in einem bestimmten Marktsegment geht, wird die Belegschaft zwangsläufig anfangen, sich auf die Bedürfnisse dieser Kunden zu konzentrieren. Zudem wird man nach zusätzlichen Möglichkeiten suchen, um mit diesen Kunden ins Geschäft zu kommen.

Beziehungen, nicht Transaktionen

Da Kunden in ausgereiften Märkten knapp sind, wird es offensichtlich wichtig, diese zu halten. Der Aufbau von Beziehungen bedeutet ein langfristiges Engagement. Das heißt, den Kunden wird geholfen, ihre Probleme zu lösen. Das Einkommen von morgen und die Loyalität von heute haben einen höheren Wert als der schnelle einmalige Verkauf eines unzulänglichen Produkts. Beziehungen sind der Schlüssel zum Erfolg, nicht Transaktionen.

Das Beziehungsmarketing hilft Ihnen, mit weniger Kunden mehr Geschäfte zu machen. Wenn die Kunden knapp sind, ist dies eine gute Strategie! Damit ein Unternehmen den Aufbau von Beziehungen erreicht, muss es für die Kunden planen und nicht für die Produkte. Man muss die Ressourcen den Kundensegmenten zuweisen.

In dem in Abbildung 1.12 dargestellten System basieren die Pläne auf den Produkten A, B und C. Die Verkaufsziele würden für jedes Produkt für die Märkte 1, 2 und 3 festgelegt. Wenn man diese Ziele erreicht, hat man den Kunden vielleicht ungeeignete Produkte aufgedrängt. Zudem hatten Kunden auf Markt 1 womöglich drei Verkaufskontakte mit der Firma, doch niemand ist für die Maximierung des Cross-Sell zuständig.

Dreht man diese Produkt-/Marktmatrix einfach um, dann können die eng mit den Kunden zusammenarbeitenden Markt- oder Produktmanager vorhersagen, wie viele Produkte in ihrem Segment verkauft werden können (siehe Abbildung 1.13).

Die Produkte werden nunmehr als Antwort auf die Kundennachfrage hergestellt. Dadurch werden weniger Produkte entwickelt, welche die Kunden eher ablehnen.

Kundenwert

- Bestimmen Sie den durchschnittlichen Wert einer Transaktion mit einem Kunden in Ihrem Unternehmen.
- Berechnen Sie jetzt, wie viel der Kunde wert ist, wenn Sie ihn halten können und er für den Rest des Lebens oder zumindest die nächsten drei Jahre ausschließlich bei Ihnen kauft.
- Berücksichtigen Sie die Tatsache, dass dieser zufriedene Kunde vielleicht verschiedene andere anwerben wird, die vielleicht auch zu loyalen Kunden werden.

In dieser Instanz werden Entscheidungen von der Überlegung motiviert, *was* und *wie viel* wir verkaufen möchten.

Markt / Produkt	A	B	C
1			
2			
3			
Ziele	X	Y	Z

Abbildung 1.12: Produktbezogene Planung

Ein Stilwechsel

Dieser Planungsansatz war der klassische Stil im schnelllebigen Verbrauchsgütersektor mit seinen Produkt- und Markenmanagern. Diese werden zunehmend durch Key Account Manager und Kategoriemanager abgelöst. Sie sollen Marktsegmente und Kundengruppen managen und so die Einnahmen maximieren. Sie arbeiten in Partnerschaften, um neue Produkt- und Dienstleistungsmöglichkeiten zu entwickeln und einen einzigen Ansprechpartner zu bieten.

Hier beruhen Produktentscheidungen und Ressourcenzuweisungen darauf, *was* und *wie viel* die Kunden kaufen möchten. Die Forschung konzentriert sich auf mögliche Kundenbedürfnisse in der Zukunft.

Markt / Produkt	1	2	3	zukünftige Möglichkeiten	Ziele
A					X
B					Y
C					Z

Abbildung 1.13: Kundenbezogene Planung

Eigeninitiative zeigen, nicht reagieren

Manager mit einer festen Beziehung zu den Kunden sind viel besser in der Lage, zukünftige Bedürfnisse, Entwicklungen und Anforderungen vorherzusagen. Eine erweiterte Kundenforschung und ein partnerschaftlicher Ansatz erlauben den Managern, Wandel vorherzusagen, anstatt auf unerwartete Ereignisse reagieren zu müssen.

Ein Management, das Eigeninitiative entwickelt, ist einer der Vorteile einer stärkeren Marketingplanungskultur. Das Vorhersehen eines sich wandelnden Marktumfelds (für Sie und Ihre Kunden) sowie frühzeitige Nachfrageschätzungen geben den Managern mehr Gelegenheit, eventuell notwendige Änderungen zu kontrollieren. Feuerwehreinsätze können spannend sein, sie sind jedoch auch anstrengend und erschöpfend. Zudem führen sie automatisch zu Ressourcenverschwendung. Das Ziel der Planung ist es, eine unsichere Zukunft besser kontrollieren zu können. Die Unternehmensrisiken sollen verringert und die Chancen der Zielerreichung erhöht werden.

Manager – und Unternehmen, die ihre Leistung steigern wollen – müssen aus weniger mehr machen. Die Begründung für eine starke Marketingplanungskultur ist klar: Sie liefert den Leitfaden zum Erfolg, indem sie Rahmen, Instrumente und Techniken bietet, um die knappen Unternehmensressourcen effizient und effektiv einzusetzen. In den folgenden Kapiteln dieses Buches werden Ihnen die Möglichkeiten und der Weg aufgezeigt, wie sich dies in Ihrem Unternehmen verwirklichen lässt.

Eine kundenorientierte Kultur einführen

- Beginnen Sie mit einer klaren Bestimmung der momentan vorherrschenden Kultur. Falls sie sich nicht auf die Befriedigung von Kundenbedürfnissen konzentriert, entwickeln Sie einen Änderungsplan.
- Seien Sie nicht zu ehrgeizig oder zu ungeduldig. Kulturwandel braucht seine Zeit. Normalerweise werden bis zu sieben Jahre benötigt.
- Der Wandel muss an der Spitze beginnen. Die Topmanager müssen davon überzeugt sein und sich ihm wirklich verpflichtet fühlen. Sie müssen den Wandel unterstützen und für ihn werben.
- Stellen Sie nicht einfach einen Marketingspezialisten ein. Wenn man einer produktorientierten Kultur schlicht eine Marketingfunktion überstülpt, zielt man in Richtung Verkaufsförderung und nicht Kundenorientierung. Wenn man Marketing ernst nimmt, muss der Marketingspezialist auf der Vorstandsebene angesiedelt werden.
- Holen Sie einen externen Berater, um beim »Verkaufen« des Wandels an ein unwilliges Management zu helfen. Falls Sie diese Aufgabe selbst übernehmen, bereiten Sie sich gut darauf vor, die Ineffizienz und Ineffektivität des jetzigen Ansatzes demonstrieren zu können. Zeigen Sie auch Beispiele von Marketingerfolgen in Ihrem Geschäftszweig oder Ihrer Branche und verdeutlichen Sie den Nutzen des Wandels.
- Beziehen Sie die Mitarbeiter in den Prozess mit ein. Diskutieren und unterstreichen Sie den Bedarf an und den Nutzen des Wandels für sie. Der Umgang mit zufriedenen Kunden ist praktisch immer angenehmer als die Bearbeitung von Beschwerden.
- Ziehen Sie den Einsatz von Qualitätsinitiativen in Betracht, um den Wandel in Ihrem Unternehmen durchzuführen.
- Betreiben Sie eine detaillierte Kundenforschung, um herauszufinden, wie die Kunden Sie sehen und welche Bedürfnisse sie haben. Qualitative Arbeit und Fokusgruppen sind dafür am effektivsten. Legen Sie Handlungsprioritäten fest.
- Organisieren Sie die Belegschaft nach Kundengruppen und nicht nach Produkten. Erarbeiten Sie für jede Gruppe einen Plan. Stellen Sie eine Matrixstruktur auf, mit den Sie Mitarbeitern mit einer funktionale Rolle, die Zuständigkeit für Kunden zuweisen. Geben Sie ihnen also zwei Aufgaben. Weisen Sie die Ressourcen entsprechend zu.
- Öffnen Sie Kommunikationskanäle, damit das Management garantiert auf die Kunden und die Mitarbeiter hört und ihnen nicht einfach nur erzählt, was sie kaufen oder tun sollen.

- Benutzen Sie Beurteilungssysteme, um Lücken im Training und bei den Fähigkeiten zu erkennen. Statten Sie die Belegschaft mit Befugnissen aus, damit sie für die Qualität und die Kundenbetreuung mehr Verantwortung übernehmen können. Die Vergütung sollte dem angepasst werden.
- Denken Sie daran, die Auswirkungen Ihrer Änderungen durch die sofortige Einführung von Leistungs-Benchmarks zu messen.

Die Pläne überprüfen

Verwenden Sie Ihre Antworten auf die folgenden Aussagen als Rahmen für die Überprüfung Ihres jetzigen Planungsansatzes. Passen Sie diese Fragen an die Bedürfnisse Ihres Unternehmens an. Befragen Sie auch Kollegen, Spitzenmanager und Mitarbeiter, um deren Ansichten mit den Ihrigen zu vergleichen.

- Wir nehmen die Planung ernst. Durch den Einsatz von Zeit und Mühe sollen realistische und praktische Pläne entwickelt werden.

Bewertung	**1**	**2**	**3**	**4**	**5**
	völlig falsch	ziemlich falsch	teilweise richtig	ziemlich richtig	völlig richtig

- Zur Entwicklung des Unternehmensplans tragen Mitarbeiter auf allen Ebenen und aus allen Funktionen bei.

Bewertung	**1**	**2**	**3**	**4**	**5**
	völlig falsch	ziemlich falsch	teilweise richtig	ziemlich richtig	völlig richtig

- Alle Mitarbeiter sind sich der allgemeinen Unternehmensziele, unserer Vision und unserer Strategie, um diese zu verwirklichen, bewusst.

Bewertung	**1**	**2**	**3**	**4**	**5**
	völlig falsch	ziemlich falsch	teilweise richtig	ziemlich richtig	völlig richtig

- Der Unternehmensplan wird durch eine Reihe von integrierten Marketingplänen umgesetzt, die für jedes Schlüssel-Kundensegment entwickelt werden.

Bewertung	**1**	**2**	**3**	**4**	**5**
	völlig falsch	ziemlich falsch	teilweise richtig	ziemlich richtig	völlig richtig

- Alle Pläne sind Arbeitsdokumente, auf die sich regelmäßig bezogen wird und die je nach Lage angepasst werden.

Bewertung	**1**	**2**	**3**	**4**	**5**
	völlig falsch	ziemlich falsch	teilweise richtig	ziemlich richtig	völlig richtig

- Wir ergreifen positive Maßnahmen, um von unseren eigenen Planungsaktivitäten zu lernen. Wir nehmen uns Zeit, um vergangene Pläne zu überprüfen und zu besprechen, bevor wir uns dem nächsten Plan zuwenden.

Bewertung	**1**	**2**	**3**	**4**	**5**
	völlig falsch	ziemlich falsch	teilweise richtig	ziemlich richtig	völlig richtig

- Es gibt gut verankerte Mechanismen und Prozesse, um die Meinungen, Bedürfnisse und Präferenzen der Kunden bei der Planung mit einzubeziehen und das Feedback innerhalb des gesamten Unternehmens bekannt zu machen.

Bewertung	**1**	**2**	**3**	**4**	**5**
	völlig falsch	ziemlich falsch	teilweise richtig	ziemlich richtig	völlig richtig

- Die Budgets werden auf der Grundlage der für die Umsetzung eines speziellen Plans benötigten Ressourcen zugewiesen. Es geht nicht nach dem, was wir letztes Jahr hatten oder nach unserem Marktanteil.

Bewertung	**1**	**2**	**3**	**4**	**5**
	völlig falsch	ziemlich falsch	teilweise richtig	ziemlich richtig	völlig richtig

Die maximale Punktzahl ist 40. Mit mehr als 30 Punkten sind Sie bereits auf gutem Weg, eine starke Marketingplanungskultur zu entwickeln. Mit weniger Punkten gibt es noch viel zu tun. Ich hoffe, dass die Hinweise und Tipps der folgenden Kapitel dabei helfen.

2

Dem Planungsprozess auf der Spur

Eine Planungsabfolge festlegen

Unter Managern wie unter Managementstudenten bringt der eigentliche Entwicklungsprozess eines marktorientierten Geschäftsplans einige Konfusion mit sich. Was muss zuerst getan werden? Wie sieht die Planungsabfolge aus? Der Unternehmensplan muss doch wohl vor dem Marketing- oder Werbeplan kommen? Ein Großteil dieser Konfusion entsteht daraus, dass oftmals nicht klar genug zwischen dem Planungsprozess und den Ergebnissen dieses Prozesses unterschieden wird. Es geht also um die Hierarchie von Unternehmensplänen und funktionalen Plänen.

In diesem Kapitel werden wir

- den Planungsprozess entwirren und einen Leitfaden erstellen, der die Planung Schritt für Schritt angeht;
- den Rahmen für einen Plan entwickeln;
- zwischen Unternehmens-, Marketing- und taktischen Plänen unterscheiden und den Zweck dieser Hierarchie beleuchten;
- die Planungsterminologie und ihre Bedeutung klären;
- einen Rahmen erarbeiten, mit dem Sie Ihren eigenen Planungszeitplan erstellen können.

Das Problem mit Plänen und Planung

Das Problem mit der Planung ist die Zeit, die in die Vorbereitung gesteckt wird. Diese Zeit wird in den Prozess investiert, taucht aber nicht in dem fertigen Produkt, also dem Plan, auf. Man kann das mit dem Renovieren eines Zimmers vergleichen. Das gesamte Einkaufen und Auswählen einer Farbpalette sowie das Abreißen der Tapete scheint am Ende von niemandem als Teil der Anstrengung, die für das fertige Zimmer aufgewandt wurde, wahrgenommen zu werden. Das ist natürlich nicht ganz die Wahrheit. Die Qualität der Vorbereitung spiegelt sich in der Qualität und dem Erfolg des Endprodukts. Das Gleiche gilt für einen Geschäftsplan.

Bis zu 80 Prozent Ihrer Zeit und Mühe benötigen Sie für den Planungsprozess. Das Präsentieren des fertigen Plans ist nur die Spitze des Eisbergs, aber die Qualität Ihrer Vorbereitung wird sich in der Effektivität und dem Erfolg des Plans widerspiegeln.

Richtige Planung entscheidet

- Viele Manager sehen Planung als eine zusätzliche und vielleicht unwillkommene Aufgabe, die sie alljährlich durchführen sollen. Sie berechnen zwar die Zeit für das Schreiben des Plans, jedoch nicht den benötigten Aufwand, um den Prozess gründlich durchzuführen.
- Deshalb sind viele Pläne oberflächlich und übereilt erstellt. Das Bekenntnis zu dem, was die zentrale und nicht die periphere Aufgabe der Manager sein sollte, steht nur auf dem Papier.
- Die Vorbereitungsschritte benötigen Zeit. Ein Planungskalender sollte dies berücksichtigen und Zeit für die ersten Vorbereitungen lassen.

Die Hierarchie der Pläne

Es gibt eine definitive Hierarchie der Pläne, die mit dem Unternehmensplan anfängt und bis zu detaillierten taktischen Plänen reicht. Dies wird in Abbildung 2.1 allgemein dargestellt. Man erkennt, dass ein Plan nach dem anderen erstellt wird.

Die Größe Ihres Unternehmens wird darüber bestimmen, wie formalisiert und detailliert jeder dieser Pläne ist. Doch selbst in einem Ein-Personen-Geschäft sollte es möglich sein, einen Plan für PR- und Werbeaktivitäten sowie Marketingpläne und einen klaren Geschäftsplan aufzustellen. Aus der Hierarchie lässt sich erkennen, dass sich die funktionalen oder betrieblichen Marketing-, Finanz-, Personal- und Betriebspläne aus dem Unternehmensplan ableiten. Diese funktionalen Pläne wiederum führen zu taktischen Bereichsplänen, zum Beispiel Kommunikations- und PR-Plänen für das Marketingteam sowie Anstellungs- und Ausbildungsplänen für die Personalabteilung.

Diese Hierarchie ist auf gewisse Weise wahrhaftig und reflektiert die Rangordnung der fertigen Pläne. Es ist auf keinen Fall möglich, einen effektiven Marketingplan zu schreiben, bevor der Unternehmensplan nicht klare Zielvorgaben und eine strategische Ausrichtung für das Unternehmen festgelegt hat. Genauso muss sich der PR-Plan aus dem Marketingplan ableiten lassen, in dem die anvisierten Marktsegmente und die Gesamtziele für jedes Segment vorgegeben werden.

Es sind die spezifizierten Zielvorgaben und Strategien des übergeordneten Plans, welche die Maßnahmen des untergeordneten Plans bestimmen und koordinieren. So wird Synergie garantiert.

Pläne sind dazu da, die Maßnahmen eines Unternehmens zu integrieren. Sie können in hermetisch abgeschotteten Einheiten nicht effektiv erstellt werden. Informationen und Entscheidungen müssen in alle Richtungen frei beweglich sein und während der Planungsabfolge durch das gesamte Unternehmen fließen.

Das Management kann nicht über die Expansion in ein neues Marktsegment entscheiden, ohne zu überprüfen, ob die finanziellen Ressourcen dafür vorhanden sind und ob das Marktpotenzial die Sache überhaupt lohnend macht. Pläne müssen im Lichte der allgemeinen Stärken und Schwächen eines Unternehmens entwickelt werden, wenn sie realistisch sein sollen. Sie müssen auch das sich wandelnde externe Umfeld berücksichtigen, wenn sie eine Erfolgschance haben wollen. Ein angemessener Planungsprozess wird die Mechanismen und Abfolgen liefern, mit denen die Planung sowohl von unten nach oben als auch von oben nach unten erfolgen kann.

Solide Pläne beruhen auf einem detaillierten Verständnis dreier Faktoren: Fähigkeiten, Kunden und Konkurrenten (siehe Abbildung 2.2).

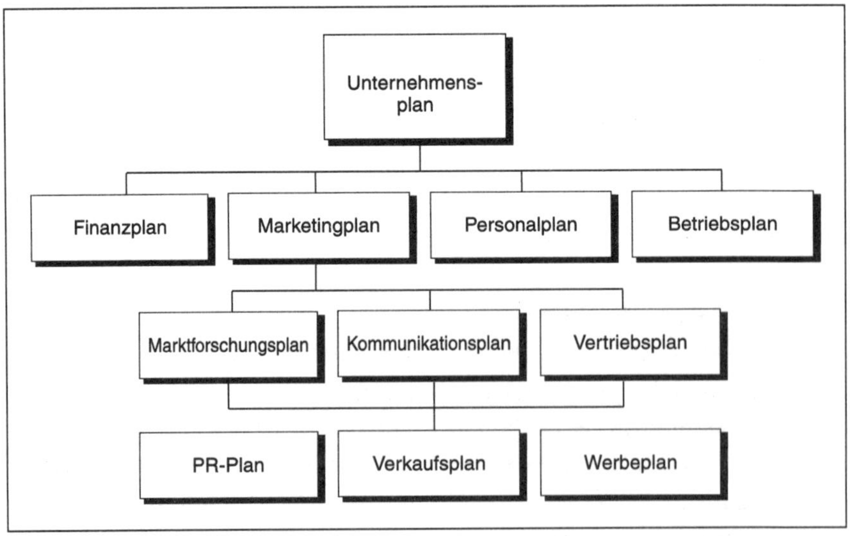

Abbildung 2.1: Die Hierarchie der Pläne

Eigene Geschäftspläne

- Erstellen Sie in einem großen oder verzweigten Unternehmen nie einen einzigen Geschäftsplan für zwei oder mehr Geschäftseinheiten.

- Der Begriff »strategische Geschäftseinheit« beschreibt eine Geschäftsaktivität, die für sich allein ausgeführt werden kann. Sie hat ihre eigenen Kunden und Managementfunktionen. Sie benötigt deshalb ihren eigenen separaten und identifizierbaren Plan.
- Dieses Prinzip sollte auch für kleinere Unternehmen gelten, die sich diversifiziert haben. Zum Beispiel braucht ein Klempner, der immer noch Hausservice anbietet, aber auch einen Laden eröffnet hat, in dem er Badezimmerzubehör verkauft, wahrscheinlich zwei Geschäftspläne, damit er garantiert den maximalen »Mehrwert« aus beiden Aktivitäten erzielt.

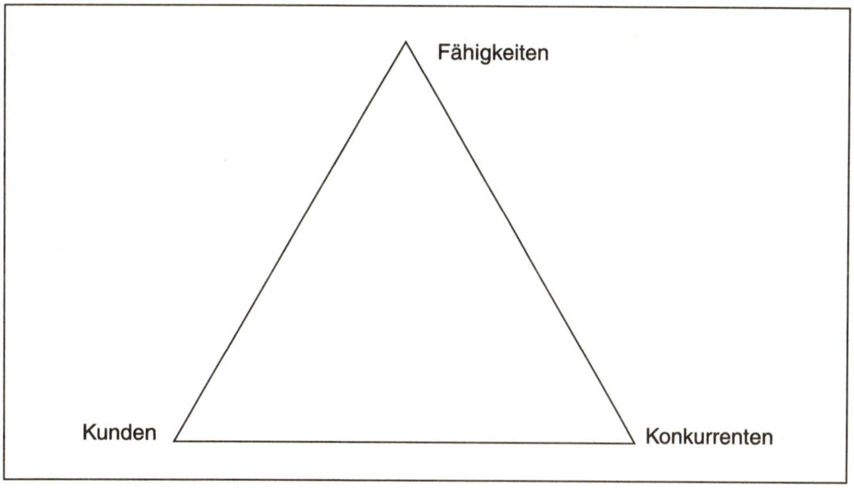

Abbildung 2.2: Die drei Faktoren

Keine Pläne in Isolation

- Das Problem dieser Hierarchie liegt in dem Ansinnen vieler Manager, sie in ihren eigenen Planungsprozess übernehmen zu wollen.
- Unternehmenspläne werden in selbst gewählter Isolation erstellt und an Betriebsmanager weitergereicht, die wiederum Marketing- oder Finanzpläne hervorzaubern. Viel zu oft werden weder die Kollegen noch die Untergebenen mit einbezogen.
- Im schlimmsten Fall wird von Managern erwartet, ihre Pläne zu erstellen, obwohl sie nur eine leise Ahnung von dem haben, was im Unternehmensplan steht. Als ob dieser keine Auswirkungen auf ihre Aktivitäten hätte!

Eine Planungsabfolge

Anstatt sich mit der Beziehung der fertigen Pläne zu beschäftigen, sollte man den Planungsprozess sowie die Aktionen und Aktivitäten betrachten, die mit der Erstellung der Pläne verbunden sind.

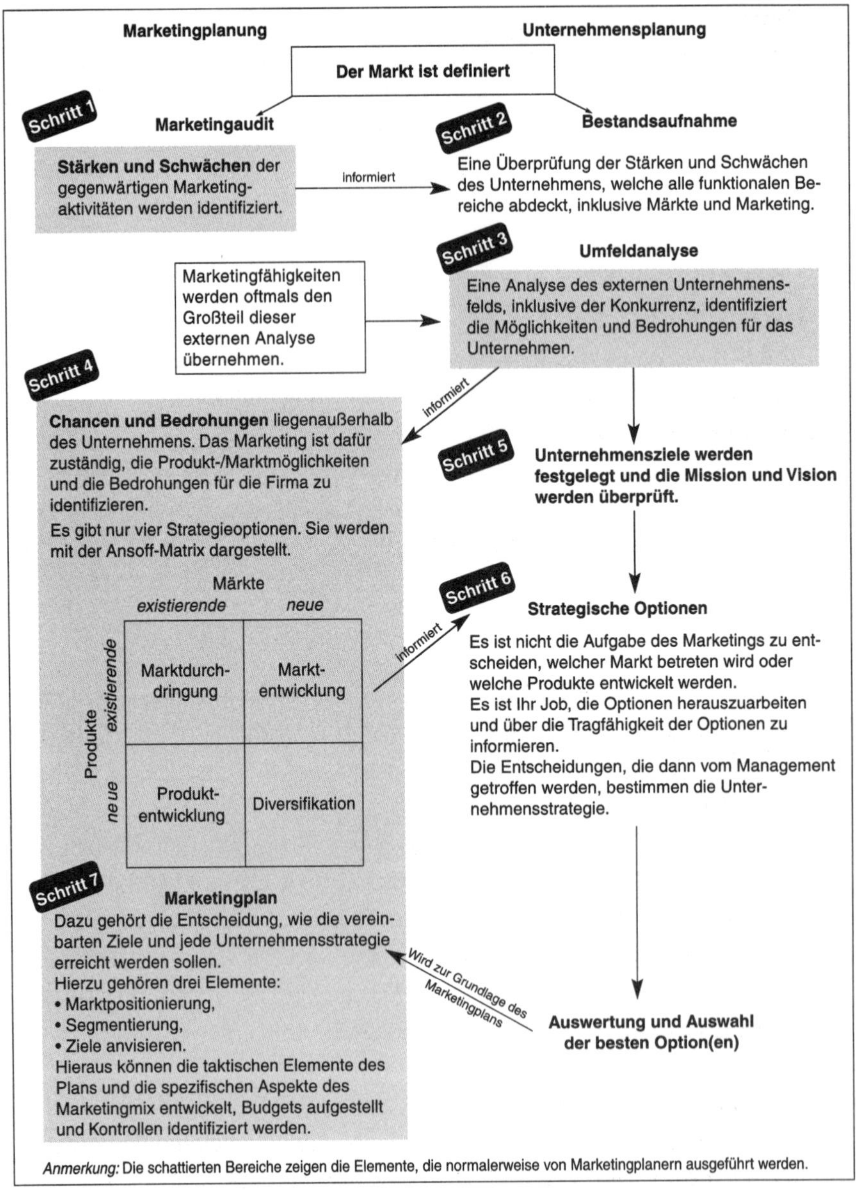

Abbildung 2.3: Die Planungsabfolge

Wir können die Abfolge der notwendigen Schritte untersuchen, um zunächst einen Unternehmensplan und dann einen Marketingplan erstellen zu können (siehe Abbildung 2.3).

Schritt 1: Die funktionalen Überprüfungen

Die Erstellung eines Unternehmensplans sollte damit beginnen, dass jedes funktionale Unternehmensgebiet eine umfassende Analyse seiner eigenen Stärken und Schwächen vorlegt. Diese Überprüfung muss detailliert und wenn möglich quantifiziert sein (siehe Kapitel 4). Zum Beispiel ist ein häufiger Mitarbeiterwechsel eine Schwäche. Der Umfang und die Bedeutung der Schwäche ist jedoch wichtig. Wenn bei Ihnen 15 Prozent der Mitarbeiter wechseln, während dies im Branchendurchschnitt nur 8 Prozent tun, dann sollten sie sich mit diesem Schwachpunkt beschäftigen.

Die Marketingabteilung würde bei diesem Schritt der Planungsabfolge die Stärken und Schwächen der Marketingaktivitäten analysieren und bewerten. Dazu gehören folgende Punkte: Details des Kundenbewusstseins und ihrer Wahrnehmung sowie der Wettbewerbsposition im Verhältnis zur Preispolitik. Des Weiteren geht es um Produktqualität, Werbung und Kundenbetreuung.

Schritt 2: Eine Bestandsaufnahme durchführen

Schritt 1 führt zu einer Bestandsaufnahme des Unternehmens. Dabei handelt es sich im wahrsten Sinne um eine Sammlung von funktionalen Überprüfungen, die eine Bewertung der Unternehmensstärken und -schwächen liefert, also kontrollierbare interne Faktoren der jetzigen Lage. Zum Beispiel sind Image, Mitarbeitermotivation und geringe Produktivität alles interne Themen, die durch das Management beeinflusst werden können. Interne Faktoren werden deshalb als kontrollierbar angesehen. Das soll jedoch nicht heißen, dass diese Faktoren leicht behandelt und schnell geändert werden können, aber sie liegen im Einflussbereich des Managements.

Stärken und Schwächen

Man sollte nicht automatisch davon ausgehen, dass alle identifizierten Schwächen gleich ernst sind und dieselbe Reaktion des Managements verlangen. Einige, wie der Cashflow, sind wichtiger als andere.

Eine Analyse der Stärken und Schwächen verlangt eine Gewichtung und Auswahl, wenn sie für das Management aussagekräftig sein soll (siehe Abbildung 2.4).

Dieser Auswahlprozess kann den Managern helfen, beim Handeln Prioritäten zu setzen. So trägt er dazu bei, die Barrieren zwischen Analyse und Handlung abzubauen.

Darüber hinaus muss diese Bestandsaufnahme auch die Unternehmensdimensionen berücksichtigen. Dazu gehören zum Beispiel die Qualität des Managementteams, die Unternehmenskultur und der Wert der Managementinformationssysteme und Planungsprozesse.

	Stärke	Schwäche
wichtig für das Geschäft	**Bewahren und Nutzen als Grundlage für einen Wettbewerbsvorteil.**	**Handeln Sie schnell – das ist ein entscheidender Erfolgsfaktor.**
weniger wichtig für das Geschäft	**Überprüfen Sie, ob Sie Ressourcen durch Überorganisation verschwenden, die in den Augen der Kunden wenig zusätzlichen Wert schafft.**	**Kontrollieren**

Abbildung 2.4: Analyse der Stärken und Schwächen

Schritt 3: Das Umfeldaudit

Die Bestandsaufnahme ist der erste Teil des Unternehmensaudits. Diese umfassende Unternehmensanalyse beantwortet die folgende Frage: »Wo stehen wir momentan?«

Sobald die interne Analyse komplett ist, muss das Unternehmen die externen Einflüsse, denen es ausgesetzt ist, untersuchen. Dies geschieht durch ein Umfeldaudit. Die Faktoren, die in diesem Teil des Prozesses überprüft werden, sind größtenteils nicht kontrollierbar, aber sie haben großen Einfluss auf das Unternehmen. Es sind die Änderungen des Umfelds, die im Wesentlichen das Schicksal eines Unternehmens beeinflussen. Diejenigen, die nicht auf solche Entwicklungen reagieren, werden nicht wachsen und vielleicht noch nicht einmal überleben. Je mehr das Managementteam auf die Zukunft ausgerichtet ist, umso wahrscheinlicher wird es Änderungen im Umfeld vorhersehen und so die Möglichkeit haben, aktiv auf sie zu reagieren und aus zeitlich begrenzten Chancen Vorteile zu ziehen. So kann das Unternehmen darauf vorbereitet werden, Bedrohungen standzuhalten.

Unternehmensaudit
=
Bestandsaufnahme
Stärken und Schwächen
+
Umfeldaudit
Chancen und Bedrohungen

Planung ohne Umfeld

Überraschend viele Unternehmen jeder Größe geben offen zu, dass sie ihre Zukunft planen, ohne das Umfeld zu berücksichtigen: ein unnötig riskanter und uninformierter Ansatz zu sein.

Eine wirtschaftliche Überraschung?

Viele Firmen wurden offensichtlich von der wirtschaftlichen Rezession der späten achtziger Jahre überrascht. Aufgrund der Boomjahre davor hatten die Manager anscheinend den Konjunkturzyklus vergessen. Booms werden so sicher von Rezessionen und Wirtschaftskrisen abgelöst wie der Winter auf den Sommer folgt. Der nicht so lange zurückliegende »Asiatische Grippeanfall« kam ebenfalls für viele überraschend, obwohl es nur wenige Beispiele dafür gibt, dass Volkswirtschaften ihr Wachstum aufrechterhalten konnten, ohne den Einfluss des Handelszyklus zu spüren.

Verschiedene Einflüsse

Zu den Umfeldfaktoren gehört eine breite Palette an Einflüssen auf das Unternehmen, unter anderem viele Faktoren, deren Änderung sich oft sehr schwer prognostizieren lässt. Manchmal gibt es ganz dramatische Veränderungen – wie politische Veränderungen und technologische Entwicklungen, Gesetzesänderungen, strategische Allianzen oder sogar die globale Erwärmung. Manager müssen sich dieser zahlreichen Einflüsse auf ihr Schicksal bewusst sein. Wir werden einige der Ansätze und Ursachen in Kapitel 5 untersuchen.

Schritt 4: Die Informationen analysieren

Sobald das Umfeldaudit abgeschlossen ist, müssen die darin enthaltenen Informationen verarbeitet werden, damit sie für die Unternehmensplaner Relevanz und Wert erhalten. Üblicherweise ist es die Aufgabe des Marketings, diese externen Chancen und Bedrohungen in spezielle Chancen für Produktverkäufe oder Marktwachstum zu übersetzen. Sie müssen auch jede Bedrohung des Kerngeschäfts erkennen.

Das Umfeldaudit kann durch die Frage »Was wäre, wenn« überprüft werden:

- Was wäre, wenn eine neue Regierung an die Macht käme?
- Was wäre, wenn 90 Prozent der Haushalte bis 2003 Anschluss ans Internet hätten?
- Was wäre, wenn die Konkurrenz aus dem Fernen Osten stärker würde oder zwei wichtige Unternehmen der Branche fusionieren würden?

Die Konkurrenz

- Vergessen Sie nicht, dass die Konkurrenz ebenfalls ein nicht kontrollierbarer Faktor ist; deren Entscheidungen und Strategien werden ihr Schicksal wahrscheinlich direkt beeinflussen.
- Ein Unternehmen muss seine Konkurrenz so wie sich selbst kennen lernen und seine eigene Stärken ausspielen. Wo möglich sollten die Schwächen der Konkurrenz betont und genutzt werden.
- Konkurrenten finden sich nicht immer in derselben Branche. Treue Kunden entscheiden sich vielleicht nicht zwischen einem Essen in Ihrem Restaurant und einem bei der Konkurrenz um die Ecke, sondern zwischen einem Essen im Restaurant und einem Abend im Theater. Machen Sie keinen Fehler bei der Identifizierung Ihrer wirklichen Konkurrenten. Das kann nur funktionieren, wenn Sie das Geschäft, in dem Sie sind, sorgfältig nach Kundenbedürfnissen definieren und nicht nach Produkten.

Was bedeutet das für Ihr Unternehmen?

Die Ergebnisse dieser Überprüfung können mit der Ansoff-Matrix festgehalten werden (siehe Abbildung 2.5). Dieses Marketingmodell zeigt in einem Gitternetz die einzigen strategischen Wachstumsalternativen, die jedem Unternehmen offen stehen:

- existierende Produkte an existierende Kunden (Marktdurchdringung);
- existierende Produkte auf neue Märkte (Marktentwicklung);
- neue Produkte an existierende Kunden (Produktentwicklung);
- neue Produkte an neue Kunden (Diversifikation).

Die Herausforderung während dieses vierten Schrittes des Planungsprozesses liegt darin, alle möglichen Chancen zu erfassen und alle Bedrohungen gründlich zu untersuchen. Schließen Sie nichts von vornherein aus, die Auswertung und Auswahl kommen im nächsten Schritt. Kreative Ideen und neue Ansätze können entstehen, wenn man den sich wandelnden Markt ohne Scheuklappen unter die Lupe nimmt. Daraus kann die Chance entstehen, einen Wettbewerbsvorsprung zu erzielen.

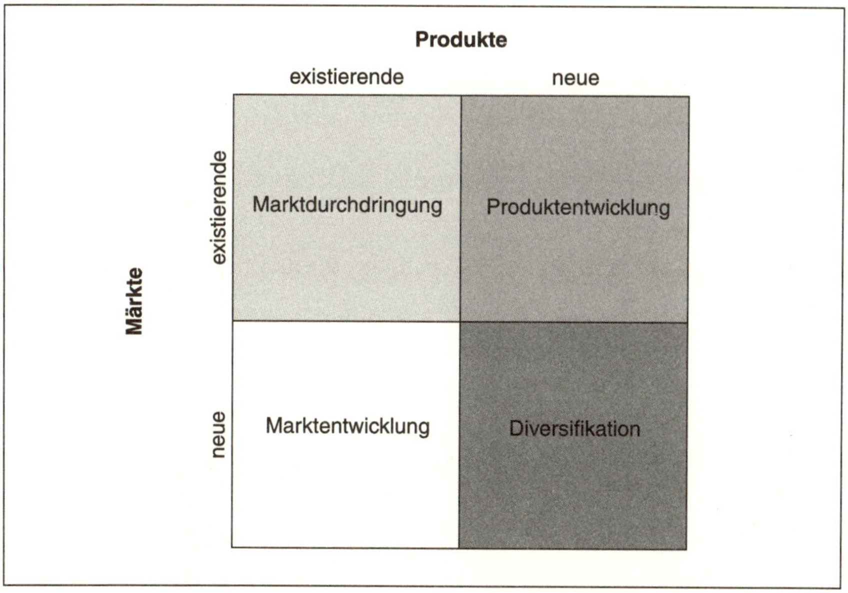

Abbildung 2.5: Die Ansoff-Matrix

Umfeld als dynamische Kraft

- Beachten Sie die entscheidende Verbindung zwischen dem externen Umfeld und Ihren Produkten sowie den bedienten Märkten. Ein verändertes Umfeld, wie zum Beispiel eine neue Technologie, kann Produkte überflüssig machen. Politische Veränderungen bedrohen den Marktanteil, indem neue Konkurrenten auftauchen. Wirtschaftliches Wachstum schafft die Möglichkeit, eine Luxusversion des eigenen Standardmodells einzuführen.
- Die Änderungen des Umfelds sind die dynamischen Kräfte, welche die Natur Ihrer geschäftlichen Aktivitäten umwandeln. Nehmen Sie sich Zeit, um Ihren Markt zu analysieren. Was hat sich im Umfeld in den letzten zehn Jahren verändert, und wie haben sich die Produkte und Märkte deshalb verändert?

Das Marketingteam hat nun die Überprüfung der Aktivitäten zur selben Zeit wie das Unternehmensaudit abgeschlossen. Die Stärken und Schwächen wurden in Schritt 1, die Chancen und Bedrohungen, ausgedrückt in Produkten und Märkten, in Schritt 4 identifiziert.

Sorgfältig unterscheiden

Man muss sorgfältig zwischen externen Umfeldänderungen unterscheiden, auf die man reagieren muss, und Vermarktungsmöglichkeiten für Produkte, die ausgenutzt werden sollten.

Schritt 5: Die Unternehmensziele festlegen

Ausgehend vom Input der Funktionsmanager muss die Unternehmensleitung nun realistische Ziele für die nächsten drei bis fünf Jahre festlegen. Damit die Ziele einen Wert haben, müssen sie quantitativ gemessen werden. Für ein Unternehmen wird dies normalerweise in Gewinn oder Kapitalrendite ausgedrückt, in den nicht gewinnorientierten Sektoren lässt sich dies durch einen anderen quantitativ messbaren Nutzen für die Organisation ausdrücken, zum Beispiel Spendengelder oder entdeckte Straftaten. Dieses Ziel *muss* mit Blick auf das Umfeldaudit gesetzt werden, damit es garantiert realistisch ist.

Sobald das Ziel festgelegt ist, kann der Unterschied zwischen dem Ziel und der Vorhersage für den Fall berechnet werden, dass man nichts ändert (siehe Abbildung 2.6). Das heißt: Was würde passieren, wenn man bei den momentanen Produkten, Märkten und Ausgaben für das Marketing bliebe?

In diesem Beispiel wird vorhergesagt, dass der momentane Gewinn von 13 Millionen Euro aufgrund des gewandelten Umfelds in den nächsten vier Jahren auf 6 Millionen Euro sinkt. Das Unternehmen hat sich ein Ziel von 25 Millionen Euro für 2003 gesetzt. Der Unterschied zwischen diesen zwei Eckwerten – 18 Millionen Euro – ist die Größe der Planungslücke. Mit anderen Worten ist dies der Umfang des erforderlichen neuen oder Ersatz-Geschäfts, um dieses Ziel erreichen zu können.

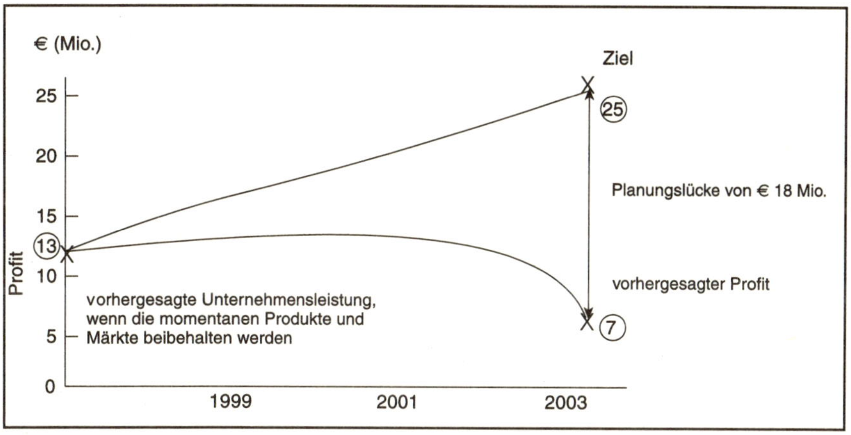

Abbildung 2.6: Die Planungslücke

Quantitatives Messen: Grundlage für erfolgreiches Planen
So gewinnen die Manager sofort ein Gefühl für die Größe der Herausforderung. Sie erhalten auch Benchmarks für die Kontrolle sowie eine Grundlage für die Budgeterstellung und Ressourcenzuweisung. Die Ziele müssen jedoch folgende Kriterien erfüllen: Sie müssen spezifisch, messbar, erreichbar, relevant und zeitlich abgestimmt sein.

Schritt 6: Die Planungslücke schließen

Das Management muss entscheiden, welche der in Schritt 4 identifizierten strategischen Optionen am besten geeignet sind, um die Planungslücke zu schließen. Das Marketing war dafür verantwortlich, zum Beispiel die Möglichkeit zu erkennen, das Geschäft auf Südamerika auszudehnen. Die Entscheidung, dies auch wirklich zu tun, ist aber eine Unternehmensentscheidung und keine des Marketings.

Die Strategieauswertung muss so objektiv wie möglich vorgenommen werden. Es gibt Techniken und Modelle, die einem dabei helfen (siehe Kapitel 6). Marketingteams werden diesen Prozess mit Machbarkeitsstudien für die verschiedenen Alternativen unterstützen. Sie basieren auf Analyse und Forschung, nicht auf Instinkten.

Keine rein subjektiven Entscheidungen

- Wählen Sie keine Strategie auf der Grundlage von Strategiekünstlern aus.
- Leitende Manager, die um einen Tisch herum sitzen und die Vorzüge einer Alternative gegenüber einer anderen diskutieren, werden in ihrer Einschätzung vorwiegend subjektiv sein. So werden nicht unbedingt Entscheidungen getroffen, die im besten Interesse des Unternehmens liegen.

Wo stehen wir momentan?

Der Abschluss dieses Schritts beendet die Entwicklung der Unternehmensstrategie, des Kerns des Unternehmensplans. Dies beinhaltet eine detaillierte Bewertung der gegenwärtigen Position und des Umfelds. Danach werden quantitativ messbare Ziele aufgestellt und eine Strategie oder Strategien ausgewählt, die zu den identifizierten Stärken passen und von denen man erwartet, dass sie die Planungslücke füllen. Jetzt liegt es an den Funktionsbereichen, inklusive dem Marketing, diese Strategie umzusetzen.

Schritt 7: Der Marketingplan

Erst wenn die Unternehmensziele und Unternehmensstrategien festgelegt sind, kann man Betriebspläne, inklusive des Marketingplans, entwickeln. Sobald das Marketingteam über die ausgewählten Strategien informiert wurde, kann es den Unternehmensplan umsetzen, indem die Strategien in Marketingpläne umgewandelt werden (siehe dazu Kapitel 7 und 8).

Das Marketingaudit ist schon abgeschlossen, sodass das Marketingteam zuerst das Unternehmensziel in Begriffe fassen muss, die für das Team aussagekräftig sind.

Mehrere Pläne

- Versuchen Sie nicht, einen einzigen Marketingplan für einen Unternehmensplan zu entwickeln. Wird mehr als eine Strategie verfolgt, braucht man mehr als einen Plan.
- Je spezifischer die Ausrichtung eines Marketingplans, desto effektiver.

Begriffe schärfen

Manager müssen die im Plan der nächsthöheren Ebene festgelegten Ziele so in Begriffe fassen, dass sie für die umsetzenden Teams aussagekräftig werden. Die Erhöhung der Kapitalrendite um 3 Prozent hat für die Verkäufer keine Aussagekraft, aber die Aufforderung, 400 Stück pro Monat mehr zu verkaufen, schon. Sie wissen sofort, was von ihnen erwartet wird.

Marketingziele

Marketingziele können in Einnahmen, Umsatz, Kundenzahlen, Besitz- oder Marktanteilen ausgedrückt werden. Die Form muss jedoch immer für das Team relevant sein.

Gehen Sie vorsichtig mit Schätzungen des Marktanteils um

Sie können in der Praxis ein schwieriges Ziel darstellen:

- Schätzungen des Marktanteils können unzuverlässig und/oder schwierig zu bekommen sein.
- Sie hängen von der Definition des Marktes ab, die sich ändern kann.
- Der Markt kann wachsen oder schrumpfen, sodass der eigene Marktanteil die Leistung vielleicht nicht aussagekräftig reflektiert. Zum Beispiel können Sie weniger verkaufen, aber einen größeren Marktanteil haben, wenn der Markt schrumpft. Denken Sie daran, dass Sie planen, um die Nachfrage und das vorhandene Angebot in Einklang zu bringen. Mit den Zahlen zu jonglieren führt zu nichts.

Marketingstrategie

Das Marketingteam muss die Schritte des Unternehmensplans nachvollziehen. Es müssen die Marktsegmente erkannt werden, die zur Erreichung des Marketingziels anvisiert werden, und die angemessensten müssen ausgewählt werden. Zudem muss entschieden werden, wie man das eigene Angebot am besten positioniert, um die Bedürfnisse dieser Zielgruppe am besten zu befriedigen. Sobald die Segmentierung und Positionierung abgeschlossen sind, steht die Marketingstrategie.

Marketingtaktiken

Für die Umsetzung dieser Strategie sind Details erforderlich. Dazu gehören Pläne für alle Elemente des Marketingmix, um zu garantieren, dass jedes die vereinbarte Positionierung unterstützt. Die Positionierungskarte dient als Leitfaden, welcher die Integration des Elementemix sicherstellt.

Kontrollen

Es muss ein Budget aufgestellt werden, das auf den für die Umsetzung der obigen Strategie und Taktiken notwendigen Ressourcen basiert. Danach ist ein interner Marketingplan erforderlich, um die Unterstützung der Spitzenmanager und derjenigen zu gewinnen, die für die Umsetzung zuständig sind.

Ein Zeitplan legt die Aktivitäten aus dem Plan fest und bietet wiederum eine nützliche Brücke zwischen dem Planungsprozess und der Umsetzung. Wenn ein Aktionsplan schriftlich verfasst und regelmäßig überprüft wird, kann er

- die Verschwendung von Ressourcen verringern, die bei einer schlecht festgelegten Handlungsabfolge entstehen kann;
- einen Maßstab liefern, an dem sich der Fortschritt ablesen lässt.

Budgets nicht ohne Pläne

- Budgets können nicht isoliert von den Plänen aufgestellt werden. Die Pläne sollten auch keine Einkaufsliste sein, um den Etat auszugeben.
- Eine kundenorientierte Planung erfordert, dass Ressourcen auf der Grundlage von »Ziel und Aufgabe« vergeben werden. Das heißt: Dies wollen wir erreichen, das müssen wir tun, damit wir es erreichen, und hier sind die Ressourcen, die man für die Aufgabe benötigt.

Feedback ist das dritte Element des Kontrollprozesses. Manager müssen Kontrollen und Feedback schon gleich am Anfang des Prozesses einplanen. Maße, mit denen sich sowohl der Stand der Planung als auch des Planungsprozesses ablesen lassen, sind entscheidend, um

- frühzeitig auf Pläne hinzuweisen, die nicht funktionieren;

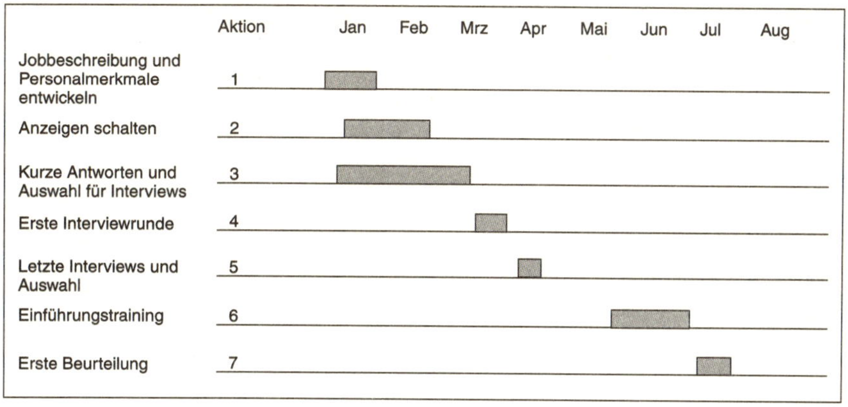

- Managern zu helfen, von ihren eigenen Planungsaktivitäten zu lernen;
- das Verständnis des Käuferverhaltens auf dem Markt zu vertiefen.

Pläne mit Anpassungen

- Machen Sie nicht den Fehler anzunehmen, dass der Plan auf alle Fälle funktioniert, weil er schriftlich fixiert ist. Manager können schnell den Fehler machen, völlig sterile Pläne zu schreiben.
- Es ist sehr unwahrscheinlich, dass Pläne ohne Anpassungen und Änderungen funktionieren, weil sie mit unvollständigen Informationen hergestellt wurden und auf Prognosen für die Zukunft beruhen, die sich mit ziemlicher Sicherheit als falsch herausstellen werden. Sie haben Entscheidungen auf der Grundlage von Annahmen und Prognosen getroffen. Diese müssen überwacht werden.
- Je weiter Sie in die Zukunft planen, desto wahrscheinlicher müssen Sie Änderungen an Ihren Plänen vornehmen. Gute Manager sind jedoch aufmerksam, flexibel und auf Notfälle vorbereitet.

Die Planungsabfolge überprüfen

Wie Sie sehen, können Unternehmenspläne nicht isoliert entwickelt werden. Man muss engen Kontakt zu den Funktionsbereichen des Unternehmens suchen, nicht nur zum Marketing, sondern auch zur Betriebsebene, der Finanz- und der Personalabteilung. Die Planungsschritte sind logisch und leicht nachzuvollziehen. Sie benötigen jedoch Zeit, weil bei jedem Schritt nach oben und nach unten kommuniziert werden muss (siehe Abbildung 2.8). Effektive Planung ist ein sich wiederholender Prozess.

Wie man in Abbildung 2.3 sehen konnte, ist der Planungsprozess alles andere als die klar geordnete Handlungsabfolge, die sich aus der Planungshierarchie ableiten lässt.

Schritt 1 Alle Betriebsbereiche, inklusive des Marketings, überprüfen ihre Aktivitäten, um Stärken und Schwächen festzustellen, also die internen, kontrollierbaren Faktoren. Diese werden dann der Geschäftsführung mitgeteilt.

Schritt 2 Eine Bestandsaufnahme kombiniert alle Informationen, die in Schritt 1 gesammelt wurden. Dazu kommen spezielle Unternehmensfaktoren, wie die Kultur und die Auswertung der Managementstärken, um eine Zusammenfassung der Unternehmensstärken und -schwächen zu liefern. Diese werden gewichtet und mit Prioritäten versehen, um entscheidende Erfolgsfaktoren zu erkennen und Unternehmensfaktoren zu begrenzen.

Schritt 3 Nachdem sich das Unternehmen selbst ausführlich betrachtet hat, muss es sich nun in einen Kontext zur Umwelt bringen. So werden sich ergebende Chancen und Bedrohungen erkannt.

Schritt 4 Das Marketingteam führt dieses Umfeldaudit durch und interpretiert seine Bedeutung in Bezug auf Produkte und Märkte. Ein geändertes Umfeld kann traditionelle Märkte gefährden oder neue Chancen öffnen. Das Marketing muss all diese Optionen identifizieren. Die Chancen repräsentieren die Strategiealternativen, die dem Unternehmen offen stehen.

Schritt 5 Das Management überprüft die Mission und die Vision des Unternehmens und setzt quantitativ messbare Ziele, die in Bezug auf die gegenwärtige Position und das prognostizierte Umfeld realistisch sind.

Schritt 6 Sobald das Management über die zur Verfügung stehenden Optionen informiert ist, muss es zwischen ihnen auswählen. Dazu braucht man einen objektiven Auswertungsprozess, der garantiert, dass die attraktivste Option in Bezug auf die Unternehmensstärken als Unternehmensstrategie ausgewählt wird. In der Realität werden die meisten Unternehmen oder Geschäftseinheiten mehr als eine Strategie verfolgen.

Schritt 7 Sobald die Strategie bestimmt ist, wird sie allen Abteilungen auf betrieblicher Ebene mitgeteilt. Jede ist dann dafür verantwortlich, einen Plan zur Umsetzung der vereinbarten Strategie aufzustellen. Dies ist der Startpunkt für die Entwicklung des Marketingplans. Für einen Ansatz mit mehreren Strategien sind mehrere Marketingpläne erforderlich.

Abbildung 2.8: Der Planungszeitplan

Wie lange benötigt man dafür?

Zur Festlegung eines Planungszeitplans benötigt man mehr als nur eine Planungsabfolge: Man braucht auch eine Schätzung, wie lange jeder Schritt wahrscheinlich dauern wird. Diese Zeiträume variieren aufgrund einer Reihe von Faktoren. Dazu gehören:

- die Größe und die Komplexität Ihres Unternehmens;

- die Planungserfahrung und die schon vorhandenen Management-informationen;
- die zur Verfügung stehenden Ressourcen, um die Planungsaktivitäten zu unterstützen.

Als Faustregel sollte die Planungszeit folgendermaßen gewichtet werden:

- Interne Bestandsaufnahme: 20 Prozent
- Externe Umfeldanalyse: 20 Prozent
- Strategieerarbeitung, -auswertung und -auswahl: 30 Prozent
- Erstellung und Mitteilung des Plans: 30 Prozent

Nutzen Sie die folgende Checkliste, um einen realistischen Zeitplan für Ihre nächsten Unternehmens- und Marketingpläne aufzustellen. Beginnen Sie mit dem Datum für die Einreichung des Plans. Setzen Sie sich dann für jeden Schritt Fristen. Denken Sie daran, dass Sie auch für andere Aufgaben Zeit reservieren müssen sowie für jahreszeitliche Arbeitsspitzen, Ferien und so weiter. Die meisten Unternehmen sollten mindestens drei Monate für die Erstellung ihres Plans einkalkulieren. In komplexen Unternehmen mit mehreren Strategien sind sechs Monate vielleicht realistischer.

Schritt 7: Produktion und Präsentation des Marketingplans	Fälligkeitsdatum
■ Koordination der taktischen Marketingpläne für jedes differenzierte Segment	____________
■ Bestätigung der vereinbarten Marketingziele und der Strategie für jede ausgewählte Geschäftsmöglichkeit	____________
Schritt 6: Fertigstellung der Unternehmensstrategie	
■ Machbarkeitsstudie für die identifizierten Optionen	____________
■ Beendigung der notwendigen Marktforschung	____________
■ Auswertung der Alternativen durch das Management	____________
Schritt 5: Bestätigung der Unternehmensziele und der Planungslücke	
■ Überprüfung und Festlegung der Mission und Vision	____________

- Prognosen der wahrscheinlichen Nachfrage ____________
- Feedback der Betriebsmanager in Bezug
auf die Zielvorgaben ____________

Schritt 4: Identifizierung der Strategiealternativen, die dem Unternehmen offen stehen ____________
Schritt 3: Umfeldaudit, inklusive Konkurrenten- und Kundenanalyse ____________
Schritt 2: Bestandsaufnahme ____________
Schritt 1: Überprüfungen der Funktionsbereiche ____________

In den folgenden Kapiteln werden wir uns mit diesen Schritten bei der Erstellung einer Marketingstrategie und eines Marketingplans näher beschäftigen. Zuvor werden jedoch einige Begriffe und Techniken, die bereits erwähnt wurden, näher erläutert.

Zeit zum Planen

In Großbritannien unterstützte das Handelsministerium in den frühen neunziger Jahren eine Reihe von Initiativen, um die Planung in kleinen und mittleren Firmen zu verbessern. Es stellte für jedes dieser Projekte 15 Beratungstage zur Verfügung. Das Management jeder Firma war am Planungsprozess ebenfalls aktiv beteiligt; man konnte also durchschnittlich fünf bis zehn Tage addieren. Dies ergab im Endeffekt rund 25 Tage, was für einen Manager nicht gerade wenig Zeit ist. Vielleicht zeigt dies aber, dass man Pläne nicht einfach als Anhängsel in den Terminplan quetschen kann. Man sollte auch nicht versuchen, die Planungen auf eine zu kurze Zeitspanne zu begrenzen. Planung sollte über Monate und nicht Wochen verteilt werden.

Nicht gleich perfekt

- Falls Ihre Planungsaktivitäten ziemlich unterentwickelt sind, versuchen Sie nicht, schon beim ersten Mal perfekt zu planen. Dies ist ein unrealistisches Ziel.
- Verzögern Sie den Prozess nicht wegen unzureichender Daten über die Konkurrenz oder unzulänglicher Managementinformationen. Arbeiten Sie stattdessen weiter, und setzen Sie, wenn nötig, vernünftige Annahmen ein.
- Man kann die Pläne später mit besseren Informationen überarbeiten. Zudem werden Ihre Planungsfähigkeiten mit der Zeit zunehmen.

Planung als Aktivität

Wie bereits in Kapitel 1 angedeutet, ist Planung eine alltägliche Aufgabe, die nicht nur auf die Geschäftswelt oder eine Managementebene innerhalb eines Unternehmens beschränkt ist. Das kann zu Problemen führen, wenn man sich mit der Planungsterminologie beschäftigt. Die Begriffe werden vielfältig genutzt, zum Beispiel in Spielen, Kriegen oder Unternehmen. Begriffe wie Mission, Strategie und Taktik können bei Managern Verwirrung auslösen, weil sie auf allen Ebenen verwandt werden. Sie beziehen sich nicht auf eine Aktivität, die einem bestimmten Planungsschritt innerhalb der Organisationsstruktur zugeordnet ist, sondern einem Punkt innerhalb des Planungsprozesses selbst.

Zielvorgaben

Zielvorgaben zeigen, was erreicht werden soll. Es muss eine Zielvorgabe oder ein Ziel geben. Doch diese sind wertlos, solange sie nicht spezifisch und zeitlich quantitativ messbar sind. Die Aussage, dass wir »mehr verkaufen« wollen, ist völlig unzureichend. Die Zielvorgabe, dass wir bis 2005 ein Viertel unserer jetzigen Produktion auf dem europäischen Markt verkaufen wollen, ist *spezifisch* und *zeitlich* abgestuft *quantitativ messbar.* Diese Zielvorgabe muss für diejenigen relevant sein, die diesen Plan umsetzen sollen.

Sie müssen die Ziele auch für *erreichbar* halten. Wenn das Finanzziel des Unternehmens in der Erhöhung der Kapitalrendite liegt, muss es in ein Marketingziel übersetzt werden, wenn es für den Marketingplan von Nutzen sein soll. Grundlage hierfür sind der Marktanteil, der Nutzungsgrad oder die Kundenzahl. Auch eine Zielvorgabe für den Marktanteil muss auf die gleiche Weise in eine Zielvorgabe für das Umsatzvolumen übersetzt werden, um für das Verkaufsteam Sinn zu machen.

Strategie

Sie beantwortet die Frage, wie eine vereinbarte Zielvorgabe erreicht werden kann. Die Strategie des Plans ist normalerweise ziemlich kurz. Sie liefert eine allgemeine Aussage, wie die Zielvorgaben verwirklicht werden sollen.

- Auf der Unternehmensebene benennt die Strategie die ausgewählten Produkt- und Marktchancen. Ein Beispiel: Das Geschäft soll um 10 Prozent wachsen, indem zusätzlich neue digitale Dienstleistungen angeboten werden.
- Die Marketingstrategie legt fest, wie die Marketingziele erreicht werden sollen. Dazu sind Entscheidungen über die Position erforderlich, die auf dem Markt eingenommen werden soll, sowie Aussagen über die anvisierten Segmente. Ein Beispiel: Unsere neuen Dienstleistungen werden zu einem Spitzenpreis angeboten und über eine hohe Qualität verfügen; sie werden für marktführende Unternehmen entwickelt.

	Unternehmen	*Marketing*	*Werbung*
Zielvorgaben werden in folgenden Begriffen ausgedrückt:	Gewinn oder Nutzen für die Anteilseigner;	Kunden, Einnahmen oder Marktanteil;	Bewusstsein oder Handlungen.
Die Strategie bestätigt:	welche Produkte und Märkte anvisiert werden;	welche Kundensegmente und welche Position gewählt werden;	ob mehr Verkauf oder Werbung eingesetzt werden soll.
Die Taktik liefert zusammengefasste Details aus:	den Funktionsplänen, inklusive des Marketingelements des Marketingplans;	den Plänen für jedes Marketingmix;	den Einzelplänen für jedes Element der Kommunikationsaktivitäten.
Kontrollen in Bezug auf:	Kosten und Einnahmen;	Marktwachstum, durchschnittliche Ausgaben und Cross-Sells;	Umwandlungs- und Anfragequoten.

Abbildung 2.9: Für wen ist der Plan?

Taktik

Die Taktik liefert die Einzelheiten des Plans. Auf der Marketingebene gehören dazu Details für jedes Element des Marketingmix. Der Werbeplan liefert im Gegenzug detaillierte Aussagen für alle Elemente des Kommunikationsmix. Die taktischen Elemente des Geschäftsplans sind die verschiedenen Funktionspläne, inklusive des Marketings.

Kontrollen

Mithilfe der Kontrollen können wir erkennen, ob wir auf Kurs sind. Sie sind ein wichtiges Element des Prozesses und sollten in allen Plänen stark verankert sein. Man sollte Kostenangaben in Form eines Budgets machen, einen Fahrplan für die Aktivitäten aufstellen und die benötigten Informationen benennen, um den Fortschritt messen zu können.

Die obigen Begriffe können in jedem Plan verwendet werden, egal ob es ein Unternehmens- oder Verkaufsplan ist. Um die Hierarchieebene des Plans zu klären, muss man wissen, auf welche Strategie oder Zielvorgaben man sich bezieht. Dazu sollte man innehalten und darüber nachdenken, für wen dies relevant ist (siehe Abbildung 2.9).

Eine Planungsherausforderung

Überprüfen Sie Ihr Verständnis der Planungsterminologie, indem Sie die nachstehenden Aussagen den folgenden Beschreibungen zuordnen. Alle Begriffe kommen nur ein Mal vor.

- Der Leiter einer Ladenkette bittet jeden Manager, nur zu melden, wenn der Verkauf mehr als 5 Prozent unter den Vorgaben liegt.
- Die Leiterin einer Putzfirma entscheidet, Einfamilienhäuser in drei Vorstadtgegenden innerhalb ihrer Region als Zielkundschaft ins Visier zu nehmen.
- Ein Delikatessen-Einzelhändler entscheidet sich, einen Partyservice anzubieten.
- Der Vorstand vereinbart, im nächsten Jahr einen Bruttogewinn von 27 Prozent anzupeilen.
- Das Verkaufsteam plant, im nächsten Quartal eine Umwandlungsrate von 3:5 zu erreichen.
- Werbemaßnahmen werden entwickelt, um neue Kunden für eine Bar zu gewinnen.
- Dem Produkt soll ein Prestige-Image verliehen werden, und es soll

nur begrenzt erhältlich sein. Dadurch soll eine exklusive Kundengruppe angesprochen werden.

- Die Verdopplung des Marktanteils wurde als ambitioniert, aber in diesem Wachstumsmarkt nicht als unrealistisch angesehen.
  - Unternehmensstrategie (Diversifikation)
  - Unternehmensziel
  - Verkaufsziel
  - Werbestrategie (Werbewirkung)
  - Marketingziel
  - Marketingstrategie (Positionierung)
  - Kontrolle
  - Marketingstrategie (Segmentierung)

Checkliste

In diesem Kapitel haben wir untersucht, wie der Planungsprozess zur Erstellung von Plänen führt und wie Sie die Abfolge für Ihr Unternehmen bestimmen können.

- Nehmen Sie sich reichlich Zeit für die Planung.
- Versuchen Sie nicht, schon beim ersten Mal perfekte Pläne zu erstellen. Setzen Sie lieber auf kontinuierliche Verbesserungen.
- Erstellen Sie den Unternehmensplan nicht im stillen Kämmerchen.
- Nehmen Sie als Grundlage für die Pläne verlässliche Informationen über Ihre eigenen Fähigkeiten, das Umfeld, die Bedürfnisse Ihrer Kunden und die Vorhaben Ihrer Konkurrenten.
- Sorgen Sie dafür, dass Strategien, sobald sie entschieden sind, anderen als Basis für deren Pläne mitgeteilt werden.
- Setzen Sie sich immer quantitativ messbare Zielvorgaben, und verwenden Sie diese als Benchmarks zur Kontrolle.
- Lernen Sie vom Planungsprozess, indem Sie sich die Zeit nehmen, am Ende eines jeden Schrittes eine Überprüfung durchzuführen.
- Entwickeln Sie Systeme, welche den Übergang von der Analyse zur Umsetzung erleichtern.
- Pläne haben keinen Effekt, solange sie nicht umgesetzt werden.

Antworten – Eine Planungsherausforderung

1 = g, 2 = h, 3 = a, 4 = b, 5 = c, 6 = d, 7 = f, 8 = e

3

Die Planer informieren

Den Informationsinput managen

Wir stehen am Anfang einer Informationsrevolution. Nur wenige von uns können sich ihren Umfang wirklich vorstellen. Die schnelle Entwicklung der Computertechnologie, ihre Fusion mit der Telekommunikation und die Entwicklung der virtuellen Realität werden einen enormen Einfluss auf die Quantität und Qualität der Informationen haben, die jedem Manager zur Verfügung stehen. Dies wird das Wie, Wann und Wo der Entscheidungen beeinflussen.

In großen wie kleinen Unternehmen müssen sich Manager mit dem Informationsthema beschäftigen. Was haben sie? Was benötigen sie? Und wie können sie diese Ressource besser nutzen, um gegenüber ihren Konkurrenten einen Wettbewerbsvorteil zu erlangen oder zu verteidigen? Obwohl es noch Informationslücken geben wird, die Ihre Planung und Entscheidungsfindung beeinträchtigen, ist die Gefahr eines Informationsüberflusses in Zukunft mindestens ebenso wahrscheinlich.

In diesem Kapitel geht es darum, wie Informationen, das Rohmaterial der Planung, verwaltet werden. Es wird

- die Natur und die Eigenschaften von effektiven Managementinformationssystemen beleuchtet;
- ein System für das eigenständige Informationsmanagement entwickelt;
- diskutiert werden, wie man die existierenden Informationsflüsse begutachtet;
- eingeschätzt, wie Manager die Informationen nutzen können, die ihnen zur Verfügung stehen.

Der Wert der Informationen

Informationen unterstützen die Entscheidungsfindung. Sie garantieren nicht, dass die Entscheidungen richtig sind. Sind sie jedoch zuverlässig, verringern sie das Risiko, dass die Entscheidungen falsch sind.

Im Allgemeinen sind Manager noch ziemlich unerfahren in Bezug auf die Menge und Qualität der ihnen zur Verfügung stehenden Informationen. Häufig werden Informationen passiv aufgenommen, anstatt sie offensiv einzuholen. Dies ist eine ziemlich ernste Schwäche, weil sich passive Informationsempfänger zwei Gefahren aussetzen:

- Erstens können sie mit Informationen überschwemmt werden, die nur wenig oder gar keinen Wert besitzen. Das nimmt wertvolle Zeit und Energie für das Aussortieren in Anspruch.
- Zweitens fehlt der Zugang zu relevanten und potenziell verfügbaren Informationen, welche die Qualität der getroffenen Entscheidungen verbessern würden und ein echter Gewinn für den Planungsprozess wären.

Passive Manager fragen nicht gern nach weiteren Informationen, weil sie schon genug mit den vorhandenen beschäftigt sind. Es müssen also Maßnahmen zur Behebung dieses Umstands ergriffen werden.

Überprüfen Sie Ihren Informationsfluss

Beobachten Sie bewusst die Informationen, die Sie erhalten. Falls sie auf Papier kommen, stapeln Sie alles auf drei Haufen: nützlich, interessant und wertlos. Sie können dasselbe auch mit Ihren E-Mails machen, indem Sie entsprechende Ordner anlegen:

- Welchen Anteil der erhaltenen Informationen nutzen Sie?
- Gibt es ein erkennbares Muster dafür? Welche Absender schicken zum Beispiel das nützlichste/unbrauchbarste Material?
- Wie hilfreich ist das Format der erhaltenen Informationen?
- Wie lange brauchten Sie, um Informationen abzuwägen und Irrelevantes auszusortieren?

Nur 30 Minuten pro Tag ergeben zweieinhalb Stunden pro Woche oder 100 Stunden in einem Jahr. Sparen Sie diese Zeit oder zumindest einen Bruchteil davon, und überlegen Sie, was für sinnvolle Dinge Sie stattdessen tun könnten. Berechnen Sie die Zeit, die Sie als passiver Informationsempfänger verschwenden. Multiplizieren Sie das Ergebnis mit der Anzahl der Kollegen in Ihrem Team.

Stellen Sie eine Liste auf

- mit Informationen, die Sie regelmäßig erhalten und brauchen;
- mit Informationen, zu denen Sie Zugang benötigen, die Sie aber nicht jederzeit brauchen;
- mit Informationen, die Sie momentan erhalten, aber nicht brauchen.

Denken Sie auch an die Informationen, die Sie verschicken, und betrachten Sie die Empfänger als »Kunden«. Werden ihre Bedürfnisse befriedigt, benötigen sie alles oder im jetzigen Format? Starten Sie eine »Informationsverbesserungs-Initiative«, indem Sie anfangen, Ihren Informationsoutput stärker auf die Kunden zuzuschneiden. Bitten Sie um Feedback.

★ **Schöpfen Sie E-Mails voll aus**

E-Mails haben sich rasant verbreitet. Manager erhalten manchmal bis zu 50 E-Mails am Tag, überwiegend sind sie nicht direkt relevant. In der Vergangenheit wären sie nicht auf die Verteilerlisten geraten, doch mit E-Mail ist es so einfach, jeden zu bedienen. Auch wenn man nur eine Minute braucht, um die Mail zu öffnen und abzulegen, so addiert sich die Zeit schnell. Eine verbesserte Kommunikation ist für ein erfolgreiches Unternehmen lebenswichtig, doch sollte der Wert der versandten Nachrichten besser abgewogen werden.

Sekundäre Informationsquellen stehen auf Abruf bereit, wenn man im Internet surft. Auch hier kann eine Überflutung mit Daten zur größten Herausforderung werden.

Daten oder Informationen?

Manager benötigen Informationen und keine Daten. Um die Entscheidungsfindung zu unterstützen, müssen Daten gesammelt, analysiert und in einer Form sowie zu einer Zeit präsentiert werden, dass sie für die Entscheidungsträger den größten Nutzen haben. Die Verkaufszahlen des letzten Quartals sind für den Leiter eines Unternehmens völlig wertlos, wenn sie fünf Tage nach der Bestellung für den nächsten Monat eintreffen.

Das Managementinformationssystem (MIS) repräsentiert die Maßnahmen, Verfahren, Personen und Prozesse, die zur Sammlung, Aufzeichnung, Verarbeitung, Analyse und Formatierung der Unternehmensdaten beitragen. Ein Teil des MIS ist das Finanzsystem des Unternehmens. Stellen Sie sich die Managerin eines großen Einzelhändlers vor, die ihre Buchhaltung nach Informationen über die Geschäftsposition für die laufende Woche fragt. Anstatt eine Zusammenfassung der Verkäufe je Abteilung sowie eine Aufstellung der Kosten und des Betriebsgewinns (Managementinformationen) zu erhalten, bekommt sie einen Haufen von Kassenbons und eingegangenen Rechnungen (Daten). Dieses Beispiel zeigt, dass Berge von Daten für Manager nutzlos sind. Das Gleiche gilt, wenn die Ergebnisse der Kundenbefragung nicht als Zusammenfassung weitergeleitet würden, sondern nur die ausgefüllten Fragebögen!

Die Manager haben weder die Zeit noch die Fähigkeiten, um die Rohdaten zu analysieren und zu verarbeiten. Dies kann durch computerisierte Informationssysteme zunehmend in Echtzeit geschehen. Elektronische Kassen bieten dem Ladenbesitzer eine Analyse der Verkäufe je nach Tageszeit, Produktkategorie und Kundenwert, während sie gleichzeitig den Lagerbestand automatisch aktualisieren. Umfragen zur Kundenzufriedenheit werden online gespeichert, egal ob sie im Flugzeug oder am Fernsehschirm in einem Hotelzimmer erhoben werden.

Das Marketinginformationssystem

Während das MIS Informationen zu allen Aspekten der Unternehmensleistung beinhaltet und für die Durchführung der Bestandsaufnahme auf Unternehmensebene entscheidend ist, stellt das Marketinginformationssystem (MKIS) einen Teil des MIS da. Es liefert Informationen über die Märkte und die Marketingaktivitäten. Genau dieses Element des MIS ist für die Planungsaktivitäten des Marketings entscheidend.

Ein effektives MKIS entwickeln

Schritt 1: Den Informationsbedarf abschätzen

Der erste Schritt besteht aus einer Überprüfung der Bedürfnisse der Marketingplaner bei der Entwicklung und Überprüfung des MKIS.

Marketingmanager benötigen Informationen zur Unterstützung bei

- der *Analyse* der Märkte und Chancen;
- der *Planung* der Marketingaktivitäten;
- der *Umsetzung* und Überwachung der Pläne;
- der *Kontrolle* des Einsatzes der Marketingressourcen.

Manager müssen die Entscheidungen identifizieren können, die regelmäßig getroffen werden müssen, sowie alle in naher Zukunft geplanten Projekte. Sie müssen überlegen,

- welche Informationen ihnen bei diesen Entscheidungen helfen könnten;

- wie hoch die Risiken dabei sind, das heißt, wie hoch die Kosten einer Fehlentscheidung wären;
- welche Erfahrungen bei dieser oder einer ähnlichen früheren Entscheidung vorliegen.

Kosten kontra Risiken

Je größer die Risiken sind und/oder je unerfahrener man bei einer Entscheidung ist, desto mehr Informationen benötigt man dafür.

Der Risikograd ist nicht der einzige Indikator. Jeden Tag treffen wir die Entscheidung, eine Straße zu überqueren. Dies ist potenziell sehr riskant, aber wir verfügen über ein System, relevante Informationen zu sammeln: sehen und hören. Wir treffen diese Entscheidung schnell und routiniert. Je riskanter die Bedingungen sind, desto mehr Daten verarbeiten wir. Zum Beispiel erfordern schlechtes Wetter und vierspurige Schnellstraßen mehr Informationen als stille Seitenstraßen.

In der Geschäftswelt erfordert eine Routineentscheidung über das Verpackungsdesign viel mehr Informationen, wenn man das Produkt zum ersten Mal auf dem asiatischen Markt anbieten möchte.

Schritt 2: Informationen beschaffen

Sobald die Bedürfnisse identifiziert sind, können die Manager überlegen, wie die Informationen erzeugt werden können. Es müssen Daten gesammelt werden, um die Marketingplaner über folgende Faktoren zu informieren:

- die Unternehmensleistung und -fähigkeiten;
- die Kunden und ihr Verhalten;
- die Zwischenhändler am Markt und ihre Bedürfnisse;
- das vorherrschende externe Umfeld;
- die Konkurrenz;
- andere Stakeholder, die am Unternehmen interessiert sind.

Manche Informationen werden womöglich auf einer regelmäßigen Basis benötigt. Man bezeichnet sie als kontinuierliche Informationen. Sie legen Trends fest und erlauben es den Managern, zukünftige Muster zu prognostizieren. Ein Beispiel dafür wären Verkaufszahlen in Verbindung mit Wetterinformationen. So könnte ein Manager den zukünftigen Umsatz an Eiscreme prognostizieren oder den Verkauf an

Heizungsanlagen gekoppelt an die aufgezeichneten Temperaturen. Solche Informationen ermöglichen Werbetaktiken, die an die aktuellen Wetterbedingungen geknüpft sind. So könnte man Werbespots nur dann ausstrahlen lassen, wenn das Thermometer über eine bestimmte Temperatur steigt oder darunter fällt. Langfristige Wettervorhersagen würden den Managern bei der Planung der Lagerhaltung helfen. Die Verkaufszahlen könnten präziser mit dem Wettermuster abgeglichen werden, weil eine Schlüsselvariable bekannt wäre.

Zu anderen Zeiten benötigt ein Marketingteam vielleicht spontan Informationen, zum Beispiel für eine einmalige Entscheidung, um die Farbe für ein neu gestaltetes Verpackungsdesign festzulegen. In diesem Fall würde wahrscheinlich die Marktforschung eingesetzt, um diese spezifischen Informationen zu liefern.

Daten und Marketinginformationen können aus vier allgemeinen Quellen gewonnen werden:

- *Interne Aufzeichnungen:* Dazu gehören Kundenfeedback, Verkaufsberichte, Vorratsmengen und so weiter. Diese Informationen sind im Unternehmen bereits für andere Zwecke gesammelt worden.
- *Marktinformationen:* Diese basieren normalerweise auf externen, sekundären Informationsquellen, welche den Kern des kontinuierlichen Informationsflusses bilden. Sie warnen Manager vor allem, wenn sich das externe Umfeld wandelt. Regelmäßige »verdeckte Einkaufstrips« könnten eine geänderte Preisstrategie der Konkurrenz zutage fördern. Demographische Beobachtungen zeigen Änderungen in der Bevölkerung oder der Größe eines Segments. Berichte des Wetterdienstes können die globale Erwärmung erkennen und politische Berater können vor möglichen Gesetzesvorhaben warnen.
- *Marktforschung:* Dies sind spezifische Projekte zur Informationssammlung, um Manager mit Informationen zu versorgen, die sie bei bestimmten Entscheidungen unterstützen. Ein Beispiel wäre die Frage, ob ein neues Produkt hergestellt oder ein neuer Markt betreten werden soll.
- *Statistische und computerisierte Modelle:* Die wachsende Menge an verfügbaren Informationen, eine größere Objektivität sowie die bessere Ausbildung der Manager führen zur Entwicklung von »wissenschaftlicheren Methoden«, um das Management bei der Entscheidungsfindung zu unterstützen. Es werden im Großen und Ganzen dieselben Datenquellen wie oben beschrieben genutzt.

Methoden wie Preismodelle, Korrelationsanalysen, Ortswahlmodelle und die Spieltheorie werden aktiv eingesetzt, um die Entscheidungsfindung im Marketing zu verbessern.

Durch neue Möglichkeiten wie die virtuelle Realität können Manager neue Produkte und die Gestaltung eines Ladens als Computersimulation ausprobieren. So wird die Chance, das Kundenverhalten zu analysieren und zu bewerten, wahrscheinlich dramatisch ansteigen.

Schritt 3: Informationen verteilen

Sobald die Daten gesammelt und verarbeitet sind, müssen die Informationen an die Entscheidungsträger verteilt werden. Die rechtzeitige Verfügbarkeit der Informationen und ihre Bereitstellung in einem nutzerfreundlichen Format sind in diesem Stadium entscheidend für ihre Nützlichkeit und ihren Wert.

Wert von Informationen

- Auch die Informationsbereitstellung verbraucht Ressourcen. Manager müssen immer darauf achten, ob sie aus weniger mehr schaffen können.
- Hinterfragen Sie den Wert der erhaltenen Informationen, und machen Sie Vorschläge, wie sie nützlicher und preiswerter werden könnten.
- Seien Sie unnachgiebig, was die Kosten-Nutzen-Rechnung bei allen Informationen angeht, die Sie bearbeiten.

Schritt 4: Informationen unterstützen die Entscheidungsfindung

Bei diesem letzten Schritt kann man mit der Beurteilung beginnen, ob die Investitionen in die Informationsgewinnung gerechtfertigt waren oder nicht. Sie können fragen:

- Wurden die Informationen verwendet?
- Beeinflussten sie die getroffenen Entscheidungen?
- War die Entscheidung durch die Informationen »besser«?
- Welche Verbesserungen würde sich der Manager bei den Informationen wünschen?

Informationsbedürfnisse

- Befragen Sie die Manager über ihre Informationsbedürfnisse.
- Finden Sie die Informationsquellen mit dem besten Preis-Leistungs-Verhältnis.

- Verteilen Sie Informationen in einem nutzerfreundlichen Format. Bitten Sie die Empfänger um Feedback.
- Überprüfen und modifizieren Sie die angebotenen Informationen.
- Kontrollieren Sie die Wirkung von besseren Informationen auf die Unternehmensleistung.

Marketingforschung managen

Wie wir gerade festgestellt haben, ist die Marketingforschung nur eine Informationsquelle für die Unternehmensplaner. Aber sie ist sehr wichtig und erfordert besondere Aufmerksamkeit. Die Marketingforschung schließt oftmals die Sammlung von Primärdaten ein. Das heißt, die Forschung wird erstmalig für Ihr Unternehmen durchgeführt, um neue Daten zu sammeln. Dies ist ein sehr teurer Prozess, und er wird normalerweise von einer dritten Partei übernommen: einem Berater oder Forscher.

Marketing und Forschung

- Gehen Sie nicht davon aus, dass professionelle Marketingleute auch Forschungsexperten sind. Dies ist ein Feld für Spezialisten. Sie würden ja auch nicht von Ihrem Hausarzt erwarten, dass er notwendigerweise ein guter Chirurg ist.
- Kleinere Unternehmen gehen oft fälschlicherweise davon aus, dass jeder einen Fragebogen erstellen kann. Das geht eben nicht. Es ist sehr leicht, verzerrte Forschungsergebnisse voller Fehler zu erzielen. Die daraus resultierenden Informationen werden Ihre Entscheidungsfindung wahrscheinlich eher behindern als unterstützen.

Unerlässliche Informationen

Bevor man irgendein Forschungsprojekt startet, muss das Management nochmals den Prozess der Identifizierung der Informationsbedürfnisse durchlaufen. Auch die Wege, wie diese Informationen gewonnen werden können, müssen identifiziert und erneut überdacht werden.

Verschiedene Kategorien

- Damit die Teammitglieder ihre Informationsanforderungen unterscheiden, sollten diese in folgende Kategorien aufgeteilt werden: Muss man wissen, wäre gut zu wissen, leicht zu sammeln und schwer zu sammeln (siehe Abbildung 3.1).
- Leicht und schwer können nach Zeit oder Kosten definiert werden.
- Sammeln Sie die leichten Informationen zuerst, weil diese vielleicht schon so viel verraten, dass Sie die weiteren Informationsanforderungen unter Umständen kürzen können.

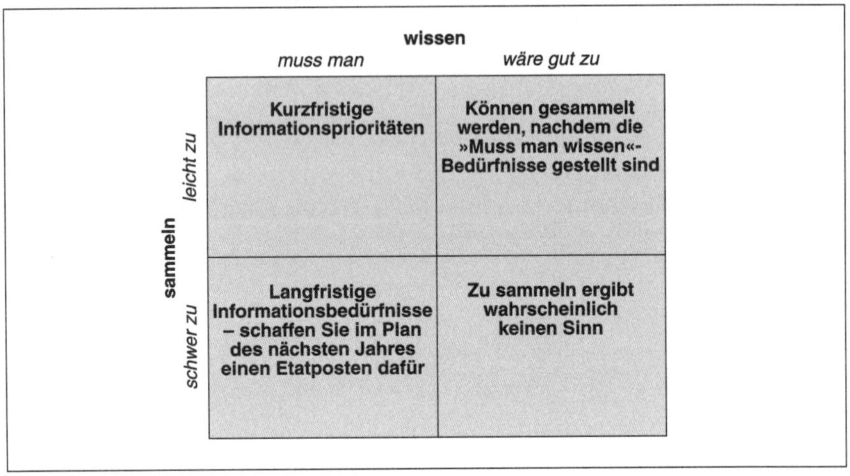

Abbildung 3.1: Setzen Sie bei Ihren Informationsbedürfnissen Prioritäten

Informationssucht

Manager können manchmal geradezu versessen darauf sein, Informationen zu erhalten, die ihnen bei der Entscheidungsfindung nur marginal helfen. Zum Beispiel könnte ein Manager fragen: »Welchen Marktanteil haben wir?« Solange dieser nicht über 80 Prozent liegt und es dazu kaum Chancen gibt, dass die Marktdurchdringung größer wird, muss man sich fragen, ob diese Information überhaupt relevant ist. Ob der Anteil bei 3 oder 4 Prozent liegt, wird Ihre Strategie nämlich nicht nennenswert beeinflussen. Es gibt genügend Kunden, die man anvisieren kann. Herauszufinden, wie viele genau, kann eine teure Übung sein. Hier werden Informationen der Kategorie »wäre gut zu wissen« erzeugt und nicht »muss man wissen«.

Die Grundlagen der Marketingforschung

Davon ausgehend, dass Sie einen Marktforschungsspezialisten anstellen, brauchen Sie nicht allzu viel Expertenwissen, um das Forschungsprojekt zu managen. Einige Grundlagen werden Sie jedoch bei einer fundierteren Entscheidungsfindung unterstützen.

- *Sekundäre* Datenquellen sollten grundsätzlich vor der Primärforschung erkundet werden.
- *Primär*daten können folgendermaßen gesammelt werden: durch *Beobachtungen,* die vor allem im Einzelhandelsumfeld hilfreich sind; durch *Experimente,* zum Beispiel durch Testmarketing eines Produkts; durch *Umfragen,* wozu nicht nur Personen mit Fragebögen gehören, sondern auch telefonische oder postalische Befragungen.
- Je größer die befragte Gruppe ist, desto genauer wird wahrscheinlich das Ergebnis. Die gesammelten Meinungen werden auch in höherem Maße für das gesamte Segment repräsentativ sein, das Sie interessiert. Wenn Sie alle befragen, handelt es sich um einen Zensus; sind es nur einige, dann ist es eine Stichprobe. Sobald Sie jedoch eine aussagekräftige *Stichprobe* haben, werden mehr Befragte eher die Kosten in die Höhe treiben und nicht die Genauigkeit verbessern.
- Stichproben können mit einer Reihe von Techniken gemacht werden, die jedoch grob in zwei Kategorien eingeteilt werden können: Wahrscheinlichkeitsproben *(Zufall)* und Nicht-Wahrscheinlichkeitsproben *(Quoten).* Beide können gleichermaßen nützliche Ergebnisse liefern, wenn sie sorgfältig durchgeführt werden. Quoten werden in der Geschäftswelt jedoch öfter verwandt, weil sie kostengünstiger sind. Die Stichprobe reflektiert die Eigenschaften Ihres Segments. Wenn Sie zum Beispiel an europäischen Jugendlichen zwischen 14 und 18 Jahren interessiert sind, können Sie Ihre Stichprobe so wählen, dass sie den Anteil der Personen in dieser Altersgruppe in jedem europäischen Land widerspiegelt.
- Standardisierte Fragen, wie sie für die Fragebogenforschung üblich sind, gehören zur *quantitativen* Forschung. Sie sind sehr nützlich, um Informationsfakten zu Fragen nach dem Was, Wo, Wann, Wie und Wie viel zu erhalten.
- *Qualitative* Methoden basieren auf Psychologie und erforschen Antworten auf die Frage nach dem Warum. Manchmal werden sie auch

als unstrukturierte Forschung oder Motivationsforschung bezeichnet. Hier werden kleinere Gruppen im Rahmen von Stichproben einbezogen, und tiefer gehend zu ihrem Verhalten und ihrer Wahrnehmung befragt. Es gibt unzählige Techniken, doch die verbreitetsten sind Tiefeninterviews und Gruppeninterviews. Manchmal wird eine qualitative Untersuchung durchgeführt, um eine quantitative Umfrage erstellen zu können.

Eine Agentur auswählen

Marktforschungsagenturen sind wie Werbeagenturen daran interessiert, eine langfristige Beziehung zu einem Kunden aufbauen. Der Auswahlprozess ist deshalb besonders wichtig. Das Managementteam muss eine Liste mit Kriterien aufstellen, die für sie von Bedeutung sind. Diese werden sich von Unternehmen zu Unternehmen unterscheiden. Doch folgende Punkte gehören womöglich immer dazu:

- Keine Kunden unter der Konkurrenz.
- Erfahrung auf unserem Markt oder in unserem Geschäftsfeld.
- Breite der angebotenen Fähigkeiten und Dienstleistungen.
- Wie wichtig ist der Agentur die Zusammenarbeit mit uns?
- Referenzen von anderen Kunden.
- Lage und geographische Abdeckung.
- Verfügbarkeit.

Mögliche Konflikte
Vergessen Sie nicht zu überprüfen, ob Sie das Team mögen. Ein Konflikt der Unternehmenskulturen oder Persönlichkeiten fördert diese Art von Partnerschaft nicht.

Auswahl

Bitten Sie Lieferanten, andere Kontaktpersonen und Kollegen, Ihnen mögliche Agenturen zu empfehlen. Halten Sie auch in Fachblättern nach Berichten über erfolgreiche Firmen Ausschau, und nutzen Sie die Gelben Seiten sowie die Handelsregister. Bitten Sie zehn Agenturen, Ihnen Informationsmaterial zuzuschicken; wählen Sie davon drei aus und laden Sie diese zu einem Gespräch ein.

Erforschen Sie die Forscher

- Stellen Sie den ersten Kontakt zum Marktforschungsunternehmen persönlich her. Notieren Sie, wie Sie behandelt wurden und wie schnell die Antwort kam.
- Besuchen Sie die Agenturen in deren Räumlichkeiten, um sich ein Bild von ihrer Größe, Professionalität und dem geleisteten Arbeitsvolumen zu machen.

Der Auftrag

Ihre wichtigste Aufgabe bei einem Projekt zur Informationssammlung ist die Erstellung des Auftrags. Das Forschungsergebnis wird nur so gut sein, wie der Auftrag formuliert ist, egal ob Sie interne oder externe Mitarbeiter einsetzen.

Erklären Sie, was Sie möchten, und Sie bekommen es

Die Forscher können die Zukunft nicht besser vorhersagen als Sie selbst. Sie können Ihnen vielleicht Informationen liefern, um Ihre eigenen Prognosen zu verbessern.

Eine Checkliste für einen Forschungsauftrag

- Hintergrund: Informieren Sie die Forscher über Ihr Unternehmen und die erforderlichen Entscheidungen. Erklären Sie deren Bedeutung und Ihre Informationsbedürfnisse.
- Stellen Sie den Forschern interne und externe Informationsquellen zur Verfügung, die hilfreich sein könnten. Dass sie diese allein finden sollen, ist kein Test ihrer Fähigkeiten, sondern eine teure Verschwendung von Ressourcen. Sie müssen für das bezahlen, was Sie bereits wissen, und es wird die Beziehung mit der Agentur belasten.
- Beschreiben Sie Ihre Informationsbedürfnisse ausführlich, inklusive aller Beschränkungen und Parameter. Wie groß, also wie genau, muss zum Beispiel die Stichprobe sein? Auch die geographische Ausdehnung sowie Beschränkungen bei Zeit, Kosten oder Validität müssen klar definiert sein.
- Entscheiden Sie zusammen, wie die Leistung der Agentur bewertet werden soll und welche Kontrollen zum Beispiel hinsichtlich der Qualität notwendig sind.
- Entscheiden Sie, in welchem Format die Agentur berichten soll und

wie die Verwaltungsarrangements sind. Hier geht es zum Beispiel um Ansprechpartner, Zahlungsbedingungen und so weiter.

Prüfen und Verbessern
Nehmen Sie sich am Ende jedes Projekts Zeit, die Agentur und Ihr Team zu befragen. Überprüfen Sie nicht nur die Arbeit, sondern auch den Prozess. So können Sie erkennen, welche Verbesserungen bei der Kommunikation oder beim Feedbackformat für die Zukunft hilfreich sind.

Die Informationen überprüfen

Informationen sind eine wertvolle Ressource und für die Planer entscheidend. Sie müssen jedoch zuverlässig und umfangreich genug sein sowie über eine Qualität verfügen, die es dem Management erlaubt, sie ohne weiteres bei der Entscheidungsfindung einfließen zu lassen.

Obwohl die Informationstechnologie dramatisch fortgeschritten ist, steckt das Informationsmanagement immer noch in den Kinderschuhen. Es müssen schon frühzeitig Anstrengungen unternommen werden, damit die Manager die Informationen erhalten, die sie benötigen. Sie sollten nicht darauf angewiesen sein, was andere ihnen geben wollen. In zu vielen Unternehmen ist die Bereitstellung von Informationen eine untergeordnete Aktivität der Finanzabteilung. Ihr Format und ihre Verfügbarkeit befriedigen zudem nicht immer die Erwartungen der Manager, die sie nutzen.

Sobald Informationssysteme etabliert sind, haben Sie eine gute Grundlage, um mit der Arbeit an Ihren Plänen zu beginnen. Wenn Ihre Informationen unzureichend sind, treffen Sie Maßnahmen, um sie zu verbessern. Sie können nicht alles auf einmal tun. Arbeiten Sie zuerst an der »Muss-man-wissen«-Liste.

Während Sie dieses Buch weiter lesen und während der Entwicklung Ihrer eigenen Pläne werden Sie Informationslücken entdecken. Notieren Sie diese auf der folgenden Seite und ergreifen Sie Maßnahmen, um diese zu füllen. Wenn Sie bei der Informationssammlung nicht selbst aktiv werden, werden dieselben Lücken auch im nächstjährigen Plan wieder auftauchen. Halten Sie Ihr Team an, ähnliche Listen zu führen, und besprechen Sie »Informationsthemen« zusätzlich auf Ihren monatlichen Teambesprechungen. Setzen Sie Prioritäten und kontrollieren Sie die Fortschritte, wenn Ihnen mehr und bessere Informationen zur Verfügung stehen.

Arbeitsblatt 1: Ihre Informationsanforderungen:
Informationen werden benötigt

- über das Umfeld,
  über die Konkurrenten,
  über die Kunden;
- über die Rentabilität der Produkte oder Märkte;
- über die Effektivität unserer Marketingaktivitäten;
- über die Realisierbarkeit neuer Möglichkeiten.

Seien Sie ein anspruchsvoller Informationskunde
Entscheiden Sie, was Sie benötigen, und fragen Sie danach. Ergreifen Sie selbst die Initiative, anstatt als Informationskunde zu reagieren.

4

Die gegenwärtige Leistung des Marketings messen

Die Marketingaktivitäten überprüfen

In Kapitel 2 wurde ein Überblick über die Planungsabfolge gegeben. Diese beginnt damit, dass jede Funktion ihre jetzige Position überprüft, also ein Audit durchführt. In diesem Kapitel wird untersucht werden, wie dies für die Marketingaktivitäten geschehen kann.

Marketingfachleute sind nicht gerade für die Messung von Leistungen bekannt. Wir haben uns davor gedrückt, quantitativ messbare Zielvorgaben zu setzen und für die von uns eingesetzten Ressourcen zur Verantwortung gezogen zu werden. Wir haben Marketing eher als Kunst denn als Managementwissenschaft betrieben. Deshalb fühlte sich das Management auch in der Lage, den Marketingetat zu kürzen, wenn die Zeiten schlechter wurden. Das war völlig verständlich, wenn auch nicht ganz logisch: Wenn die Marketingleute nicht sagen können, wie viel Mehrwert sie schaffen, dann sollten sie auch nicht unterstützt werden.

Dieser Ansatz ist mittlerweile veraltet. Marketingmanager messen und kontrollieren heute so effektiv wie jede andere Funktion. Da mehr und mehr Informationen durch Feedback und Kontrollen erzeugt werden, sind wir verstärkt in der Lage, die Effektivität in Zukunft noch weiter zu verbessern.

In diesem Kapitel werden wir betrachten, welche Analysearten den Marketingfachleuten zur Verfügung stehen, um die Frage »Wo stehen wir momentan?« zu beantworten. Es handelt sich um Schritt 1 der Planungsabfolge. Wir werden untersuchen, wie

- das Produktportfolio und die Kundensegmente analysiert werden;
- Vertriebskanäle bewertet werden und sich die Effektivität der Werbung messen lässt;
- für die Kundenbetreuung Benchmark-Standards gesetzt werden;
- eine Checkliste für Ihr eigenes Audit der Werbung zusammengestellt wird.

Woraus besteht die Marketingaktivität?

Es gibt zwei Aspekte bei den Marketingaktivitäten eines Unternehmens: den Marketingprozess und den Output dieser Prozesse.

Input	Output – der Marketingmix
das Marketingteam	Produkt
Ressourcen für die Marketingforschung	Preis
MKIS	Werbung
neue Systeme zur Produktentwicklung	Ort
Rolle und Status des Marketings in der Firma	Personal
Kommunikation mit und Einfluss auf interne und externe Lieferanten	Erscheinungsform Prozesse

Die Inputarten

Wir nehmen wie selbstverständlich an, dass das Marketing für den Marketingoutput zuständig ist, also den Marketingmix. Aber eigentlich handelt es sich um den Output der ganzen Firma. Das Marketing muss die Entscheidungen bezüglich Produkt, Preis und Verfügbarkeit koordinieren und beeinflussen. Aber der Umfang, in dem es dabei erfolgreich ist, hängt vom Status des Marketings innerhalb des Unternehmens ab. Weitere Faktoren sind die Entscheidungssysteme und der Grad an Kundenorientierung unter den Kollegen und leitenden Managern, also die Qualität Ihres Marketinginputs. Eine Überprüfung dieser Inputarten ist sicherlich eine nützliche Sache. Sie werden danach verstehen, wie das Unternehmen Marketing bewertet und wie viel in seine Rolle investiert wurde.

Ihr Marketingteam muss auf der höchsten Unternehmensebene repräsentiert sein, wenn es die Entscheidungsträger des Unternehmens beeinflussen soll.

Die Marketingmitarbeiter müssen qualifizierte oder ausgebildete Fachleute sein. Ohne ein gründliches Verständnis der Rahmenbedingungen und Marketingkonzepte sowie Kompetenz im Umgang mit den Marketinginstrumenten werden wahrscheinlich Ressourcen verschwendet, Geschäftsmöglichkeiten verpasst und das Unternehmenspotenzial nicht voll ausgeschöpft. Auch wenn das Marketing nicht schwierig zu meistern ist, sind enthusiastische Amateure selten effektiv genug. Halten Sie für die Handhabung Ihrer Finanzen einen qualifizierten Finanzexperten für wichtig, so sollten Sie dieselben Standards an die Personen anlegen, die für Ihre Kunden zuständig sind.

Nehmen Sie sich Zeit, um die Marketingfunktion Ihrer Firma zu bewerten. Ist sie gut genug positioniert, um die Unternehmensstrategie zu leiten und die Kundenbedürfnisse adäquat zu vertreten? Falls nicht, identifizieren Sie die notwendigen Änderungen, um den Status und die Ressourcen der Funktion zu verbessern. Eine der ersten Aufgaben vieler kundenbewusster Manager ist es, das Marketing zu vermarkten. Bieten Sie Workshops an, unterrichten Sie die leitenden Mitarbeiter, suchen Sie Fallstudien über den Umgang in anderen Firmen und motivieren Sie leitende Kollegen, dieses Buch zu lesen. Falls Sie sich im Marketingbereich nicht auskennen, finden Sie heraus, wie Sie ein Experte werden können.

Kundenorientierung

Selbst wenn ein Unternehmen kundenorientiert ist und die Manager alle Entscheidungen so treffen, dass sie die Interessen der Kunden reflektieren, so benötigen Sie immer noch ein starkes Marketingteam:

- Es wird immer noch Forschung nötig sein, um die Kommunikationskanäle mit den Kunden in beide Richtungen offen zu halten.
- Neue Produktentwicklungen profitieren von einem Fürsprecher, der die Kundeninteressen vertritt.
- Werbemaßnahmen müssen koordiniert und mit anderen Elementen des Marketingmix integriert werden, um eine konsistente Positionierung zu garantieren.
- Es wird weiterhin ein Marketingplan benötigt, um die kundenorientierte Unternehmensstrategie umzusetzen und eine effektive Segmentierung zu garantieren.

Keine Ergebnisse ohne Engagement der Chefetage

Der öffentliche Dienst in Großbritannien konvertierte erst vor relativ kurzer Zeit zum Marketing. Schulen, Universitäten, Krankenhäuser und öffentliche Büchereien sind nun aktiv damit beschäftigt, die Kunden zufrieden zu stellen. Viele haben Marketingmanager berufen. Zu oft befinden sie sich auf der mittleren Managementebene mit begrenztem Zugang zu den wichtigen Entscheidungsträgern. Die Kontrolle und Beeinflussung des Marketingmix ist von dieser Warte aus fast unmöglich. Im besten Fall können diese Marketingleute die Werbeaktivitäten der Organisation kontrollieren, weil der Etat dafür normalerweise in ihren Zuständigkeitsbereich fällt. Das Ergebnis ist eine Organisation, die fälschlicherweise glaubt, Marketing eingeführt zu haben, aber eigentlich nur ihre traditionelle Ausrichtung neu verpackt hat.

Die Outputarten des Marketings

Marketingmix ist der Begriff, der normalerweise verwendet wird, um diejenigen Aspekte der Unternehmensentscheidungen abzudecken, welche die Kundennachfrage beeinflussen sollen. Die ursprünglichen vier Elemente sind:

- das *Produkt* oder die *Dienstleistung*,
- die *Werbung* dafür,
- die *Verfügbarkeit* – der *Ort*,
- der *Preis*.

Drei weitere wurden hinzugefügt, um die Elemente abzudecken, die sich speziell auf den Dienstleistungssektor beziehen. Da aber die Kunden in allen Sektoren immer stärker auch nach dem Service wählen, kann man diese drei Faktoren des Servicemix inzwischen allgemeiner anwenden:

- *Personal* – die Kundenbetreuung,
- *Erscheinungsform* – zum Beispiel das Umfeld, die Literatur, die Verpackung,
- *Prozesse* – von Anfrage- und Buchungssystemen bis zum Kundendienst.

Das Marketingaudit arbeitet normalerweise die Stärken und Schwächen der Aktivitäten in diesen Kategorien heraus, beurteilt sie jedoch aus der Sicht der Kunden. Sich selbst in die Lage der Kunden zu versetzen ist eine wichtige Fähigkeit der Mitarbeiter im Marketing. Ihr Produkt kann das billigste auf dem Markt sein, doch wenn die Kunden es als teuer empfinden, wird dies ihre Kaufentscheidung beeinflussen. Einfühlungsvermögen und Marktforschung sind in diesem Stadium des Auditprozesses von entscheidender Bedeutung.

Wo stehen wir momentan? – Die Produkte und Märkte

Man sollte sich daran erinnern, warum die Überprüfung eigentlich durchgeführt wird. Aufgrund der hier identifizierten Stärken werden die zukünftigen Strategien gewählt. Andere Möglichkeiten werden verworfen, weil sie unsere Schwächen bloßstellen würden. Die Auswirkungen unserer Beurteilung sind deshalb wichtig und diese Arbeit muss gründlich und ernsthaft durchgeführt werden.

Die Portfolioanalyse

Die meisten Unternehmen, egal wie klein sie sind, bieten mehr als eine Dienstleistung an. Zum Beispiel säubert ein Fensterputzer sowohl innen wie außen, zudem vielleicht noch Rinnsteine, Dachrinnen oder Farbarbeiten. Große multinationale Unternehmen haben ein Produktportfolio, das in die Tausende geht. Ein Ausgangspunkt für jeden Planer ist die Frage, von welchem Produkt mehr verkauft werden soll. Beachten Sie, dass das Wort Produkt als allgemeiner Begriff benutzt wird und sowohl Produkte wie Dienstleistungen einschließt. Welche Produkte tragen am meisten zum Gewinn bei oder beanspruchen die Ressourcen am wenigsten? Welche tragen am meisten zur Unternehmensvision und -mission bei?

Produkte und Gewinn
Überraschenderweise können nur wenige Unternehmen angeben, wie viel Gewinn verschiedene Produkte oder Dienstleistungen erzielen. Finden Sie dies für Ihr eigenes Unternehmen heraus. Verwechseln Sie dabei nicht die Einnahmen mit dem Gewinn. Die Verkäufe mit dem höchsten Volumen sind nicht immer die gewinnträchtigsten.

Die Marketingstrategie und -taktiken können direkt den verkauften Produktmix beeinflussen. Die Einzelhändlerin, die eher eine bestimmte Marke als eine andere durch ihr Merchandising hervorheben möchte, ist sich dessen sehr wohl bewusst. Deshalb ist es unerlässlich, dass sich die Marketingleute Zeit nehmen, um die gewinnbringendsten Produkte zu identifizieren, bevor sie ihre Strategien und Taktiken entwickeln.

Bei nur wenigen Produkten ist dieser Prozess ziemlich einfach. Bei einer größeren Palette werden jedoch Instrumente der Portfolioanalyse benötigt.

Die richtige Wahl
Falls die Analyse des Fensterputzers ergibt, dass die Reinigung der Fenster von innen mehr Gewinn abwirft als die Außenreinigung, wird er vielleicht einen Plan erarbeiten, um diesen zusätzlichen Service verstärkt

an seine Kunden zu verkaufen. Falls sich jedoch die normalen Außenreinigungsverträge als die attraktivsten erweisen, dann wäre ein Plan, um neue Kunden zu werben und die Stammkundschaft auszuweiten, sicherlich eine sinnvollere Marketingmaßnahme.

Der Produktlebenszyklus

Der Produktlebenszyklus (PLZ) ist eines der bekanntesten Modelle des Marketings. Es zeigt deutlich, dass in den einzelnen Lebensphasen eines Produkts Veränderungen erforderlich sind. Jedes Stadium des Zyklus wird durch unterschiedliche Bedingungen bei Angebot und Nachfrage charakterisiert. Um jederzeit die beste Rendite für ein Produkt zu erzielen, muss ein Manager in der Lage sein, den Marketingmix in den verschiedenen Phasen anzupassen. Zum Beispiel kann ein hoher Preis für ein neu eingeführtes Produkt mit wenig Konkurrenz gerechtfertigt sein. Diese »Abschöpf«-Strategie wird hohe Gewinne zu Beginn des Zyklus einfahren. Sobald das Produkt jedoch durch Konkurrenten unter Druck gerät, müssen die Preise gesenkt werden, um den Marktanteil zu halten. Auch die Werbemaßnahmen müssen sich von der Gewinnung an Aufmerksamkeit weg hin zu Überzeugung und Erinnerung bewegen, wenn das Produkt reift.

Die Portfolioanalyse soll unter anderem garantieren, dass jedem Produkt ein bestimmter Lebenszyklus zugeordnet wurde, bevor dafür entsprechende Strategien entwickelt werden (siehe dazu Abbildung 4.1).

Es gibt eine Reihe von praktischen Begrenzungen bei der Anwendung des Produktlebenszyklus, und es sind einige Fallstricke zu vermeiden. Doch der PLZ zeigt, warum ein ausgewogenes Portfolio entwickelt werden muss. Die Manager erkennen zudem, warum ein Produkt, das auf der Höhe seiner Einnahmemöglichkeiten angekommen ist, bei den Eigentümern nicht sehr populär ist – das Gewinnwachstum hat sich eingependelt.

Die meisten Eigentümer möchten Gewinnwachstum. Um das zu erreichen, muss man Strategien entwickeln, welche die Lebensspanne von bereits reifen Produkten verlängern. So kann der Absatz durch die Öffnung neuer Märkte und neuer Vertriebskanäle angeheizt werden. Änderungen am existierenden Produkt können zudem Wiederholungskäufe anregen.

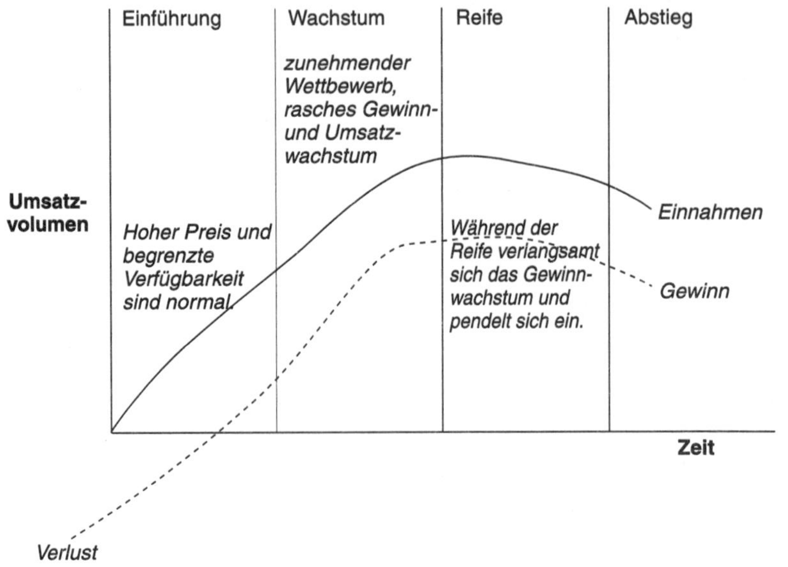

Anmerkung: Obwohl es verschiedene klassische PLZ-Kurven gibt, sind die Hauptphasen dieselben. Der Wert des Modells liegt darin, Managern zu zeigen, wie dynamisch die Geschäftswelt ist.

Abbildung 4.1: Der klassische Produktlebenszyklus

Marketingtheorie

- Praktisch veranlagte Manager sind manchmal schnell dabei, die Marketingtheorie als nicht praxisrelevant abzutun. Es ist zwar wichtig, die Grenzen der verschiedenen Instrumente und Techniken zu erkennen, diese könnten aber dennoch hilfreich sein. Man muss sie seinem persönlichen Erfahrungsschatz hinzufügen, um sie dann bei Bedarf verwenden zu können.
- Die meisten Instrumente haben mehr als eine Anwendungsmöglichkeit. Sie können angepasst und modifiziert werden. Man kann sie anwenden oder nicht, nur sollte man sie nicht einfach ignorieren.

Gefahr der PLZ

- Eine der Gefahren des PLZ ist, dass Manager die Sache zu wörtlich nehmen. Sobald sich das Absatzwachstum verlangsamt, nehmen sie an, dass sich das Produkt am Übergang von der Wachstums- zur Reifephase befindet. Sie passen ihre Strategien und Taktiken dementsprechend an. In Wirklichkeit kann ein langsamerer Absatz das Ergebnis einer wirtschaftlichen Schwächephase sein oder von verstärkter Konkurrenz. Die Umstellung der Strategie wird die potenzielle Lebensspanne des Produkts nur unnötig verkürzen. Es kommt zu einer sich selbst erfüllenden Prophezeiung.

- PLZ sind nützliche Indikatoren, aber man sollte nicht einfach ohne nachzudenken und weitere konkrete Beweise handeln.

Die Boston-Matrix

Der PLZ kann eingesetzt werden, um ein Produkt zu kategorisieren und die Nachfrage zu prognostizieren. Es können auch Marken mit anderen Marken verglichen werden. Doch wenn es darum geht, ein umfangreiches und vielfältiges Portfolio zu bewerten, ist sie nicht so geeignet. Praktiker und Wissenschaftler haben versucht, Instrumente zu entwickeln, um die Portfolioanalyse zu verbessern.

Betrachten Sie die Darstellung der Portfolios zweier Unternehmen mithilfe der Boston-Matrix (siehe Abbildung 4.3). Die Größe der Kreise deutet die Einnahmen an, die von jeder Geschäftseinheit oder von jedem Produkt erzielt werden. Der Pfeil zeigt die Richtung, in die sie sich bewegen.

Die Einschränkungen der Boston-Matrix gelten vor allem für den öffentlichen Sektor, wo Marktanteil und -wachstum nicht sehr relevant sind. Für andere Bereiche kann sie jedoch eine hilfreiche Technik sein, um eine Momentaufnahme aller angebotenen Produkte oder der Geschäftseinheiten zu liefern. Sie kann auch die wahrscheinlichen Auswirkungen der gegenwärtigen Portfoliogewichtung für das Unternehmen zeigen.

Überprüfen Sie die Produkte in Ihrem Portfolio oder die strategischen Geschäftseinheiten innerhalb Ihres Unternehmens. Wenden Sie dabei das Netzgitter in Abbildung 4.4 an. Welche Schlussfolgerungen können Sie daraus ziehen?

Die GE- oder Multi-Faktoren-Matrix

Dieses dritte Instrument der Portfolioanalyse ist eines der nützlichsten für einen Manager. Es kann wie hier für die Analyse momentan existierender Produkte eingesetzt werden. In den folgenden Kapiteln

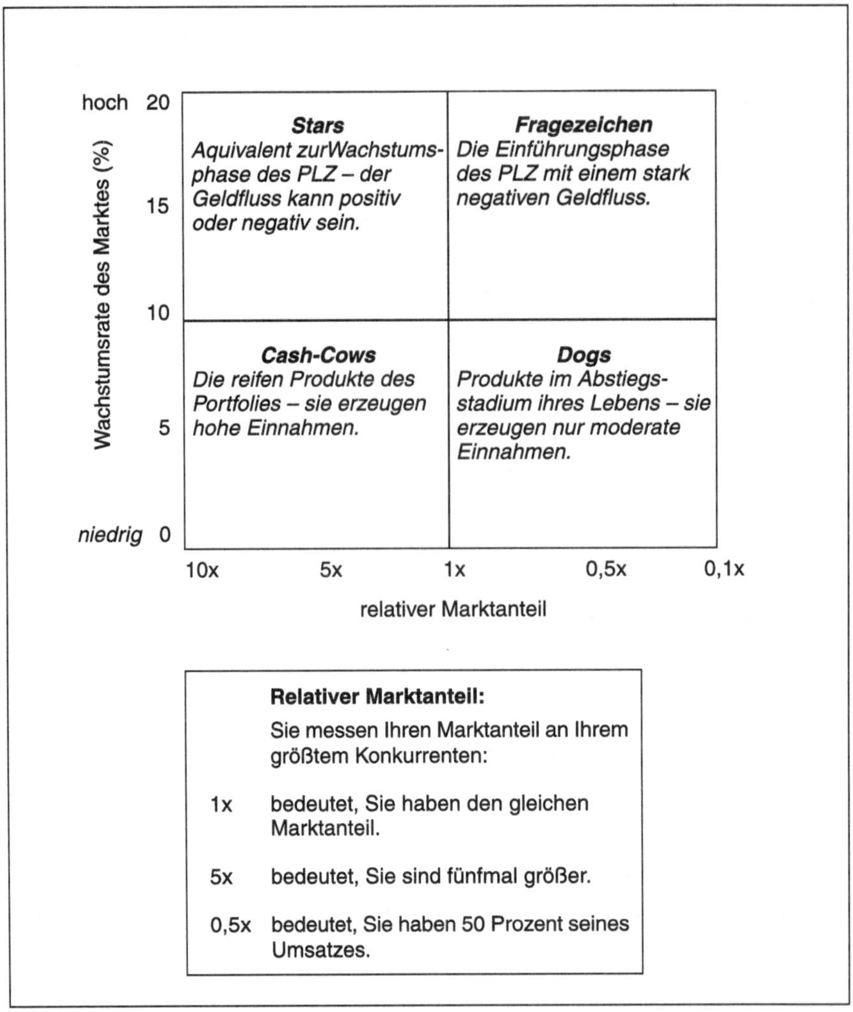

Abbildung 4.2: Die Boston-Matrix

sehen wir aber auch, dass es für die Bewertung alternativer Strategien und neuer Märkte verwendet werden kann. Einer seiner Hauptvorteile ist seine Flexibilität. Sie erlaubt es den Managementteams zu entscheiden, welche Variablen für das eigene Unternehmen relevant sind. Das macht die GE-Matrix sowohl für Non-Profit-Organisationen als auch für Unternehmen nützlich. Zudem kann bei der Beurteilung eines Portfolios eine Reihe von Faktoren in Betracht gezogen werden, was zu einer realistischeren Betrachtung führt.

Die GE-Matrix wurde von der Unternehmensberatung McKinsey im Auftrag von General Electric entwickelt und wird manchmal auch

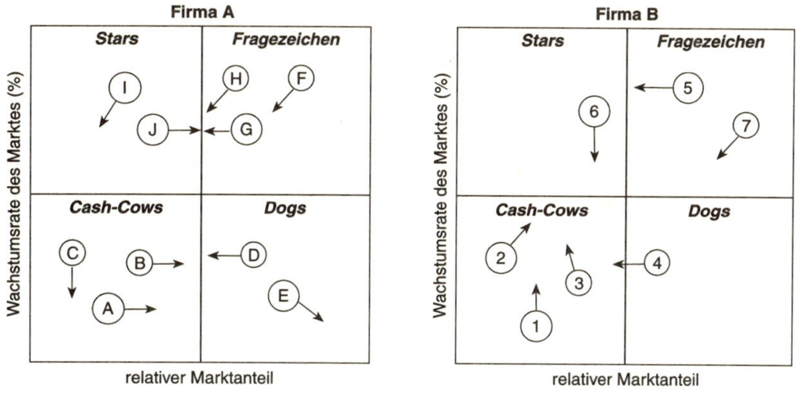

Firma A ist in einer viel schlechteren Lage:

- Sie versucht, zu viele neue und wachsende Produkte zu finanzieren. Wahrscheinlich reichen die Ressourcen nicht aus, um dies erfolgreich zu tun. Firma A hat den Fehler gemacht, sich zu breit zu streuen.
- Produkte A und B werden schnell zu Ladenhütern, sodass nur C und vielleicht I als sprudelnde Geldquellen bleiben.
- Die fehlenden Investitionen in die Stars erklären vielleicht, warum J wieder zu einem Fragezeichen wird.
- Ladenhüter E sollte wahrscheinlich aus dem Portfolio entfernt werden, um Ressourcen für neue Produkte frei zu bekommen.

Firma B befindet sich in einer viel stärkeren Position:

- Es gibt drei große Geldquellen, zwei davon in wachsenden Märkten.
- Es gibt eine überschaubare Anzahl von neuen Produkten, und der einzige Ladenhüter ist auf dem Weg, wieder zu einer Cash Cow zu werden.

Abbildung 4.3: Ein Portfolio verwalten

als Multi-Faktoren-Portfoliomodell bezeichnet. Das Konzept dieser Technik ist einfach. Die Attraktivität eines Produkts oder einer Möglichkeit soll in zwei Dimensionen gemessen werden:

- Zum einen ist da die Attraktivität für das Unternehmen, die *Produktattraktivität*. Hier geht es zum Beispiel um den potenziellen Gewinn und/oder die Einnahmen durch das Produkt, die Übereinstimmung mit der Unternehmenspolitik und anderen Produkten sowie seine Wachstumsprognosen.
- Zum anderen ist da die Attraktivität für die Kunden, der *Wettbewerbsvorteil*. Man versucht zu prognostizieren, mit welcher Wahrscheinlichkeit die Kunden dieses Produkt kaufen werden. Maßstäbe dafür sind die Kaufkriterien der Kunden, wie zum Beispiel Preis, Leistung oder Verfügbarkeit. Das Unternehmen kann anhand dieses Rahmens seine wahrscheinliche Leistung gemessen an diesen Kriterien einschätzen.

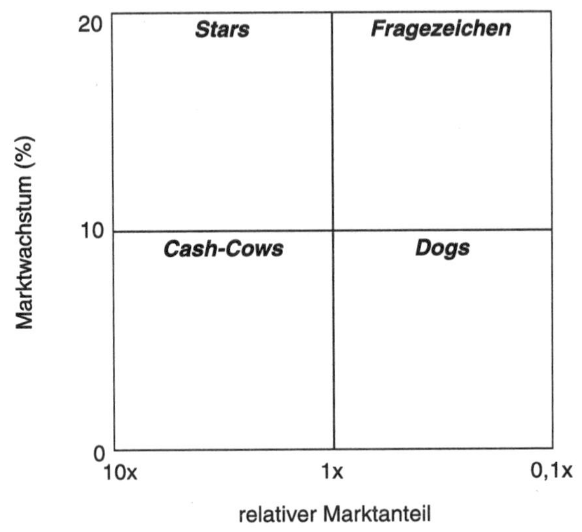

Abbildung 4.4: Das Boston-Matrix-Netzgitter

Ihr Portfolio auf der Matrix zu orten ist eine relativ einfache Aufgabe (siehe Abbildung 4.5). Es existiert mittlerweile eine Reihe von Computerprogrammen, welche den schwierigsten Teil der mechanischen Berechnungen bei dieser Übung übernehmen.

Die GE-Matrix anwenden

Das Managementteam stellt eine Liste mit Eigenschaften oder Kriterien auf, die es für die Beurteilung der Produktattraktivität anwenden würde. Wo möglich, addieren Sie eine quantitative Messung:

Schritt 1

- rentabel: Bruttogewinnspanne über 24 Prozent
- niedriges Risiko: Erfolgschancen höher als 2:1
- eine Geldquelle: Umsatz von mindestens 0,5 Millionen Euro nächstes Jahr

Stellen Sie sicher, dass alle einschränkenden Faktoren wie Finanzierung, Maschinenzeit oder knappe Ressourcen als Auswahlkriterien hinzugefügt werden.

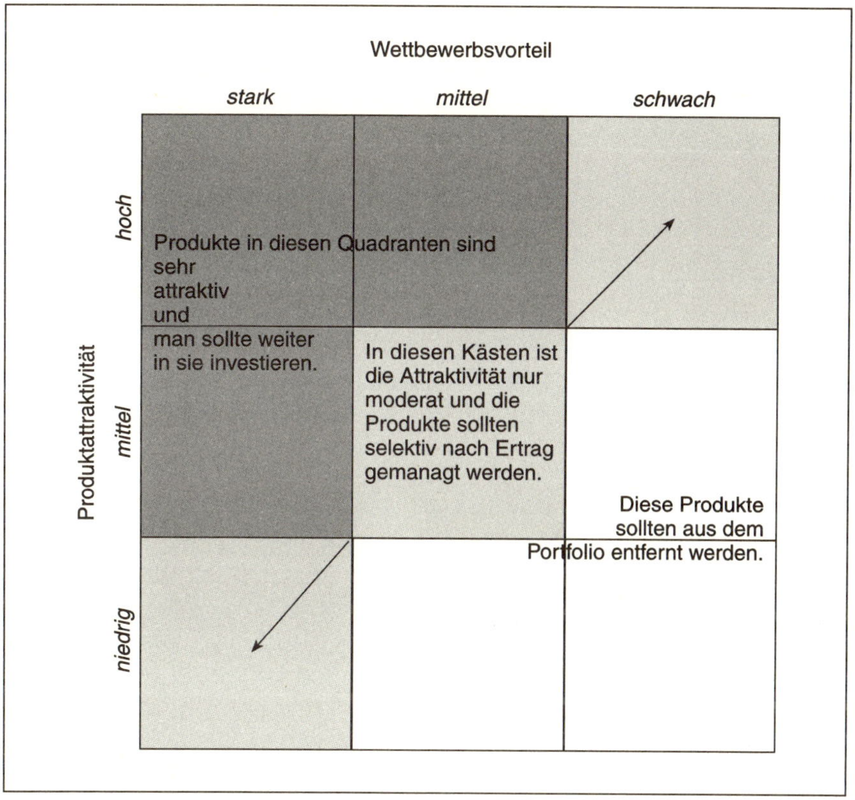

Abbildung 4.5: Die GE-Matrix

Schritt 2

Sobald die Liste komplett ist, müssen die verschiedenen Faktoren gewichtet werden, denn einige sind wichtiger als andere. Das Wachstumspotenzial kann zum Beispiel doppelt so wichtig sein wie der momentane Umsatz. Man kann beliebig viele Faktoren auf der Liste haben, aber das maximale Gewicht eines Faktors ist 10. Solange man sich noch nicht an das Konzept gewöhnt hat, ist es einfacher, die Anzahl der Kriterien auf zehn oder noch weniger zu begrenzen.

Sie sollten jetzt über eine abgestimmte und gewichtete Liste an Kriterien für die Produktattraktivität verfügen (siehe Abbildung 4.6).

Anwendung der Technik

Falls Ihr Unternehmen diese Technik noch niemals angewandt hat, kann ein Spezialist, zum Beispiel ein Berater oder ein Kollege, bei der Erzielung einer Übereinstimmung sehr hilfreich sein. Es wird zu großen und oftmals hitzigen Debatten kommen, wie wichtig zum Beispiel Gewinnwachstum im Vergleich zu kurzfristigen Einnahmen oder Risiko im Vergleich zu Investitionen ist. Selbst als allein stehende Übung zur Gruppenkommunikation kann diese Aktivität nicht genug empfohlen werden.

• Umsatz ↑ 0,5 Mio. €	2,0
• Wachstumsprognose ↑ 5 % pro Jahr	3,0
• große Synergie mit anderen Produkten	1,0
• Kauf ohne Berücksichtigung des Preises	0,5
• starke Tendenz zum Cross-Sell	1,5
• niedrige Investitionsbedarfe ↓ 0,2 Mio. €	0,25
• niedrige Nachfrage nach Produktionskapazitäten	1,75
	10,00

Wie viele Kriterien Sie auch verwenden, die Gesamtgewichtung muss gleich 10 sein.

Abbildung 4.6: Produktattraktivität

Schritt 3

Bewerten Sie jetzt jedes einzelne Produkt aus Ihrem Portfolio auf einer Skala von 0 bis 5 nach seiner Leistung gemessen an diesen Kriterien.

Produkt A erzielt beim Punkt Einnahmen durch Umsatz vielleicht einen hohen Wert (5), weil es 1 Million Euro erzielt. Dafür ist das Wachstum gering (1), weil die Prognose für das nächste Jahr eine Marktverkleinerung von 2 Prozent voraussieht. Produkt B erzielt andererseits vielleicht einen hohen Synergiewert mit anderen Pro-

Bewerten Sie jedes Produkt für die vereinbarten Kriterien auf einer Skala von 0 bis 5.

Kriterien	*Produkt A*	*Produkt B*
Umsatz	5	3
Wachstum	1	3
Synergie	3	4
Preisempfindlichkeit	4	4
Cross-Sell	2	3
Investitionen	1	2
Kapazitätsbedarf	3	3

Abbildung 4.7: Produktbewertung

dukten (4), benötigt im nächsten Jahr jedoch starke Investitionen und bekommt dafür nur einen Wert von 2 (siehe Abbildung 4.7).

Schritt 4

Sobald *alle* Produkte bewertet sind, können Sie jetzt für jedes den Gesamtwert berechnen, indem Sie den Wert mit der Gewichtung für jedes Kriterium multiplizieren und dann zusammenrechnen. Der höchstmögliche Gesamtwert liegt bei 50, falls jedes Kriterium (Gesamtgewichtungswert von 10) die Höchstbewertung von 5 erhält (5 mal 10 = 50). Der niedrigste Gesamtwert ist 0, wenn ein Produkt für jedes Kriterium eine Bewertung von 0 erhält (siehe Abbildung 4.8).

Sie verfügen jetzt für jedes Ihrer potenziellen Produkte über ein quantitativ berechnetes Maß der Produktattraktivität. Die Kriterien und ihre relative Wichtigkeit sind bei jedem Produkt konstant gehalten worden. So wurde ein Element an Objektivität in der Bewertung des Teams garantiert. Die Beurteilung ist transparent und die Gründe für eine relativ niedrige Bewertung können identifiziert und, falls nötig, angegangen oder überprüft werden. Zum Beispiel erzielt Produkt A ein schlechtes Ergebnis beim Wachstum, bekam jedoch eine Gewichtung von 3 durch das Unternehmen.

		Produkt A		Produkt B	
Kriterien	*Gewichtung x*	*Bewertung (0–5)*	*Gesamtgewichtete x Bewertung*	*Bewertung (0–5)*	*Gesamtgewichtete Bewertung*
Umsatz	2,0	5	10,0	3	6,0
Wachstum	3,0	1	3,0	3	9,0
Synergie	1,0	3	3,0	4	3,0
Preisempfindlichkeit	0,5	4	2,0	4	2,0
Cross-Sell	1,5	2	3,0	3	4,5
Investitionen	0,25	1	0,25	2	0,5
Kapazitätsbedarf	1,75	3	5,25	3	5,25
			26,5		30,25

Abbildung 4.8: Relative Attraktivität der Optionen

Schritt 5

Für die Bewertung des Wettbewerbsvorteils ist nun eine ähnliche Bewertung erforderlich: die Kundenbewertung der relativen Attraktivität eines jeden Produkts, also ein Maß seiner Stärke.

Um die Ansichten der Kunden getreu zu reflektieren, erfordert auf jeden Fall Marktforschung. Das Management kann jedoch den Wettbewerbsvorteil bis zu einem gewissen Grad selbst abschätzen.

Es muss eine gewichtete Liste mit den Kriterien aufgestellt werden, die ein Kunde bei der Auswahl eines Produkts auf diesem Markt anlegt. Auch hier zählt die Zahl der Kriterien nicht, doch die Gesamtbewertung der Gewichtung muss gleich 10 sein (siehe Abbildung 4.9).

Kriterien	*Gewichtung*
Preis	1,0
Leistung	3,0
Verfügbarkeit	2,0
Kundendienst	3,5
Ruf	0,5
	10,0

Auch hier kann der Vergleich mit einem Branchen-Benchmark später bei der Bewertung helfen.

Abbildung 4.9: Kundenkriterien einsetzen

Schritt 6

Die Leistung jedes Produkts in Ihrem Portfolio muss anhand dieser Kriterien bewertet werden (0 bis 5). Multiplizieren Sie die Werte mit der Gewichtung, sodass sich ein Höchstwert von 50 ergibt. So lässt sich der Wettbewerbsvorteil jedes einzelnen Produkts ablesen (siehe Abbildung 4.10). Jedes Produkt sollte jetzt einen zweiten Wert (bis 50) besitzen, der ein Maß für die Meinung der Kunden zu seiner Attraktivität oder seinem Wettbewerbsvorteil darstellt.

Kriterien und Gewichtungen anpassen

Während die Kriterien und die Gewichtung für den Manager konstant waren, um Objektivität zu garantieren, können unterschiedliche Kundengruppen unterschiedliche Kaufprioritäten haben. Man muss deshalb seine Kriterien und Gewichtungen innerhalb des Portfolios anpassen, um Möglichkeiten zu finden, gute Leistungen zu erbringen.

Schritt 7

Der letzte Schritt in diesem Prozess ist, jedes Produkt auf der Matrix einzutragen. Dabei werden beide Bewertungen benutzt, um die Posi-

		Produkt A		Produkt B	
Kriterien	*Gewichtung x*	*Bewertung (0–5)*	*Gesamt-gewichtete x Bewertung*	*Bewertung (0–5)*	*Gesamt-gewichtete Bewertung*
Preis	1,0	1	1,0	3	3,0
Leistung	3,0	2	6,0	4	12,0
Verfügbarkeit	2,0	1	2,0	3	6,0
Kundendienst	3,5	2	7,0	4	14,0
Ruf	1,5	2	3,0	3	4,5
Investitionen	0,5	3	1,5	4	2,0
	10,0		17,5		37,0

Abbildung 4.10: Vorteile vergleichen

tion zu bestimmen (siehe Abbildung 4.11). Die Größe des Kreises soll die momentanen Einnahmen für jedes Produkt verdeutlichen.

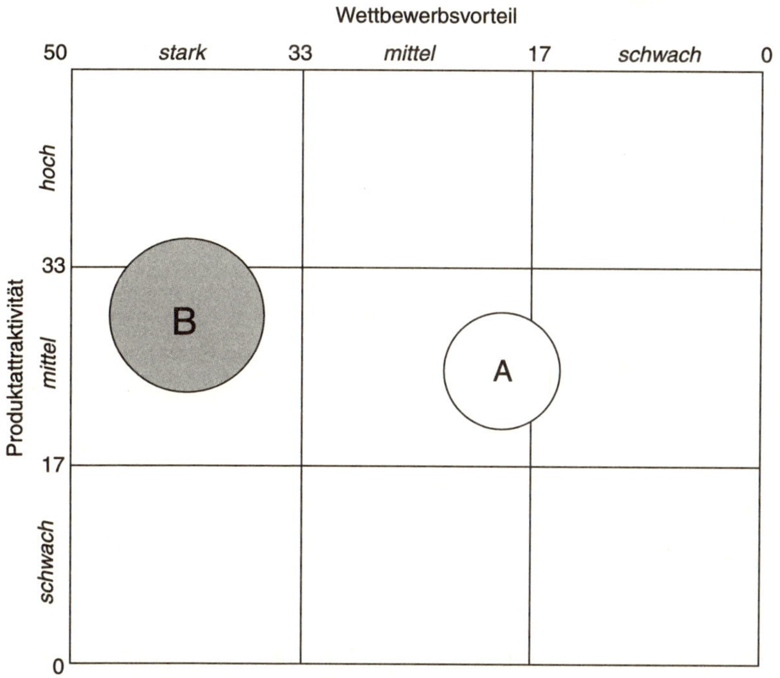

Bewertung	*Produkt A*	*Produkt B*
Produktattraktivität	26,5	30,25
Wettbewerbsvorteil	17,5	37,0

Abbildung 4.11: Die Attraktivität eines Produkts bestimmen

Analyse

Produkt B rechtfertigt verstärkte Investitionen und eine weitere Entwicklung. Die Kunden mögen es, und es ist für die Firma ein relativ attraktives Produkt. Produkt A hingegen ist ein Kandidat, der kurz vor dem Abgang steht. Es ist weder bei der Firma noch bei den Kunden populär. Seine Zukunft muss überdacht werden und beim Cashflow muss definitiv etwas geschehen. Weitere Investitionen sollten nur in Betracht gezogen werden, wenn man das Produkt neu positionieren kann.

Anpassungsfähigkeit

- Weil die Prinzipien dieses Matrixmodells so vielseitig sind, ist es sehr anpassungsfähig. Es ist vor allem bei der strategischen Bewertung und der Entscheidungsfindung hilfreich.
- Wenn Sie mit der Matrix nicht schon vertraut sind, üben Sie den Umgang damit. Sie werden sehen, dass sie ein nützliches Zusatzinstrument darstellt.

Die Kundenanalyse

Die Tatsache, dass Ihre Produkte auf ein bestimmtes Segment oder einen bestimmten Markt ausgerichtet waren, bedeutet nicht unbedingt, dass dort auch Ihre Zielgruppe zu finden ist oder zu finden sein sollte. Ein Audit ist eine gute Möglichkeit, um Ihren Markt und Ihre Kunden einzuschätzen:

- Auf welchem Markt befinden Sie sich?
- Wer sind Ihre gegenwärtigen Kunden?
- Wer ist an der Kaufentscheidung beteiligt?
- Was motiviert das Verhalten der Kunden?
- Welche Kunden sind die wertvollsten?

Falls Sie ein effektives Marketinginformationssystem besitzen und schon viel Marktforschung betrieben haben, dann wird Ihnen vieles davon bekannt sein. Falls nicht, müssen Sie Maßnahmen einleiten, um sich zu informieren.

Auf welchem Markt befinden Sie sich?

Versuchen Sie, eine Karte Ihres Marktes zu erstellen. Diese Karte bietet den Fokus für all Ihre Planungsaktivitäten, indem sie die Konkurrenten, Kunden und Verkaufskanäle definiert. Sie können beliebig viele Details auf Ihrer Karte eintragen, zum Beispiel könnten der Marktanteil der Konkurrenten, zu welchem Prozentsatz ein Produkt durch einen bestimmten Absatzkanal abgesetzt wird sowie Kaufmotive hinzugefügt werden, damit Sie sich ein Bild von Ihrer Position machen können.

Zuerst müssen Sie klären, wer die eigenen Konkurrenten aus Sicht der Kunden sind. Das örtliche Kino sollte nicht unbedingt davon ausgehen, dass seine Konkurrenten andere Kinos in der Region sind. Es ist viel wahrscheinlicher, dass das örtliche Theater, Restaurants und selbst die Videotheken die wahren Konkurrenten im Kampf um die knappe Freizeit und Unterhaltungsausgaben sind. Bedenken Sie auch, dass der Trend zum »Do-it-yourself« oft eine sehr variable Alternative zu Ihrem Angebot darstellt und deshalb als Konkurrent gesehen werden sollte. Entwicklungen in diesem Bereich sollten beobachtet werden, um gegebenenfalls Maßnahmen einzuleiten.

Selbst auf der einfachen Karte, die in Abbildung 4.12 zu sehen ist, erkennt man, dass nur B und C in den Segmenten 4 und 1 wirklich Konkurrenten sind. Sowohl A und C bieten Direktvermarktung, konzentrieren sich momentan jedoch auf sehr unterschiedliche Marktsegmente.

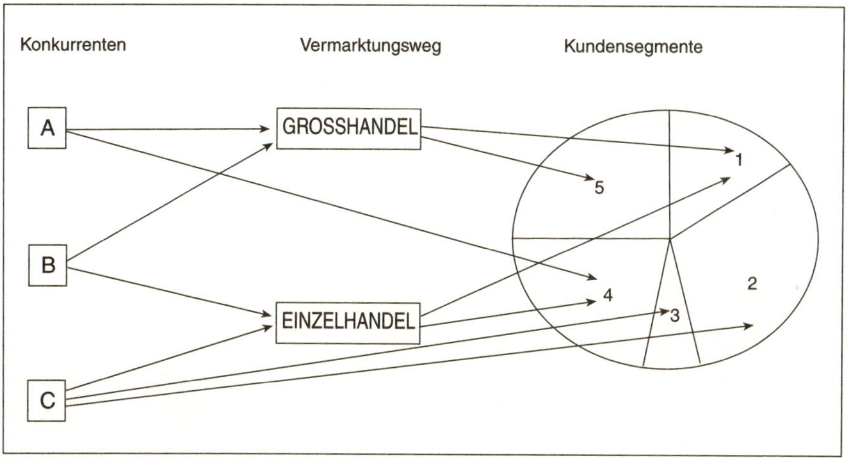

Abbildung 4.12: Kartierung des Marktes

Oftmals kann man eine Karte mit einer allgemeinen Kenntnis des Marktes entwickeln. Sie kann wertvolle Erkenntnisse liefern und den Managern helfen, Chancen und Bedrohungen zu identifizieren.

Wer sind Ihre gegenwärtigen Kunden?

Untersuchen Sie Ihren jetzigen Kundenstamm in Bezug darauf, aus welchen Marktsegmenten die Kunden stammen. Identifizieren Sie alle gemeinsamen Eigenschaften und Kaufverhaltensmuster, die Ihnen bei der zukünftigen Segmentierung oder bei zukünftigen Marketingtaktiken helfen könnten.

Merkmale Ihrer Kunden

- Beschränken Sie sich nicht auf geodemographische Merkmale wie Alter, Geschlecht, Ort oder Unternehmensgröße. Beachten Sie auch Ähnlichkeiten im Verhalten: Warum kaufen die Kunden sowie wann und von wem?
- Ein begeisterter 25-jähriger Hobbygärtner hat vielleicht mehr mit einem 65-jährigen Kollegen gemeinsam als mit Personen aus seiner Altersgruppe. Ihr gemeinsames Interesse beeinflusst vielleicht die Bücher und Zeitschriften, die sie lesen, die Fernsehsendungen, die sie ansehen, sowie die Auswahl der Einkäufe, die sie mit ihrem jeweils frei verfügbaren Einkommen tätigen.

Wer beeinflusst die Entscheidung?

Es ist einfach, die Frage zu stellen, wer die eigenen Kunden sind. Die Antworten darauf sind im Allgemeinen viel komplexer. Um zu bestimmen, welche Personen genau an der Entscheidung beteiligt sind, ist vielleicht etwas Recherche vonnöten. Abhängig von den Merkmalen des Produkts beziehungsweise den Kaufumständen kann nur eine Person oder es können viele beteiligt sein.

Bestimmen Sie anhand Abbildung 4.13, wer genau die von Ihnen anvisierten Entscheider sind.

Es kann ziemlich schwierig sein, die Entscheider in Ihrer Branche zu erforschen. Für diejenigen, die den öffentlichen Sektor oder große Firmen beliefern, kann es sehr zeitaufwändig sein herauszufinden, wer an den Entscheidungen beteiligt ist. Noch schwieriger kann es sein, ihren relativen Einfluss und ihre relative Bedeutung zu bestimmen.

Beziehungsmarketing erfordert, dass das verkaufende Unternehmen die Kundenfirma viel effektiver »durchdringt«, um nicht nur mit dem Käufer, sondern mit dem gesamten Entscheidungsgremium Beziehungen aufzubauen. Auf diese Weise kann eine viel stabilere Beziehung auf der Grundlage einer Problem lösenden Partnerschaft aufgebaut werden.

Elemente der Entscheidungseinheit	**Rolle**	**Ihre Entscheidungsinstanz**
Initiator oder Auslöser	Die Person oder das Ergeignis, welche/s den Kauf auslöst	
Einkäufer	Die Einzelperson, die das Produkt rechtlich erwirbt – der Kunde.	
Berater	Jeder, der den Käufer berät oder beeinflusst – ein Einzelhändler, Freund oder eine Empfehlung in einer Zeitschrift	
Entscheidungsträger	Die Person oder Personen, welche die endgültige Entscheidung zum Beispiel über die Marke oder die Lieferanten treffen. Der Käufer muss nicht notwendigerweise dazugehören.	
Endnutzer	Der Verbraucher – die Person, die das Produkt oder die Dienstleistung benutzt	
Finanzierer	Der Etatgeber	

Abbildung 4.13: Die Entscheidungseinheit

Es ist sehr leicht für Unternehmen, nur in minimalen Kontakt miteinander zu treten, zum Beispiel durch formale Besprechungen zwischen designierten Käufern und Verkäufern.

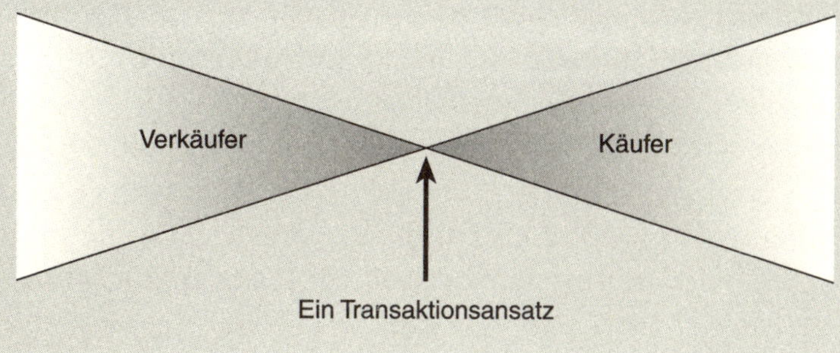

Dadurch wird das verkaufende Unternehmen sehr anfällig in der Beziehung zwischen Käufer und Verkäufer. Jeder Mitarbeiterwechsel kann zu einem verlorenen Kunden führen. Kontakt zur gesamten Entscheidungsinstanz ist die Basis für einen Beziehungsansatz.

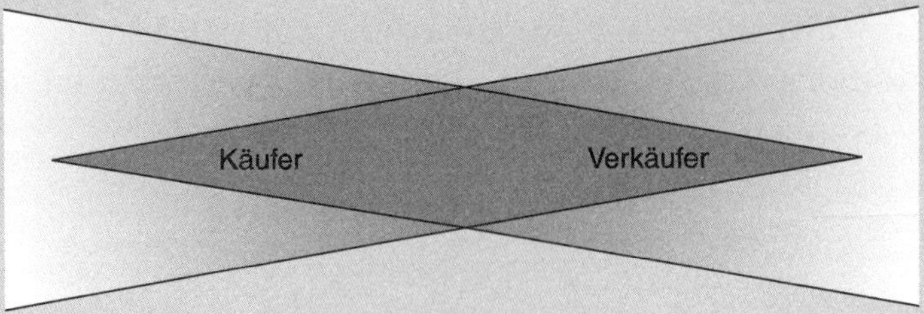

Was motiviert das Verhalten der Käufer?

Für ein erfolgreiches Marketing ist das Verständnis der Motivation und des Verhaltens der Käufer entscheidend. Sie müssen die Bedürfnisse aller kennen, die Teil des Entscheidungsprozesses sind.

Kunden kaufen Produkte und Dienstleistungen nur, um Probleme zu lösen. Der Nutzen, den Sie anbieten, muss diese Bedürfnisse direkt ansprechen. Die Essenz eines Marketingansatzes ist einfach:

- Identifizieren Sie die Kundenbedürfnisse und -motive.
- Nutzen Sie Ihre Fähigkeiten, um Produkt- oder Dienstleistungsmerkmale herzustellen, welche diese Bedürfnisse ansprechen.
- Werben Sie mit dem Nutzen dieser Merkmale in Ihrem Zielsegment.

Was ist der wirkliche Beweggrund?

Der Geschäftsvorstand, der ein neues Computersystem auswählen soll, braucht vielleicht keinen flimmerfreien Bildschirm oder kein nutzerfreundliches Betriebssystem. Diese Merkmale kommen dem Endnutzer zugute. Der Vorstand ist vielleicht ein Einkäufer, der nur ein niedriges Risiko eingeht, eine Person, die Zuverlässigkeit und einen guten Ruf schätzt. Er möchte nicht die Verantwortung für eine schlechte Kaufentscheidung tragen und sich dafür später rechtfertigen müssen.

IBM hat dieses Bedürfnis unter Entscheidungsträgern erkannt und daraus eine sehr erfolgreiche Kampagne gestaltet. Der Slogan lautete: »Niemand wurde jemals entlassen, weil er IBM gewählt hat.«

Die wahren Motive für das Kundenverhalten werden Sie nur durch Forschung erkennen. Es stellen sich die folgenden Fragen: Warum kaufen Kunden und warum nicht? Warum wählen sie diese Marke oder diese Farbe? Dazu braucht man qualitative Forschung beziehungsweise Motivationsforschung, wie sie in Kapitel 3 beschrieben wurde.

Diese Forschungsart liefert oftmals interessante Ergebnisse. Immer wieder entdecken Unternehmen, dass das, was sie verkaufen, nicht identisch ist mit dem, was die Kunden kaufen:

- Der Doktor verschreibt dem Patienten ein Medikament. Der Patient wollte hingegen beruhigt werden.
- Die Wäscherei ist stolz auf die scharfen Falten und die Verarbeitungsgüte der Kleidungsstücke, während der Kunde sie gewählt hat, weil ein Parkplatz angenehmerweise direkt nebenan liegt.
- Der Küchenchef bietet seinen Gästen die frischesten Zutaten. Die Gäste haben das Restaurant wegen seiner Atmosphäre gewählt.

Es ist unerlässlich zu wissen, welche Faktoren wirklich das Kundenverhalten beeinflussen, damit den Kunden ein wirklicher Nutzen geboten werden kann.

Kundenorientierung bedeutet, dass man den Kunden gibt, was sie möchten und nicht, was man für die Kundenbedürfnisse hält.

Vorteile des Just-in-time (JIT)
Viele Firmen haben stark investiert, um eine JIT-Verfügbarkeit anbieten zu können. Eine bessere Logistik hat die Lieferzeit vielleicht wesentlich gedrückt, doch dies wird nur zu neuen Kunden führen, wenn eine schnellere Reaktionszeit für die Kunden wichtig ist. Wer immer eine Woche im Voraus bestellen kann, wird wohl das 24-Stunden-System nutzen, aber es wird seine Kaufentscheidung nicht beeinflussen und er wird nicht bereit sein, einen Extrapreis dafür zu bezahlen.

Das Gesamtproduktkonzept

Das gesamte Nutzenbündel, welches den Kunden angeboten wird, beschreibt Philip Kotler als das »Gesamtproduktkonzept«. Dieses Konzept identifiziert einige Nutzenelemente, die für den Kunden unerlässlich sind, und andere, welche das eigene Angebot attraktiver machen oder von dem anderer Firmen absetzt. Um überhaupt einen Einfluss auf das Kundenverhalten zu haben, muss der gebotene Nutzen den Kunden wichtig sein.

Wenn alle Unternehmen denselben Nutzen bieten, werden die Kaufentscheidungen nach dem Preis getroffen. Der Markt wird zu einem Massenmarkt.

Erfolgreiche Anbieter liefern die unerlässlichen Kernelemente und die erwarteten Nutzenelemente, differenzieren dann aber ihr Angebot mit zusätzlichen Attributen, die laut Forschung für die Kunden wichtig sind: schnellere Lieferung, mehr Betriebsstunden oder eine attraktivere Verpackung. Jedes Element des Marketingmix kann eingesetzt werden, um zu differenzieren und zu vermeiden, dass die Kunden nur nach dem Preis kaufen.

Was sind Ihre Kunden wert?

Es ist unwahrscheinlich, dass alle Ihre Kunden gleich rentabel oder wertvoll für Sie sind. In der Praxis bewahrheitet sich oft das Pareto-Prinzip, also die 80:20-Regel: 80 Prozent Ihrer Geschäftseinnahmen stammen von nur 20 Prozent Ihrer Kunden. Überprüfen Sie Ihre Ergebnisse, um zu sehen, ob dies auch für Sie zutrifft. Sobald Sie diese 20 Prozent identifiziert haben, können Sie daran arbeiten, mit ihnen eine stärkere Beziehung aufzubauen, mehr ähnliche Nutzer zu gewinnen und die Umsätze mit den anderen 80 Prozent zu verstärken.

Vielleicht entdecken Sie auch, dass 80 Prozent Ihrer Ressourcen, wie Zeit und Managementleistung, für 20 Prozent Ihrer Kunden verwandt werden. Identifizieren Sie diese und überlegen Sie, wie hier Marketingmaßnahmen reduziert werden können. Das kann die Nachfrage reduzieren und Ressourcen für produktivere Anwendungen freisetzen. Auch so können Sie aus weniger mehr schaffen.

Denken Sie bei der Beurteilung eines Kunden nicht nur über einzelne Transaktionen nach, sondern auch über den Wert einer lebenslangen Kundenbeziehung. Die Neigung der Kunden, loyal zu bleiben und andere Produkte aus Ihrem Portfolio zu kaufen, sollte ebenfalls bedacht werden.

Durch die Analyse Ihres gegenwärtigen Kundenstammes können Ziele für eine Marktdurchdringung identifiziert werden. Wenn Sie Schlüsselkunden oder Kundenkategorien nach ihrem durchschnittlichen Wert und dem geschätzten Prozentsatz ihrer potenziellen Ausgaben aufschlüsseln, können sie die attraktivsten Ziele identifizieren (siehe Abbildung 4.14).

Große und kleine Kunden

- Man kann schnell durch größere Kunden verführt werden, um einen großen Auftrag feiern zu können. Doch größere Kunden verlangen unter Umständen auch besondere Aufmerksamkeit, größere Rabatte und eine bevorzugte Behandlung beim Kundendienst. Sie sind nicht immer die gewinnträchtigsten Kunden.
- Auf der anderen Seite können viele kleine Kunden die Servicekosten in die Höhe treiben. Auf jeden Fall werden die von Ihnen ausgewählten Zielsegmente einen Einfluss auf die Rentabilität Ihrer Aktivitäten haben. Entscheiden Sie sich, welches Segment Sie anvisieren wollen, bevor Sie Ihre Marketingstrategie festlegen.

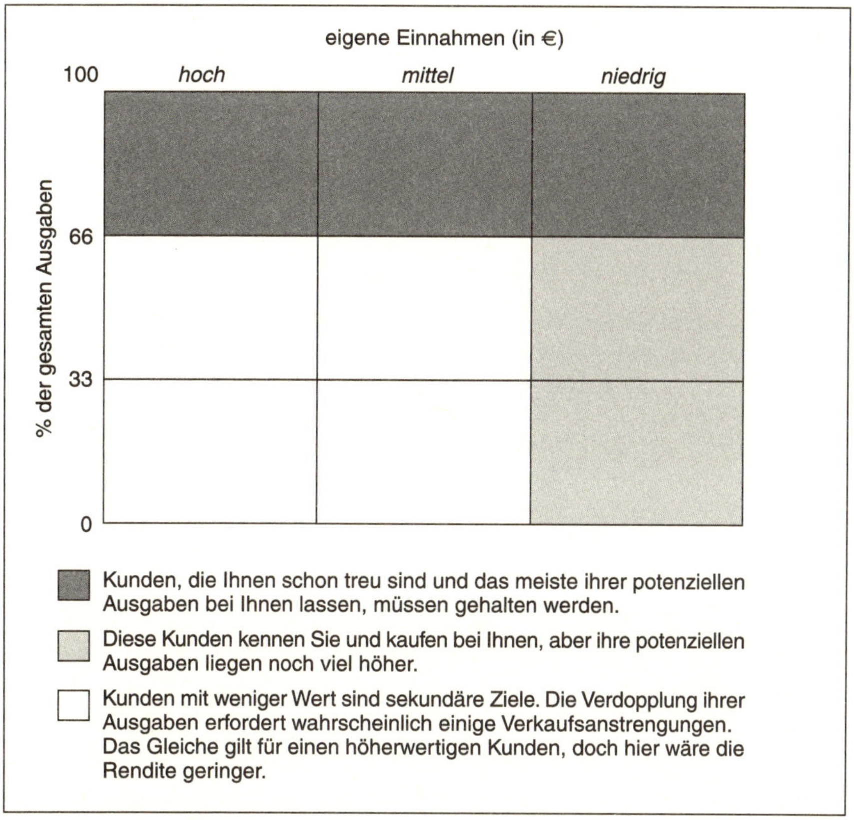

Abbildung 4.14: Ihren Kundenstamm bewerten

Eine kleine Warnung

Eine kleine Firma sollte aufpassen, wenn sie darüber nachdenkt, den Umsatz eines bereits höherwertigen Kunden zu vergrößern. Die Firma muss darauf achten, dass sie nicht von diesem einen Kunden zu abhängig wird und sich das Machtverhältnis zwischen ihr und ihrem Großkunden nicht verschiebt.

Stärken und Schwächen des Mix

Sobald Ihre Analyse die Rentabilität Ihrer Kunden und unterschiedlichen Produkte gezeigt hat, können Sie mit dem Audit Ihres Marketingmix beginnen. Jede Dimension des Angebots muss aus der Kundenperspektive untersucht werden. Danach sollte es mit dem Angebot des schärfsten Konkurrenten verglichen werden.

Eine Audit-Checkliste

Verwenden Sie die folgende Checkliste als Schablonenvorlage für das Audit Ihres Unternehmens (siehe Abbildung 4.15). Ergänzen Sie die Liste oder passen Sie sie Ihren Gegebenheiten an. Falls Sie nicht schon kürzlich ein Audit durchgeführt haben, versuchen Sie es jetzt. Was sagt Ihnen das Ergebnis? Denken Sie daran, eine Liste dieser Informationslücken zu behalten.

Addieren und zerlegen

- Addieren Sie, wo immer möglich, Zahlen oder Gewichtungen. Das verleiht Ihrem Audit viel mehr Bedeutung und Relevanz. Fragen Sie nicht, ob die Kundenbetreuung gut oder schlecht ist, sondern wie die Kundenbetreuung auf einer Skala von +10 bis -10 abschneiden würde.
- Es wäre noch besser, diese Punkte in ihre Einzelteile zu zerlegen. Fragen Sie zum Beispiel, wie freundlich oder zugänglich Sie Ihre Mitarbeiter einschätzen oder wie schnell diese auf eine Kundenanfrage reagieren.
- Sobald Sie Ihr Audit auf diese Weise abgeschlossen haben, können Sie es als Teil Ihres Kontrollmechanismus einsetzen. Die Analyse dieses Jahres kann als Benchmark für das nächste Jahr benutzt werden.

Marketingstrategen treffen Entscheidungen, welche direkt die Brutto-Rentabilität eines Unternehmens beeinflussen. Änderungen in folgenden Bereichen sind Motoren für den Bruttogewinn:

- im Produktmix,
- im Kundenmix,
- in den Ausgaben für das Marketingmix.

Man muss sich deshalb vor der Erstellung von Plänen unbedingt darüber klar werden, was für das Unternehmen gewinnbringend und wünschenswert ist und was nicht.

+10 0 −10

	Stärken	*Schwächen*
Produkt • technische Beschaffenheit • Ruf • Funktionalität • Leistung • Zuverlässigkeit • Betriebskosten • •		
Preis • Wettbewerbsfähigkeit • Zahlungsbedingungen • Rabatte • Treuerabatte • Sonderangebote • •		
Werbung • Image • Bekanntheitsgrad • persönlicher Kontakt mit dem Verkauf • Markenidentität • •		

	+10	0	–10
	Stärken		*Schwächen*
Ort • Platzkapazität • saisonale Nachfrage • Last-Minute-Verfügbarkeit • Buchungssysteme • Standort • •			
Personal • Kundenbetreuung • technische Fertigkeiten • Motivation/Flexibilität • Beziehungen • Talente • •			
Prozesse • Buchungssysteme • Servicesystem • Qualitätszusicherung • Nachfassaktionen • •			
Erscheinungsform • Broschüren • Dienstkleidung • Geschäftsumfeld • Verpackung • •			

Abbildung 4.15: Eine Audit-Checkliste

Die Leistung analysieren

Zahlen und quantitative Messungen sind der Schlüssel zur Planung. Ein detailliertes Audit erfordert mehr als nur eine Überprüfung der

Kundenwahrnehmung. Sie müssen herausfinden, was funktioniert und was nicht. Die Feedback-Maßnahmen für die Umsetzung des diesjährigen Planes sollten Sie mit einem Informationsfluss für diese Stufe des Auditprozesses versorgen.

Zwei Bereiche sind von besonderer Bedeutung: Vertrieb und Werbung, da beide sehr teure Geschäftsaktivitäten umfassen. Sie müssen in der Lage sein, die Leistungen auf beiden Feldern zu bewerten.

Informationsanforderung
Wenn Ihnen diese Informationen nicht zur Verfügung stehen, fügen Sie diese zu den Informationsanforderungen in Kapitel 3 hinzu und bestehen Sie darauf, sie in Zukunft zu sammeln.

Vertrieb

Wie hoch ist der Anteil der Vertriebskosten am Endpreis? Er liegt oftmals bei 50 Prozent. Ersparnisse auf diesem Gebiet führen zu großen prozentualen Verbesserungen der Rentabilität. Sie sind auch der Motor für den Trend zum Direktverkauf.

Falls Sie Zwischenhändler benutzen, müssen Sie deren Leistung bewerten. Messen und vergleichen Sie diese mit folgenden Kriterien:

- Umsatz;
- Servicekosten;
- Servicequalität;
- Produktkenntnis der Mitarbeiter;
- Angebot zusätzlicher Hilfsleistungen;
- Kooperation bei Werbeinitiativen;
- Zugang zu Informationen über die Endnutzer.

Ihre Überprüfung sollte sowohl qualitative als auch quantitative Aspekte der Leistung umfassen.

Modifizierung der Matrix
Die Multi-Faktoren-Matrix kann sehr erfolgreich modifiziert werden, um sowohl die existierenden Absatzkanäle zu bewerten als auch bei der Auswahl neuer zu helfen. Es müssen Kriterien für die Bewertung der Kanalattraktivität ausgewählt und gewichtet werden. Messen Sie Ihre Absatz-

kanäle an diesen. Die Dimension des Wettbewerbsvorteils ist ein Maß dafür, wie wahrscheinlich es ist, dass der Zwischenhändler mit Ihnen ins Geschäft kommen möchte. Sie müssen daran denken, dass er nicht an dem Produkt als solchem interessiert ist, sondern an der Geschäftsmöglichkeit, für die es steht. Die Bereitstellung von Regalfläche wird nach Gewinnspannen, Werbeunterstützung, Training, Status, Exklusivität, Lieferservice und Handelsanreizen berechnet. Erforschen Sie, welche dieser Faktoren für Ihre Absatzkanäle wichtig sind. Ihre Leistung muss dann an diesen gemessen und bewertet werden.

Werbung

Der Löwenanteil jedes Verkaufs- und Marketingbudgets geht in die Werbung. Ein Marketingteam muss daher die Effektivität seiner Ausgaben messen können. Feedback und eine Ergebnisanalyse sind die Grundlagen für die Verbesserung der zukünftigen Leistung. Um Werbung gründlich zu analysieren, muss man den Entscheidungsprozess beachten:

Unbekannt → Aufmerksamkeit → Interesse → Wunsch → Aktion

Kunden müssen durch die einzelnen Stadien bis zur Aktion geführt werden. Einige Kommunikationsinstrumente sind bei manchen Aufgaben besser geeignet als andere. Anzeigenschaltungen, Öffentlichkeitsarbeit und Messen sind am besten zur Schaffung von Aufmerksamkeit und zum Wecken von Interesse geeignet. Verkaufspunkte, Verkaufsförderung und persönlicher Verkauf können am ehesten Aktion stimulieren. Um herauszufinden, in welchen Bereichen Ihrer Kommunikationsaktivitäten Sie etwas tun müssen, sollten Sie erforschen, wie viel Aufmerksamkeit Ihre Produkte derzeit erzeugen und welche Einstellungen dazu existieren. Auch den Umsatz müssen Sie kennen.

Werbung und ihre Wirkung

Versuchen Sie nicht, die Effektivität Ihrer Werbung am gesteigerten Umsatz abzulesen. Werbung beeinflusst den Bekanntheitsgrad und bis zu einem gewissen Grad auch die Einstellung, führt aber nur selten zu direkten Verkäufen.

Kennziffern verwenden

Die Kollegen in der Finanzabteilung werden eine ganze Checkliste mit Finanzkennziffern haben, die sie bei der Überprüfung der finanziellen Gesundheit des Unternehmens verwenden. Kennziffern sind exzellente Kontrollinstrumente, da sie für Vergleiche und für das Benchmarking eingesetzt werden können. Auch Marketingleute müssen sich mit diesen quantitativen Instrumenten befassen. Sie können bei der Analyse der Werbeausgaben von großer Hilfe sein.

Kennzifferanalysen werden Ihnen mehr Erkenntnisse über die momentane Situation verschaffen. Die daraus resultierenden Fragen werden die Zuweisung Ihrer knappen Werberessourcen verbessern.

Keine voreiligen Schlüsse und Entscheidungen

- Treffen Sie keine Entscheidungen auf der Basis nur einer Kennziffer. Sie benötigen eine Grundlage für Vergleiche, wie dieses Jahr im Vergleich zu letztem oder dieser Verkäufer im Vergleich zu einem anderen sowie Ihre Leistung im Vergleich zu einem Konkurrenten war.
- Ziehen Sie keine voreiligen Schlüsse. Die Leistung eines Verkäufers kann im Vergleich schlechter sein als die eines anderen, weil die Umfeldbedingungen andere sind, und nicht, weil er schlechter verkauft.

Sinnvolle Kennziffern für Ihr Unternehmen

Verwenden Sie die folgende Liste als Ausgangspunkt und addieren Sie Ihre eigenen. Verfügen Sie über genügend Informationen, um die folgenden Kennziffern zu berechnen?

- Anfragen: Verkauf;
- Verkaufsgespräche: Bestellungen;
- zusätzlicher Umsatz: zusätzliche Werbeausgaben;
- Verkaufskosten: Umsatz;
- Betriebsgewinn: Gesamtausgaben für Marketing;
- Verkaufsspesen: Umsatz;

Effektivität der Werbung

Wie bei jeder Planung geht es auch bei der Planung der Werbung um den effizienten und effektiven Einsatz von knappen Ressourcen (siehe Abbildung 4.16). Effektives Marketing, relevante Segmentierung und angemessene Positionierung garantieren, dass die Werbebotschaften auf die Zielgruppe gerichtet und für diese relevant sind. Effiziente Werbung hängt von den Kommunikationsfähigkeiten der Manager ab. Sie integrieren und koordinieren die Botschaften, um ihre kostengünstigste Weiterleitung zu garantieren.

	effektiv	**ineffektiv**
effizienz	Die richtigen Botschaften ans richtige Publikum zu den niedrigsten Werbekosten.	Niedriger Werbeetat, doch die Botschaft wird nicht von den richtigen Leuten empfangen.
ineffizient	Die richtigen Botschaften an die richtigen Leute, aber zu unnötig hohen Werbekosten.	Hohe Ausgaben und die falsche Botschaft!

Abbildung 4.16: Netzgitter für die Effektivität der Werbung

Zusammenfassung

Bei der Überprüfung Ihrer Marketingleistungen und -aktivitäten müssen Sie zahlreiche Maßnahmen veranlassen, wenn Sie von null anfangen. Sobald sich jedoch Ihr Informations- und Feedbackfluss verbessert, wird die Aufgabe mehr und mehr zur Routine. Man sollte sich keine Sorgen machen, wenn es zu Anfang im Audit Lücken gibt. Beginnen Sie den Prozess mit dem, was Ihnen zur Verfügung steht. In dem Maße, wie sich Ihre Planungserfahrung vergrößert und die Systeme sich entwickeln, werden Sie auch zunehmend geübter und können stärker in die Tiefe gehen.

Sobald das Audit und die Analyse abgeschlossen sind, können Sie Ihre Informationen folgendermaßen sortieren:

- Die Geschäftsführung soll eine Momentaufnahme der Marketingarbeit bekommen. Dies ist der Input für die Bestandsaufnahme.
- Das Marketingteam erhält eine Gedächtnisstütze als Referenz für die Entwicklung seiner Strategien.

Die Informationen können auch genutzt werden, um

- als Basis für eine Prioritäten-Checkliste in Arbeitsbereichen zu dienen, die Aufmerksamkeit und Verbesserung verlangen;
- als Benchmark bei der Kontrolle der Leistungsänderungen von Jahr zu Jahr zu fungieren.

Dieses Kapitel behandelte nur die Themen, die mit der Überprüfung der Marketingarbeit verbunden sind. Wie jedoch in Kapitel 2 angedeutet, findet dieser erste Schritt im Prozess der Unternehmensplanung in allen Funktionsbereichen statt. Alle Bewertungen zusammengenommen ergeben die Gesamt-Bestandsaufnahme.

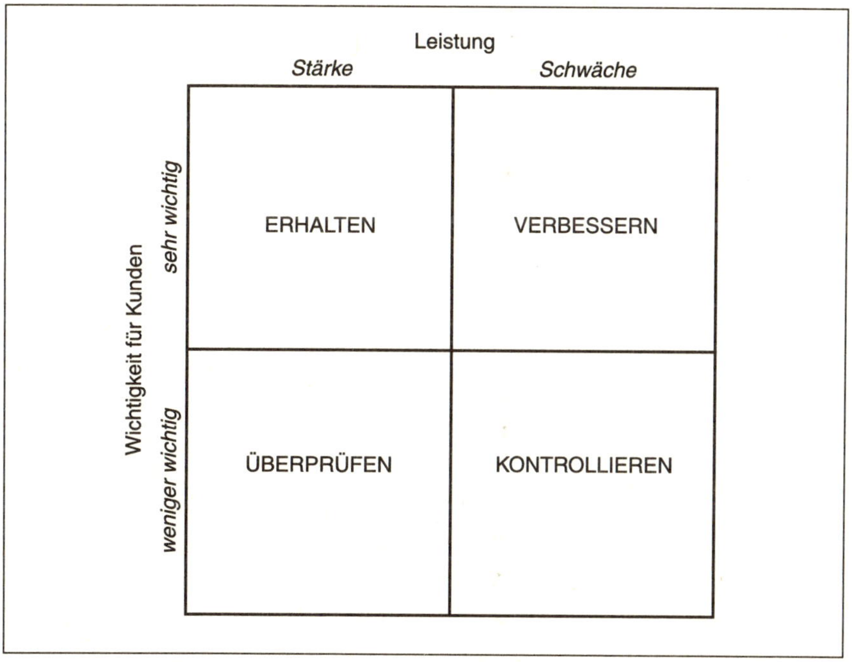

Abbildung 4.17: Ihre Stärken verbessern

Informationslücken

Lassen Sie sich nicht durch einen Mangel an Informationen davon abhalten, mit der Planung weiterzumachen. Stellen Sie Vermutungen an, und legen Sie Kontrollen fest, um deren tatsächliche Gültigkeit zu überprüfen. Bereiten Sie sich darauf vor, Informationslücken mit der Zeit zu schließen.

5

Den externen Fokus sicherstellen

Die Aufgabe des Umfeldaudits

Weder Unternehmen noch ihre Kunden existieren in einem Vakuum. Beide sind Teil eines sich rapide verändernden Umfelds und werden von ihm beeinflusst. Bei der Entwicklung der Unternehmensstrategie muss dieses Umfeld einbezogen werden, weil das Schicksal des Unternehmens von diesen Umfeldfaktoren bestimmt wird. Viel zu viele Manager haben in der Vergangenheit ihren Kopf in den Sand gesteckt. Sie warteten, bis sich das Umfeld änderte, bevor sie darauf reagierten.

Doch die Unternehmen erkennen immer mehr, dass sie bedeutende wirtschaftliche Vorteile haben, wenn sie selbst die Initiative ergreifen. Geschwindigkeit kann in sich schnell verändernden Märkten einen Wettbewerbsvorteil erzeugen.

In diesem Kapitel wird untersucht, wie das Marketing das Unternehmen durch die Bereitstellung dieser externen Ausrichtung unterstützen kann. Folgende Themen werden betrachtet:

- die Bedeutung der Umfeldkontrolle;
- die Quellen des Marktwissens;
- die Analyse der Konkurrenten;
- die Rolle der Szenario- und Notfallplanung.

Die Bedeutung der Umfeldkontrolle

Effektive Pläne können nicht isoliert entwickelt werden. Sie müssen so festgelegt werden, dass sie entstehende Chancen nutzen und auf Bedrohungen reagieren. Chancen und Bedrohungen entstehen durch Veränderungen des externen Umfelds.

Die Aufgabe der Manager wird durch die Geschwindigkeit des Wandels erschwert. Unternehmen, die auf den anspruchsvollen Märkten der heutigen Zeit erfolgreich operieren wollen, müssen über Frühwarnsysteme, einen ausgefeilten Mechanismus zur Wissenssammlung sowie über Notfallpläne verfügen, um schnell reagieren zu können. Sowohl im öffentlichen als auch im privaten Sektor ist das Ausmaß des Wandels in einer beliebigen fünf- bis zehnjährigen Periode, also der Lebensspanne eines langfristigen Unternehmensplans, geradezu furchterregend.

Konkurrenz bei der Werbung um Studenten
Im britischen Bildungssektor haben die Schulen und Universitäten nun verstärkte Möglichkeiten, sich bei der Anwerbung von Studenten Konkurrenz zu machen. Erfolg schafft zusätzliche Ressourcen, was früher nicht der Fall war. Die Mitarbeiter mussten neue Dienstleistungsanforderungen akzeptieren, während Etatkürzungen zu einer Reorganisation und neuen Arbeitsmethoden geführt haben. Die Technik hat Innovationen beim Lernen und neue potenzielle Konkurrenten mit sich gebracht. Der soziale Wandel beeinflusst, was und wie die Menschen lernen wollen. Die Erwartungen sind gestiegen, und Bildungseinrichtungen müssen darauf schnell und kreativ reagieren können, wenn sie überleben wollen. Wie sieht es in Ihrem Sektor aus? Was waren die entscheidenden Veränderungen, und was erwartet Sie noch?

Umfeldwissen sammeln

Abhängig von der Größe und der Natur Ihres Unternehmens kann es eine umfangreiche, formale Maßnahme sein, Umfeldwissen zu sammeln, oder eine kleinere, die relativ informell ist. Viel Wissen kann schon dadurch gewonnen werden, dass Sie einfach Ihre Augen und Ohren offen halten.

Ein kleiner Händler in einem Ort mit einem neuen Wohnbaugebiet kann sich darauf vorbereiten, die neuen Bewohner beim Einzug anzusprechen. Lokale Statistiken zu Arbeitslosigkeit, Wirtschaftswachstum und Entwicklungsprojekten werden in den lokalen Medien veröffentlicht. Viele davon haben potenziell Einfluss auf die örtlichen Geschäfte.

Bei größeren Unternehmen wird ein formalisierterer Ansatz des Umfeldaudits helfen, einen nützlichen Datenfluss aufzubauen. So wird bei der Aufstellung des Unternehmensplans wenig zusätzliche Aktivität erforderlich.

Das Problem der Umfeldinformationen liegt in der riesigen Datenmenge, die gesammelt werden kann. Um zu verhindern, dass die Manager unter einem Berg von Papier verschwinden, muss man entscheiden, welche externen Informationen für das Unternehmen wichtig sein könnten. Dann müssen die Quellen und Indikatoren identifiziert werden, die man für deren Überwachung einsetzen kann.

Langfristig und kurzzeitge Änderungen
Einige Änderungen, wie zum Beispiel Bevölkerungsbewegungen, verlaufen normalerweise langfristig. Sie können periodisch kontrolliert und weit im Voraus prognostiziert werden. Andere, wie technologische Durchbrüche, können jederzeit eintreffen. Findet das Umfeldaudit zum Beispiel im März statt, läuft man Gefahr, dass man ein Ereignis übersieht, das im November eintrat. Spontane Ansätze sollten durch Mechanismen für eine ständige Kontrolle ersetzt werden, um diese Fallen zu vermeiden. Zum Beispiel sollte ein Händler, der die Wochenzeitung vor Ort als Informationsquelle nutzt, diese auch wöchentlich lesen und nicht nur gelegentlich.

Informationen aus Volkszählungen verwenden
Volkszählungen sind ein gutes Beispiel für Sekundärdaten, die den lokalen wie nationalen Unternehmen und Institutionen ohne großen Aufwand zur Verfügung stehen. Ein Kindergarten, der einen Fünfjahresplan aufstellen möchte, benötigt diese Informationen, um den Zustrom in fünf Jahren vorhersagen zu können. Er benötigt jedoch nicht alle Informationen zu Sterbezahlen und Eheschließungen, sondern die örtliche Geburtenrate und deren Trend. Eine Schule, die Schüler im Alter von zehn Jahren aufnimmt, kann sich die Sache leichter machen. Sie muss nur die Schwankungen bei der Belegung in den Kindergärten kontrollieren.

Umfeldfaktoren

Die Umfeldfaktoren, die alle Organisationen kontrollieren müssen, können unter den folgenden Überschriften in Kategorien zusammengefasst werden:

- politisch und rechtlich;
- wirtschaftlich und demographisch;
- sozial und kulturell;
- technologisch.

Der erste Schritt beim Aufbau eines Auditsystems ist ein Brainstorming, um die verschiedenen Faktoren in jeder Kategorie zu bestimmen, die Ihr Unternehmen beeinflussen können. Abbildung 5.1 zeigt ein Beispiel für eine Liste, die von einer großen Baufirma zusammengestellt werden könnte. Mit der Zeit könnte die Firma Constructit diese Liste verfeinern und sie ausbauen. Aber als Ausgangspunkt reicht sie. Im nächsten Schritt geht es um die Entscheidung, wie man die Faktoren auf dieser Liste am besten kontrolliert (siehe Abbildung 5.2).

Sobald die Liste fertig ist, wird ein Zeitplan für die Maßnahmen aufgestellt und die Zuständigkeiten werden festgelegt. Ein Manager ist zum Beispiel für die rechtlichen und politischen Themen zuständig. Deshalb muss er täglich die Presse überprüfen, relevante Artikel ausschneiden und weiterleiten, an Workshops und Lagebesprechungen teilnehmen und danach die Kollegen unterrichten. Jemand anderes kümmert sich um die technischen Bauprobleme und konzentriert sich auf die Fachpresse sowie den Besuch der jährlichen Messen und Ausstellungen. Ein Mitarbeiter interessiert sich unter Umständen für Design und sich wandelnde Moden, welche die Kundenerwartungen beeinflussen. Er überprüft die allgemeinen Medien auf interessante Artikel und Trends. Indem die Zuständigkeiten verteilt werden, erhalten mehr Teammitglieder einen externen Fokus. Die Gesamtaufgabe und -zuständigkeit wird aufgeteilt. Der Prozess normalisiert sich und wird automatisch in den Entscheidungsprozess integriert.

Zugängliches Material

Nehmen Sie sich Zeit, um die Stadtbibliothek aufzusuchen. Falls es so etwas in Ihrer Nähe gibt, gehen Sie auch zur örtlichen Handelsbücherei. Machen Sie sich mit den Daten aus Untersuchungen vertraut, die von Regierung, Institutionen, Verbrauchergruppen und Lobbygruppen in Auftrag gegeben wurden. Sie werden vielleicht überrascht sein, wie viel Material leicht zugänglich ist. Sprechen Sie auch mit der örtlichen IHK und Handwerkskammer, um deren Informationsangebot kennen zu lernen.

Eine Bemerkung zu den internationalen Märkten

Soll Ihr Unternehmen international agieren, so wird das Umfeldaudit noch wichtiger. Beginnen Sie mit einer klassischen Einschätzung Ihres eigenen Umfelds. Alle Faktoren, von den Wetterbedingungen bis zu kulturellen Erwartungen, werden instinktiv bewertet. Auf den internationalen Märkten funktioniert das nicht. Ein schlichter Datenvergleich reicht vielleicht auch nicht aus, um ein realistisches Bild zu gewinnen. Das Niveau des Durchschnittseinkommens für Indien und

politisch und rechtlich	wirtschaftlich und demographisch
• Änderungen der nationalen oder lokalen Bestimmungen für Bauland sowie ihre Anwendung und Auswirkungen • Gesundheits- und Sicherheitsgesetzgebung • politische Maßnahmen, um das Wohneigentum zu beeinflussen • Änderungen im Vertragsrecht, was die Haftung und Entschädigung beeinflusst • rechtliche Änderungen, die Einfluss auf die Baumaterialien und -methoden haben, zum Beispiel ein Asbestverbot	• Bewegung bei den Hauspreisen • geänderte Verfügbarkeit der Baufinanzierung • Bevölkerungsmigration: zum Beispiel von Norden nach Süden oder vom Land in die Stadt • Durchschnittsniveau des Einkommens • Steuerniveau und Erleichterungen bei den Hypothekenzinsen • Trends bei der Familiengröße
sozial und kulturell	*technologisch*
• die Einstellung der Käufer zum Wohneigentum • Änderungen im Muster des Familienlebens: zum Beispiel frühe/späte Heirat oder mehr Singlehaushalte • Nachfrage nach unterschiedlichen Einrichtungen aufgrund von zunehmenden Freizeitaktivitäten zu Hause • Erwartungen, was ein »gutes« Grundstück ist, zum Beispiel Gartengröße	• Baumethoden; • Verbesserungen bei der Isolierung, Solarheizung oder Ähnlichem • Erwartungen an die Einrichtung: Computerisierung der Haus-Management-Systeme, leicht zu wartende Küchen.

Abbildung 5.1: Ein zusammengefasster Makro-Umfeldaudit für Constructit Builders.

Malaysia ist bedeutungslos, wenn Sie kein Gefühl für den Lebensstandard, das Preisniveau, die Familienstruktur und die kulturellen Erwartungen haben. Kulturelle Unterschiede sind am schwierigsten zu erkennen, und doch sind sie wegen ihres großen Einflusses auf das Käuferverhalten für die Unternehmensplaner entscheidend.

Sie können die Bedürfnisse Ihrer ausländischen Kunden nicht verstehen, wenn Sie diese nicht treffen und kennen lernen. Sekundärdaten allein sind unzureichend, deshalb ist Feldforschung unerlässlich. Lokale Partner und strategische Allianzen können einem Unternehmen helfen, den jeweiligen örtlichen Markt tatsächlich zu verstehen.

Thema	*Quelle*	*Häufigkeit*
• Baumethoden • Technik	• Fachpresse • Fachmessen	• monatlich • halbjährlich
• Käufererweiterungen	• allgemeine Umfragen • Magazine und TV-Sendungen über Lifestyle/Häuser etc.	• Bibliothekssuche nach vierteljährlichen Handelsmagazinen und Berichten • wöchentlicher Check des Fernsehprogramms • monatlicher Check der wichtigsten Titel
• Änderungen im Baurecht	• nationale Presse • Handelsvereinigungen	• täglich • regelmäßiger Kontakt

Abbildung 5.2: Umfeldfaktoren kontrollieren

Die Konkurrenz

Das letzte Element des Umfeldaudits ist die Konkurrenz. Wer ist das und welche Strategie verfolgen Ihre Wettbewerber? Hier kann die Wissensgewinnung schnell unmoralisch oder illegal werden. Das Management sollte zuerst die Parameter für akzeptables Verhalten festlegen. In den frühen neunziger Jahren war es für British Airways sehr peinlich, dass sich übereifrige Manager in die Computersysteme des Konkurrenten Virgin Airways eingeschlichen hatten. Industriespionage ist in vielen Branchen nicht unüblich. Schlüsselmitarbeiter von Konkurrenzfirmen einzuladen, sich für eine fiktive Stelle zu bewerben, ist eine weniger aggressive und verbreitete Technik. Doch andere Methoden, um Ihre Konkurrenten kennen zu lernen und ihr Marktverhalten zu prognostizieren, sind vielleicht angemessener. Sie werden überrascht sein, wie viele Informationsquellen Ihnen zur Verfügung stehen.

Informationsquellen über die Konkurrenz

- Verkaufs- und Vertriebsmitarbeiter, die vor Ort arbeiten, haben oftmals mit den Vertretern der Konkurrenz direkten Kontakt. Sie sind die Ersten, die zum Beispiel Änderungen, ein neues Produkt oder höhere Verkaufsprämien bemerken.
- Industrie- und Handelsveranstaltungen, Messen, Konferenzen und gesellschaftliche Veranstaltungen sind ideale Gelegenheiten, Informationshäppchen aufzuschnappen.
- Die Fachpresse liefert oft Einblicke in die Pläne und Probleme der Konkurrenz.
- Ihre Kunden haben vielleicht direkte Erfahrungen mit Ihren Konkurrenten. Sie sind bestens geeignet, um über Leistungsschwankungen zu berichten. Sie können Ihnen auch sagen, warum sie Ihre Firma ausgewählt haben und warum andere vielleicht die Konkurrenz bevorzugen.
- Mystery Shopping (anonyme Testeinkäufe) ermöglicht Ihnen oder Ihrem Team, direkt in die Schuhe der Kunden zu schlüpfen. Dies ist eine exzellente Methode, um Ihre eigene Kundenbetreuung sowie die anderer zu kontrollieren. Sie können Broschüren anfordern, nach Präsentationen oder Kostenvoranschlägen fragen sowie das Niveau der Serviceleistungen vergleichen. Der Kauf von Produkten der Konkurrenz erlaubt Ihnen eine detaillierte Leistungsanalyse. Sie erhalten so Kriterien, an denen Sie Ihr eigenes Produkt oder Ihren Servicestandard messen können.
- Jahresberichte oder Werbematerialien geben nur selten tiefen Einblick, sind aber manchmal überraschend offenherzig. Sie zeigen allgemeine Leistungsindikatoren, die gelegentlich nützliche Hinweise liefern. Eine kreative Finanzmanipulation der Zahlen führt jedoch oft dazu, dass man bei der Zuverlässigkeit der Informationen vorsichtig sein sollte.

Ihre Konkurrenz

- Genau wie bei anderen Umfeldfaktoren müssen Sie Mechanismen schaffen, um vollständig über die Konkurrenten informiert zu sein. Gerüchte, die von einem Vertreter aufgeschnappt wurden, sind für diesen vielleicht bedeutungslos, für einen Unternehmensplaner jedoch von großer Bedeutung.
- Bieten Sie Systeme mit Feedback-Möglichkeiten an, um sich über die

Aktivitäten der Konkurrenten auf dem Laufenden zu halten, zum Beispiel auf regelmäßigen Verkaufstreffen, auf den Verkaufsbesuchformularen oder auf Treffen zum Erfahrungsaustausch nach Branchen-Veranstaltungen.

- Weisen Sie jedem Mitglied Ihres Managementteams einen wichtigen Konkurrenten zur Beobachtung zu. Die Aufteilung der Arbeit fördert die Tiefe der Analyse. Regelmäßige Erfahrungsaustausche und Präsentationen halten das gesamte Team auf dem Laufenden.

Die Strategie der Konkurrenz

Warum müssen sich Unternehmen so viele Gedanken über Ihre Konkurrenz machen? Das Leben wäre sicherlich einfacher, wenn man einfach eine Strategie entwickeln könnte und diese dann einführen würde. Doch dies ist kein sehr realistischer Ansatz.

Das Geschäftsleben ist wie ein Spiel, mit Analogien und einer gemeinsamen Planungsterminologie.

- Wir sprechen von einem »ebenen Spielfeld«. Das heißt, alle Konkurrenten werden gleich behandelt, haben Zugang zu denselben Möglichkeiten und so weiter.
- Ein Fußballtrainer weiß, dass seine Strategien auf die Stärken der eigenen Mannschaft aufbauen, aber auch die Schwächen des Gegners nutzen sollten.
- Sein Spielplan muss vielleicht revidiert werden, weil es eine Auswechslung gab, die Wetterbedingungen sich änderten oder die Leistung in der ersten Halbzeit es erfordert.

Im Geschäftsleben wird die Konkurrenz wahrscheinlich ebenfalls Ihre Leistung beeinflussen. In einigen Szenarios ist es möglich, dass beide Unternehmen als Gewinner hervorgehen, zum Beispiel auf einem schnell wachsenden Markt. Unter diesen Umständen kann Kooperation und Zusammenarbeit eine vorteilhafte Strategie sein. Im Allgemeinen ist es jedoch wahrscheinlicher, dass Sie um dieselben Kunden kämpfen sowie um einen größeren Anteil an einem reifen oder vielleicht schrumpfenden Markt. Es wird Gewinner und Verlierer geben und der Wettbewerb wird hart sein.

Den direkten Wettbewerb vermeiden

Eine gute Kenntnis der Konkurrenz ermöglicht Ihnen, auf demselben Markt aktiv zu sein und den direkten Wettbewerb so klein wie möglich zu halten. Preiskriege, Werbeduelle und Vertriebskonflikte sind Zeugnisse für eine direkte Auseinandersetzung zweier Unternehmen. Der Stärkste wird gewinnen, aber oftmals geschwächt sein. Der Verlierer wird vielleicht nicht einmal überleben. Die Kunden profitieren kurzfristig, weil sie von den Protagonisten aggressiv durch Sonderangebote und niedrigere Preise umworben werden. Langfristig wird die verringerte Auswahl und der verminderte Wettbewerb innerhalb des Sektors jedoch wahrscheinlich gegen die Interessen der Verbraucher sein.

Eine strategische Marketingplanung verringert diese verschwenderischen Wettbewerbsmaßnahmen. Der Prozess der Segmentierung bedeutet, dass zwei Unternehmen auf demselben Markt operieren können, ohne direkt um dieselben Kunden zu werben. Indem Sie Ihre Angebote differenzieren, um die speziellen Bedürfnisse Ihrer Zielgruppe zu befriedigen, kann jeder zum bevorzugten Lieferanten seiner Kunden werden (siehe Abbildung 5.3).

A und B sind im Hotelgeschäft tätig. Doch die Gäste, die das traditionelle Image und den Vier-Sterne-Service von A bevorzugen, würden niemals ernstlich die moderne Drei-Sterne-Alternative von B in Betracht ziehen. Beide können ohne direkte Konkurrenz arbeiten, solange ihre Kundensegmente groß genug bleiben, um ihre Ziele zu verwirklichen.

Wenn Kunden aus welchem Grund auch immer ihr Segment verlassen oder eine der Firmen expandieren möchte, dann kann sich Wettbewerb entwickeln. Dies geschieht zunächst im Randbereich der Wechselkunden, später geht es jedoch direkt um Marktanteile.

Direkter Wettbewerb ist immer eine teure Angelegenheit. Man sollte deshalb immer Kooperationen als Alternative erwägen. Durch eine Zusammenarbeit können die Hotels A und B zum Beispiel vielleicht mehr Gäste in die Stadt locken, sodass der Gesamtmarkt wächst.

Firmen müssen sich auch darüber klar werden, wer ihre Konkurrenten eigentlich sind. Dieser Prozess beginnt damit, dass man das Geschäftsfeld definiert, in dem man tätig ist.

Forschungsergebnisse zeigen unter Umständen, dass die Unternehmen in der eigenen Branche nicht Ihre eigentlichen Konkurrenten sind, sondern dass sich ein anderer Sektor mit Ihnen um das verfügbare Einkommen der Kunden streitet. Zum Beispiel haben die Wohlfahrtsorganisationen in Großbritannien herausgefunden, dass sie in direkter Konkurrenz zur nationalen Lotterie stehen. Das örtliche Theater zum Beispiel konkurriert mit den Restaurants und dem Kino, um den Kunden einen schönen Abend zu bieten.

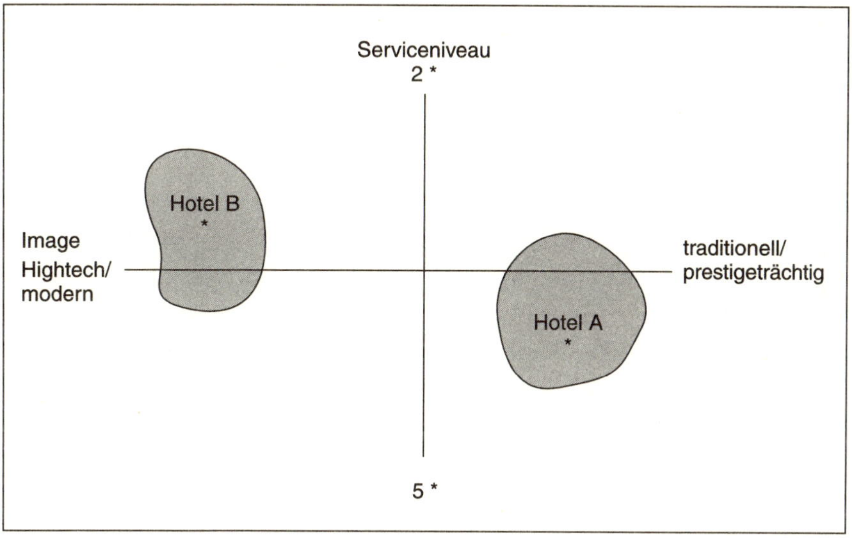

Abbildung 5.3: Ihr Angebot positionieren

Einflüsse auf den Wettbewerb

Die Größe und die Anzahl der Unternehmen innerhalb einer Branche bestimmen die Natur des Wettbewerbs. Der Monopolist hat keinen direkten Konkurrenten. Er wird Strategien verfolgen, die Neulingen den Zugang zu dem Sektor verwehren, indem er die Barrieren für den Zutritt erhöht. Die größte Bedrohung kommt wahrscheinlich von Ersatzprodukten und die größte Chance liegt in einem wachsenden Markt.

Auf dem Friseur- oder Restaurantsektor gibt es eine große Anzahl kleiner Konkurrenten. Die Handlungen eines Akteurs werden wahrscheinlich die anderen nicht sehr beeinflussen. Die meisten werden also bemüht sein, ihr Angebot zu differenzieren, um für eine kleine Gruppe von Stammkunden attraktiv zu sein.

Sobald Firmen anfangen zu expandieren, werden ihre Strategien für ihre Konkurrenten wichtiger. Oligopolisten müssen ihre Konkurrenten genauestens beobachten. Oligopole sind Märkte mit nur zwei bis zwölf großen Unternehmen. Beispiele sind die Banken, Ölfirmen und Supermarktketten. Jeder Akteur ist groß genug, um die anderen Mitspieler zu beeinflussen. Sie können durch eine kreative Strategieänderung Kunden und Marktanteile gewinnen. Marktführer neigen dazu, defensive Strategien zu wählen, während Herausforderer auf einem Markt aggressiver auftreten. Diese Unternehmen, vor allem in ausgereiften Branchen ohne großes Marktwachstum, machen am häufigsten den Fehler, sich in direkte Kämpfe um Marktanteile zu verstricken.

Kleine wie große Unternehmen müssen ihre schärfsten Konkurrenten sorgfältig identifizieren. Dies müssen nicht unbedingt die größten oder die bekanntesten sein, sondern diejenigen, die von der Kundschaft als Konkurrenten wahrgenommen werden. Danach muss eine Antwortstrategie entwickelt werden. Dazu gehört nicht nur eine Bewertung der gegenwärtigen Stärken, Schwächen und Fähigkeiten, sondern auch ein Gespür für die Ziele der Firma auf diesem Markt.

Wenn Ihr schärfster Konkurrent nur 2 Prozent seines Geschäftes auf diesem Markt abwickelt, wird seine Antwort auf die konkurrierenden Aktivitäten Ihrer Firma wahrscheinlich nicht so scharf ausfallen, als wenn 60 Prozent seines Gewinns von diesem Markt abhängen.

Porters fünf Kräfte

Porter hat fünf Kräfte identifiziert, welche die potenzielle Leistung eines Unternehmens beeinflussen. Änderungen dieser Kräfte sollten durch das Umfeldaudit erfasst werden:

- die Art des Wettbewerbs;
- die Gefahr durch neue Mitspieler;
- die Gefahr durch Ersatzprodukte;
- die Macht der Lieferanten;
- die Macht der Käufer.

Änderungen dieser fünf Kräfte führen wahrscheinlich zu einer veränderten Gewinnspanne und einer Verstärkung oder Verringerung des Wettbewerbsdrucks.

Fünf Kräfte
Fragen Sie sich, welche der fünf Kräfte sich in Ihrem Geschäftsfeld verändern. Wie sehen die Auswirkungen für Ihren Absatz und Ihre Rentabilität aus? Welche Strategien können Sie verfolgen, um diese Auswirkungen zu minimieren?

Der Nutzen der Kundenorientierung

Unternehmen und Organisationen, die Mechanismen für die Durchsetzung eines externen Fokus entwickeln, sind zwangsläufig kundenorientiert. Sie sind wahrscheinlich auch die Ersten, welche Veränderungen auf dem Markt wahrnehmen, und so können sie auf diese Chancen und Bedrohungen aktiv reagieren. Wer darauf besteht, introvertiert zu bleiben und dem Kunden den Rücken zuzukehren, wird weiterhin von Marktentwicklungen überrascht werden. Ihr Management wird zu begabten Krisenmanagern werden (müssen).

Im besten Fall können diese Manager hoffen, dass sie schnell genug reagieren, um bis zur nächsten Krise zu überleben. Solche Teams sind zu sehr mit den heutigen Notfällen beschäftigt, um sich Zeit für die wichtige Aufgabe nehmen zu können, das Geschäft von morgen zu planen.

Notfall- und Szenariopläne

Egal wie gut Sie das Umfeld kontrollieren – unvorhergesehene Ereignisse können immer eintreten: chaotische Wetterbedingungen, politische Unruhen, natürliche und menschlich erzeugte Katastrophen, ein unerwarteter Regierungswechsel oder der Zusammenbruch einer Währung. Einige Ereignisse können sicherlich im Voraus erkannt werden. Das Ende der Apartheid in Südafrika war schon Jahre vorher absehbar.

Doch die Geschwindigkeit, mit welcher der Wandel dann eintraf, war schon überraschend. Eine größere Überraschung war der Übergang der osteuropäischen Länder zur Marktwirtschaft. Auch die Wirtschaftskrise in Asien in den späten neunziger Jahren gehört dazu. Manager können sich auf diese unsicheren und überraschenden Ereignisse bis zu einem gewissen Grad durch Notfall- und Szenariopläne vorbereiten.

Notfallpläne sind für den Fall eines möglichen, aber nicht wahrscheinlichen Ereignisses gedacht. Zum Beispiel planen Sie eine Gartenparty, haben jedoch einen Notfallplan für schlechtes Wetter. Alle Unternehmen sollten Notfallpläne haben, um sich auf einen Regierungswechsel, den Markteintritt eines Konkurrenten oder den Ausfall einer Lieferquelle vorzubereiten.

Szenariopläne sind für weniger wahrscheinliche Ereignisse. Es handelt sich um »Was-wäre-wenn«-Pläne. Vielleicht haben Sie einen für den Fall, dass Sie im Lotto gewinnen. Die Szenario-Planung hat ihre Vorteile:

- Sie ermuntert Manager, kreativ darüber nachzudenken, wie das Umfeld die Strategie beeinflusst.
- Sie eröffnet Managern die Möglichkeit, Planungsfertigkeiten zu entwickeln oder einzuüben.
- Sie schafft die Chance eines Wettbewerbsvorteils, wenn das Unerwartete eintritt.

Shell denkt voraus

Shell ist ein Befürworter der Szenarioplanung und war angeblich gut auf den Ausbruch des Golfkrieges vorbereitet. Das Unternehemn hatte einen Plan vorbereitet, der auf dem Szenario basierte, dass Terroristen einen Großteil der verfügbaren Ölquellen sperrten. Falls Rationierungen und Lieferengpässe ein Thema geworden wären, hätte Shell einen bedeutenden Vorteil gegenüber seinen Konkurrenten gehabt, welche auf die Situation nicht vorbereitet waren. Organisationen im öffentlichen Sektor sind ebenfalls Experten in der Szenarioplanung; ein Großteil ihrer Arbeit beschäftigt sich mit Katastrophen-Szenarios.

Das Umfeldaudit anwenden

Man sieht, dass die Kontrolle des Umfelds konstant durchgeführt werden muss. Doch Berichte über Chancen und Bedrohungen sind nutzlos, egal wie gut sie erarbeitet sind, wenn Sie nicht die Manager in ihrer Entscheidungsfindung unterstützen.

Marketingarbeiter müssen die Umfeldinformationen überprüfen, um die Auswirkungen auf die Geschäftsaktivitäten zu erkennen. Die

Zusammenfassung ergibt, welche Produkte auf welchen Märkten angeboten werden sollten. Bedrohungen engen die jetzigen Aktivitäten und die vorhandenen Chancen ein. Die Chancen repräsentieren die Strategiealternativen, mit denen sich das Geschäft erweitern lässt. Sie liefern die Grundlage für jede geplante Entwicklung. Die vier Strategiealternativen können durch die Anwendung der Ansoff-Matrix zusammengefasst werden (siehe Abbildung 5.4).

Die Ansoff-Matrix wird oft als eine schlichte Vier-Kasten-Matrix eingesetzt. Sie sollte jedoch als ein Satz von zwei Kontinua gesehen werden. Eines zeigt die relative Neuheit von Produkten und das andere die relative Neuheit von Märkten. Je »neuer« das Produkt ist, desto höher sind die wahrscheinlichen Investitionen in die Forschung und Entwicklung und desto höher ist auch das Risiko, welches mit dem Scheitern eines neuen Produkts einhergeht. Je neuer der Markt ist, desto höher ist der Bedarf an Marktforschung, Investitionen in die Entwicklung neuer Absatzkanäle und an Schaffung von Aufmerksamkeit.

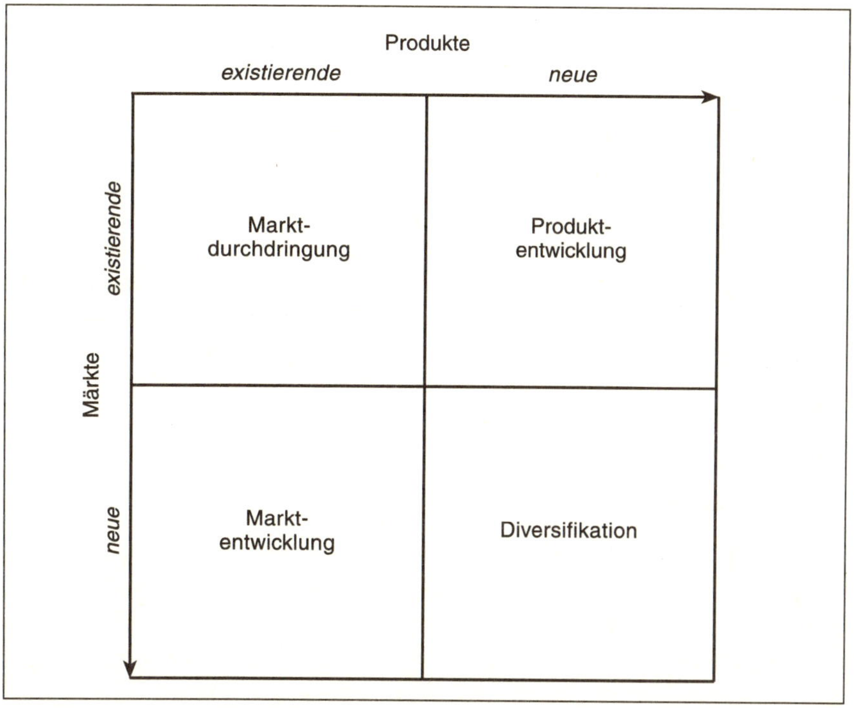

Abbildung 5.4: Die Ansoff-Matrix

Alternativen

- Nutzen Sie die Ansoff-Matrix als Rahmen, um die offen stehenden Alternativen durch ein Brainstorming zu erfassen.
- Fragen Sie sich, wo sich Diversifikationen oder Entwicklungen anbieten, und führen Sie eine Überprüfung und Abwägung der Optionen durch.
- Seien Sie nicht verwundert, wenn Umfeldthemen sowohl eine Chance als auch eine Bedrohung darzustellen scheinen. Sie sind oft beides. Das Management kann Maßnahmen einleiten, um Bedrohungen in Chancen umzuwandeln. Deshalb ist Frühwarnung für die Planer so entscheidend. Zum Beispiel kann die Wirtschaftsrezession den Umsatz und die Verbraucherausgaben bedrohen. Gleichzeitig kann sich Ihnen die Möglichkeit bieten, Marktanteile durch das Angebot einer neuen, preiswerten Produktpalette zu erzielen.

Dieselben Produkte und Märkte

Nutzen Sie die Analyse Ihres Unternehmens und Ihres externen Umfelds auch als Grundlage für die Vorhersage Ihres wahrscheinlichen Umsatzes

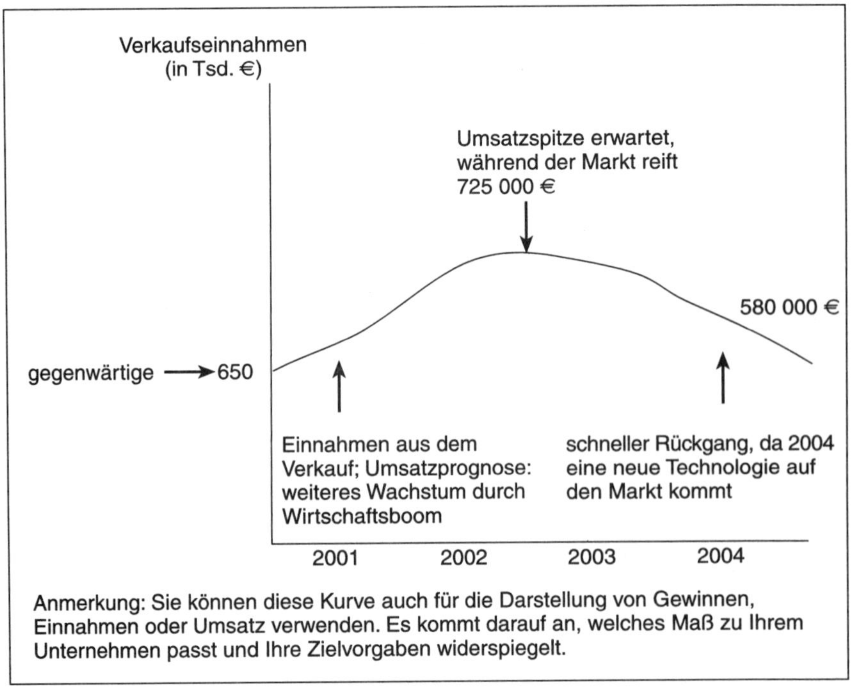

Abbildung 5.5: Die Realität unterm Strich

und Gewinns, wenn Sie die strategische Option wählen, nichts zu tun. Das heißt, Sie verfahren nächstes Jahr so wie dieses Jahr.

Die Realität unterm Strich

Die Trendlinie in Abbildung 5.5 ist die Basis, auf welcher die Strategieplaner arbeiten müssen. Sie ist ein nützliches Mittel, um eine Vorhersage über die wahrscheinliche Entwicklung Ihres Unternehmens zu kommunizieren, falls keine Maßnahmen getroffen werden, um das Ergebnis zu beeinflussen. Ich nenne sie die »Inaktivitäts«-Linie. Ihr Markt mag wachsen oder schrumpfen, doch von dieser Situation müssen Sie realistischerweise ausgehen. Verwenden Sie das Netzgitter in Abbildung 5.6, um eine Vorhersage für Ihr Unternehmen zu erstellen.

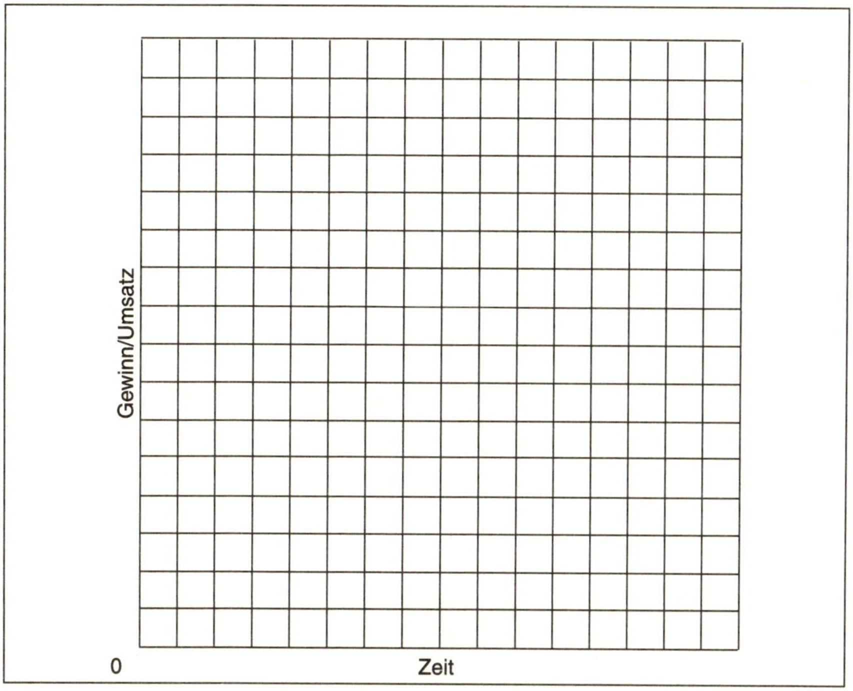

Abbildung 5.6: Netzgitter für Geschäftsprognosen

Das Unternehmensschicksal vorhersagen

Es gibt eine Reihe von Faktoren, welche die Nachfrage und Ihre Prognose beeinflussen:

- das Stadium des Produkt-Lebenszyklus;
- die wirtschaftlichen Vorhersagen – der Handelszyklus;
- Änderungen im Verhalten der Konkurrenten;
- Änderungen bei den Vorlieben und dem Verhalten der Kunden.

i

Erstellen Sie Ihre eigenen Checklisten der relevanten Umfeldindikatoren als Basis für Ihre zukünftigen Umfeldaudits. Versuchen Sie, so genau wie möglich zu arbeiten. Zum Beispiel können Statistiken über den Bau neuer Häuser und die Zahlen der Eheschließungen nützliche Indikatoren für Möbelhersteller sein. Nutzen Sie die Netzgitter in Abbildung 5.7a und 5.7b als Rahmen.

Das externe Umfeld für ______________________________

	Möglichkeiten	**Bedrohungen**
politisch und rechtlich	• • • • • • • • • • •	• • • • • • • • • • •
wirtschaftlich und demographisch	• • • • • • • • • • •	• • • • • • • • • • •

Abbildung 5.7a: Ein Umfeldaudit

	Möglichkeiten	Bedrohungen
technologisch	• • • • • • • •	• • • • • • •
sozial und kulturell	• • • • • • • •	• • • • • • • •
wettbewerbsmäßig	• • • • • • • •	• • • • • • • •

Abbildung 5.7b: Ein Umfeldaudit

6

Wohin geht die Reise?

Ein Unternehmensdach aufspannen

Ein Unternehmensplan soll die Aktivitäten eines Unternehmens fokussieren. Indem ein klares Ziel gesetzt wird, eine Vision und Mission für das Unternehmen kommuniziert wird und eine Strategie zur ihrer Verwirklichung bestimmt wird, kann sich jeder, der an der Umsetzung des Plans beteiligt ist, mit ihm identifizieren. Diese Integration der Maßnahmen schafft eine Synergie von Mehrwert-Ergebnissen; das Ganze ist mehr als die Summe seiner Teile. Nur so können die Planer aus weniger mehr schaffen.

In diesem Kapitel wird Folgendes untersucht:

- die Planungsbedeutung und -rolle der Vision und Mission;
- die Eigenschaften von positiven Unternehmenszielen und der Planungslücke;
- die Verwendung einer Multi-Faktoren-Matrix, um alternative Strategien zu bewerten;
- der Beitrag des Marketings zum Bewertungsprozess;
- das Kommunizieren der Unternehmensstrategie.

Die Unternehmensvision

Schon die Wörter »Mission« und »Vision« haben Sie vielleicht veranlasst zu stöhnen. Diejenigen, die schon quälende Sitzungen erlitten haben, in denen um jedes einzelne Wort eines Mission Statements gerungen wurde, schreien verständlicherweise auf, wenn Sie eine Wiederholung des Prozesses vor Augen sehen. Für die Unternehmen, die sich nicht einer Mission rühmen, erscheint die Entwicklung einer solchen womöglich als theoretische Übung und komplette Zeitverschwendung.

In Wirklichkeit sind sowohl Mission als auch Vision bei richtiger Anwendung wichtige Bausteine des Planungsprozesses. Wenn Sie an den Vergleich der Unternehmenstätigkeit mit einem Spiel zurückdenken, dann legt das Mission Statement die Parameter für Ihr Spielfeld fest. Um unsere Marktkarte zu entwerfen, mussten wir schon die Frage beantworten, in welchem Geschäftsfeld wir uns befinden. Sobald eine Mission bestimmt ist, verfügen die Manager über klare Grenzen, die ihnen zeigen, welche Arbeitsbereiche sie anpacken sollen.

Dies ist der erste Schritt, um den Fokus der Unternehmensaktivitäten zu festigen.

Die Mission des Unternehmens sollte die folgende Frage klar beantworten: »Welches Geschäft betreiben wir , wollen oder sollten wir betreiben?« Die Antwort auf diese Frage sollte auf jeden Fall kunden- und nicht produktorientiert sein. Betrachten Sie diese beiden möglichen Antworten:

- Unser Geschäftsfeld liegt in der Herstellung kleiner Autos.
- Unser Unternehmen bietet Reisenden in einem Umfeld, das auf Größe empfindsam reagiert, ein komfortables, kompaktes und kostengünstiges persönliches Transportmittel.

Die zweite Version sagt viel mehr über das Geschäftsfeld und die anvisierten Zielgruppen aus. So lässt sich daraus ableiten, dass Autofahrer in Japan eher eine Zielgruppe sind als die in Australien. Auch Stadtfahrer sind eher anzusprechen als Nutzer aus ländlichen Gegenden. Ein Manager, der für dieses Unternehmen arbeitet, wüsste, dass eine Strategie zur Einführung eines großen Benzinschluckers nicht mit dieser Mission in Einklang steht. Die Möglichkeit, eine Reihe von kleinen Motorrädern auf den Markt zu bringen, wäre eine Überlegung wert. Sie ginge mit der Unternehmenspositionierung Hand in Hand.

Mission Statement

- Das Mission Statement wurde von der zentralen Planungsfunktion ziemlich in Beschlag genommen. Sie wurde als PR-Aussage übernommen, die an alle Beteiligte eines Unternehmens gerichtet ist. In den Jahresberichten und auf den Jahreshauptversammlungen spielt sie eine große Rolle. Genau wegen dieser Aufmerksamkeit debattieren die Manager mit großer Ausdauer und Vehemenz über jedes Wort und Komma. Dabei soll jedes Publikum angesprochen und niemand beleidigt werden.
- Das Ergebnis ist oft weitschweifig und komplex. Es vermittelt nur wenig von der Einzigartigkeit des Unternehmens, seiner Kultur, seinem Geschäftsfeld oder seiner Aktivitäten. Offensichtlich macht sich in vielen Missionen ein Standard breit, dass man »nett zu den Mitarbeitern, Kindern und Bäumen« sein soll. So können die Mitarbeiter ihre eigene Firma nur schwer in den veröffentlichten Statements wieder finden.

- Wenn die Mitarbeiter so denken und die Manager sich nur oberflächlich mit einer idealisierten und unrealistischen Mission identifizieren, dann ist die Einstellung gegenüber dem gesamten Planungsprozess wahrscheinlich zynisch und unproduktiv.
- Denken Sie daran, dass Sie nur auf der Ebene der strategischen Geschäftseinheiten effektiv planen können. Eine einzige übergreifende Mission für das gesamte Unternehmen hätte wenig Wert bei der strategischen Planung der Aktivitäten in einem komplexen Betrieb.
- Glauben Sie nicht, dass Mission Statements in Stein gemeißelt sind. Man kann sie anzweifeln und ändern. Dies sollte jedoch nicht zu häufig geschehen, weil dies für die Planer bedeutet, dass die Zielkoordinaten verschoben werden.

Checkliste für Mission Statements

Ein nützliches Mission Statements sollte

- den Nutzen für die Kunden erklären;
- die Frage beantworten, in welchem Geschäftsfeld man tätig ist;
- jedwede Begrenzung des Handlungsbereichs anzeigen, zum Beispiel, dass man auf dem nordamerikanischen Markt oder im Dienstleistungsbereich tätig ist;
- den Nutzen für die Anteilseigner aufzeigen. Die Angabe, dass man Geschäfte macht, um Gewinne zu erzielen, reicht nicht aus. Doch viele Unternehmen verweisen genau darauf;
- alle kulturellen und betrieblichen Werte hervorheben, die für das Unternehmen zentral sind und von den Planern unbedingt beachtet werden müssen.

Die Vision

Die Vision ist mehr ein langfristiges Ziel. Es ist wichtig, dass der Geschäftsführer eine Vision hat, wo das Unternehmen in zehn Jahren steht. Er muss auch fähig sein, dies anderen mitzuteilen. Die Vision liefert den langfristigen Fokus für die Strategie und kann das Ziel sein, das erreicht werden soll. Die Vision wird wahrscheinlich nicht in Zahlen ausgedrückt, doch sie kann einen hohen Qualitätsanspruch enthalten. Sie können zum Beispiel anstreben, in der hochmodernen Technologie der virtuellen Realität die Nummer eins auf dem Verbrauchermarkt zu sein. Ein Teammanager möchte vielleicht den US-Superbowl oder die Champions League gewinnen und eine Wohltätigkeitsorganisation möchte die Unterernährung in Ruanda besiegen. Diese langfristigen Ziele sind für die Motivation wichtig. Sie geben allen Beteiligten ein Gefühl für die eingeschlagene Richtung, die sie verstehen und teilen.

Die Vision legt also den Horizont für die Planungsaktivitäten fest, während die Mission die Parameter der Aktivitäten bestimmt, die für ihre Verwirklichung eingesetzt werden.

Eine Anmerkung zur Wettbewerbspositionierung

Eine Vision und Mission können sehr hilfreich sein, um das Unternehmen zu positionieren und einen Wertekatalog festzulegen, nach dem die Unternehmensmarke aufgebaut oder verstärkt wird. Beispiele dafür sind die soziale und ethische Positionierung der Co-operative Bank in Großbritannien oder die Bequemlichkeit und Verfügbarkeit, welche die grundlegenden Prinzipien von Coca-Cola sind.

Unternehmens- oder Geschäftsziele

Hierbei handelt es sich um die quantitativ messbaren Ziele, die ein Plan normalerweise für eine drei- bis fünfjährige Periode vorsieht.

Realistische Ziele

- Glauben Sie nicht, dass ein allgemeiner Wunsch, den Umsatz zu steigern, als Zielvorgabe reicht. Um Aussagekraft zu haben, muss eine Zielvorgabe spezifisch und quantitativ messbar sein, damit die Aktivität kontrolliert werden kann.
- Setzen Sie sich keine Ziele, die Sie wahrscheinlich übertreffen werden. Der Plan ist dafür gedacht, die Ressourcen zu koordinieren. Wenn Sie mehr als geplant verkaufen, werden Sie Nachschubprobleme bekommen, es sei denn, die Änderungen wurden den Mitarbeitern so rechtzeitig mitgeteilt, dass sie den Output anpassen konnten.
- Zu hoch angesetzte Zielmarken werden als unrealistisch eingeschätzt. Sie demotivieren die Mitarbeiter eher, als dass sie zu härterer Arbeit inspirieren.

Kriterien für Zielvorgaben

Um für einen Plan von Nutzen zu sein, sollten Zielvorgaben folgende Kriterien erfüllen:

- spezifisch,
- messbar,
- erreichbar,
- relevant (sagt denjenigen etwas, die an der Umsetzung arbeiten),
- zeitlich festgelegt.

Unternehmensziele

Die übergeordneten Ziele eines Unternehmensplans werden normalerweise durch den Nutzen für die Beteiligten ausgedrückt. Dies ist schließlich der Sinn der geschäftlichen Aktivitäten. Dabei geht es zum Beispiel um die Gewinnerzielung bei Unternehmen, die Verbesserung von Gesundheit und Bildung im öffentlichen Sektor oder die Sammlung von Spendengeldern bei Wohltätigkeitsorganisationen. Damit garantiert ist, dass die Zielvorgaben erreichbar sind, müssen sie an den wichtigsten Faktoren des Umfelds und der Situation gemessen werden.

Ehrgeizige Zielvorgaben sind in den folgenden Situationen sinnvoll und angemessen:

- auf Wachstumsmärkten;
- bei wenig Konkurrenz;
- bei Wachstum durch Zukauf;
- bei allgemeinem Wirtschaftswachstum;
- wenn Ressourcen zur Expansion zur Verfügung stehen.

Konservative Zielvorgaben sind in den folgenden Situationen angemessener:

- auf ausgereiften Märkten;
- bei zunehmendem Wettbewerb;
- bei Wachstum aus dem Unternehmen heraus;
- in Konjunkturkrisen;
- wenn die Ressourcen begrenzt sind.

Prüfen und checken
Überprüfen Sie Ihren Unternehmensplan. Welche Zielvorgaben wurden gemacht, und erfüllen sie die Kriterien?

Die Planungslücke bestimmen

Der erste Schritt bei der Identifizierung der Planungslücke war die Trendlinie, die nach dem Unternehmensaudit gezogen wurde (siehe Kapitel 5). Wenn Sie Ihr Unternehmensziel damit vergleichen, können Sie schnell berechnen, wie groß die Herausforderung bei der Planung ist (siehe Abbildung 6.1).

Dieser Prozess ist ein guter Test für die Erreichbarkeit einer Zielvorgabe. Die Manager können deutlich die Größe der Lücke erkennen, die zwischen dem jetzigen und dem angepeilten Ergebnis liegt. Man erkennt, wie stark sich die Leistung verbessern muss. Sollten die Pläne als zu ehrgeizig angesehen werden, so ist jetzt die Zeit, dies zu prüfen.

Verwenden Sie das Netzgitter in Abbildung 6.2, um eine Planungslücke für Ihr Unternehmen über die nächsten drei Jahre zu definieren. Arbeiten sie mit Gewinn oder Einnahmen.

Im Normalfall sollte ein Unternehmensplan am Gewinn gemessen werden, weil es einfach ist, die Einnahmen zu steigern, ohne notwendigerweise den Gewinn zu erhöhen. Zum Beispiel erzielt Firma A Einnahmen in Höhe von einer Million Euro bei einer Bruttogewinnmarge von 20 Prozent. Das bedeutet einen Bruttogewinn von 200 000 Euro.

Die Unternehmensführung möchte expandieren und entwickelt eine Reihe von Strategien, um eine Planungslücke von einer weiteren Million Euro an Einnahmen zu füllen:

- Die Firmenleitung konzentriert sich auf größere Unternehmenskunden, die durch einen Rabatt von 5 Prozent angelockt werden.
- Sie stellt zusätzliches Verkaufspersonal ein und erhöht den Werbeetat. Dies steigert die Kosten in Höhe von 2 Prozent der anvisierten Einnahmen.
- Die Produkte, die von größeren Kunden bestellt werden, erzielen einen Bruttogewinn von weniger als den 20 Prozent, die zuvor er-

zielt wurden. Die Bruttogewinnspanne liegt bei diesen neuen Kunden nur bei 17 Prozent.

Die erste Million Euro an Einnahmen brachte 200 000 Euro an Gewinn. Die zweite Million brachte nur 100 000 Euro an Gewinn:

17 Prozent Gewinnspanne bei den Produkten
–2 Prozent erhöhte Werbekosten
–5 Prozent Preisrabatt
10 Prozent Gewinnspanne

Der Bruttogewinn hat sich erhöht, doch man kann leicht erkennen, wie man am Ende mehr für weniger leisten muss. Hätte die Zielvorgabe gelautet, die Gewinne von 200 000 Euro auf 400 000 Euro zu erhöhen, wären vielleicht andere Strategien gewählt worden.

Leistung und Ziel

- Verwechseln Sie den Unterschied zwischen der jetzigen Leistung und dem Ziel nicht einfach mit der Planungslücke. Im unten stehenden Beispiel scheint dies nur eine Gewinnsteigerung von 14 Millionen Euro zu erfordern. Der tatsächliche Trend ist abwärts, sodass dieser vereinfachte Ansatz die Lücke um vier Millionen Euro unterschätzen würde.

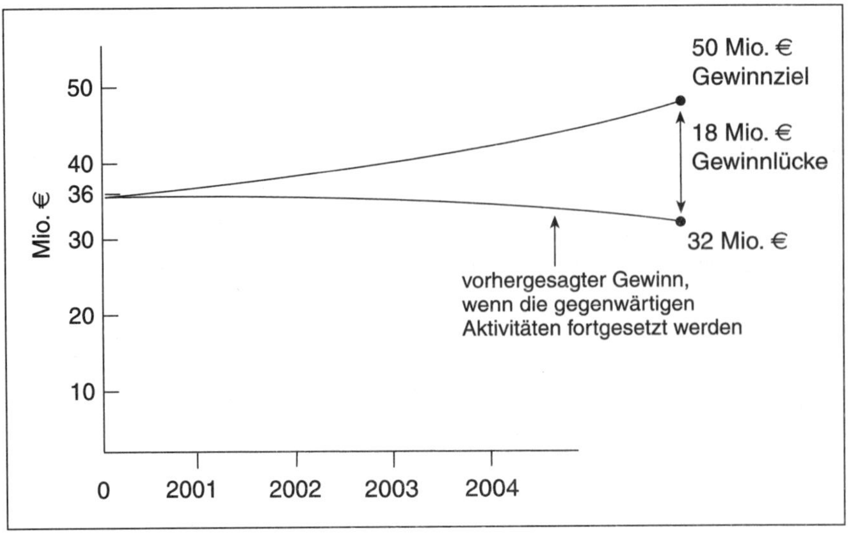

Abbildung 6.1: Die Planungslücke bestimmen

- Wenn der Markt wächst, kann die Herausforderung durch die Zielvorgabe gemessen am Aufwärtstrend zu gering sein.

Runde Zahlen
Schaffen Sie keine unnötige Verwirrung. Runden Sie Zahlen auf oder ab und rechnen Sie mit heutigen Preisen. Sobald Sie versuchen, die Inflation in fünf Jahren einzukalkulieren, geraten Sie auf Abwege und die grundlegende Aussage der Planungslücke wird bedeutungslos. Ihre grundlegende Strategie wird dieselbe bleiben, und Ihre Preise werden wahrscheinlich der Inflation angepasst werden.

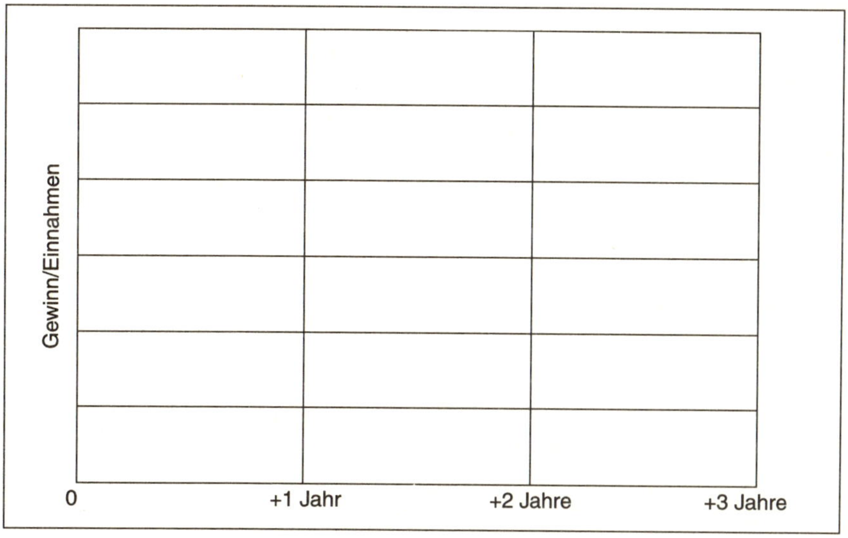

Abbildung 6.2: Das Netzgitter für die Planungslücke

Die finanzielle Bedeutung der Marketingstrategien

Die Marketingplaner sollten sich immer vor Augen halten, dass drei Entscheidungen, die sie treffen, die Rentabilität direkt beeinflussen können:

- die Änderung des Kundenmix;
- die Änderung des Produktmix;
- die Änderung des Marketingmix.

Die Planungslücke schließen

Sie wissen jetzt, was Sie erreichen wollen, wo Sie beginnen und welche Strategiealternativen Ihnen zur Verfügung stehen.

In der Praxis wenden die meisten Unternehmen eine Kombination von Strategien an, die im Laufe der Zeit eingesetzt werden, um die Planungslücke zu schließen. Es gibt nur begrenzte Optionen, die bei einem kurzfristigen Ziel zur Verfügung stehen. In ein oder zwei Jahren können Sie wahrscheinlich nur wenige neue Produkte auf den Markt bringen. Sie müssen sich also auf Strategien konzentrieren, die auf Marktdurchdringung und Marktentwicklung setzen. Langfristigere Pläne können auch auf Produktentwicklung und Diversifikationsstrategien setzen. Die strategischen Optionen müssen bewertet und dann ausgewählt werden, um die Planungslücke zu schließen.

Strategien auswählen

Die identifizierten Möglichkeiten müssen ausgewertet werden, damit Sie die wählen können, die am besten zu der Wettbewerbskompetenz passen, die das Unternehmen anbietet. Die potenziellen Einnahmen müssen geschätzt werden, damit der wahrscheinliche Beitrag jeder Strategie zum übergeordneten Ziel quantitativ gemessen werden kann.

Es gibt eine Reihe von Bewertungsmethoden. Die Durchführung einer SWOT-Analyse für jede Alternative zeigt wahrscheinlich recht deutlich, wie geeignet diese für das Unternehmen ist. Hierbei handelt es sich jedoch um einen ziemlich groben Ansatz.

Machen Sie nicht diesen Fehler!
Sehen Sie nich alle identifizierten Möglichkeiten als gleich wertvoll und als gleichwertigen Austauschersatz. Die Einführung eines neuen Produkts mit einem Einnahmepotenzial von zehn Millionen Euro nimmt genauso viel Managementzeit in Anspruch wie die mit einem zehnmal größeren Potenzial.

Die Multi-Faktoren-Matrix verwenden

Die Multi-Faktoren-Matrix ist ein besonders nützliches Hilfsmittel, das schon in Kapitel 4 eingehend betrachtet wurde. Der Prozess ist derselbe wie bei der Portfolioanalyse:

- Das Management muss die Kriterien identifizieren und gewichten, nach denen die Attraktivität einer Option bewertet werden soll.
- Das Marketing befragt potenzielle Kunden, um die Kriterien zu identifizieren und zu gewichten, nach denen sie ihre Kaufentscheidungen treffen würden.
- Jede Strategie oder Möglichkeit wird nach beiden Kriterienkatalogen bewertet, um eine Bewertung der Attraktivität und des wahrscheinlichen Wettbewerbsvorteils zu erhalten.
- Es werden Machbarkeitsstudien und Kosten-Nutzen-Analysen durchgeführt, um die wahrscheinlichen Einnahmen aus dem Verkauf oder den Gewinn zu prognostizieren.
- Diese Informationen werden in die Matrix eingetragen (siehe Abbildung 6.3).

So wird sichergestellt, dass die ausgewählten Strategien nicht nur für das Unternehmen attraktiv, sondern auch kundenorientiert sind. Das heißt, das Potenzial für den Wettbewerbserfolg wurde berücksichtigt.

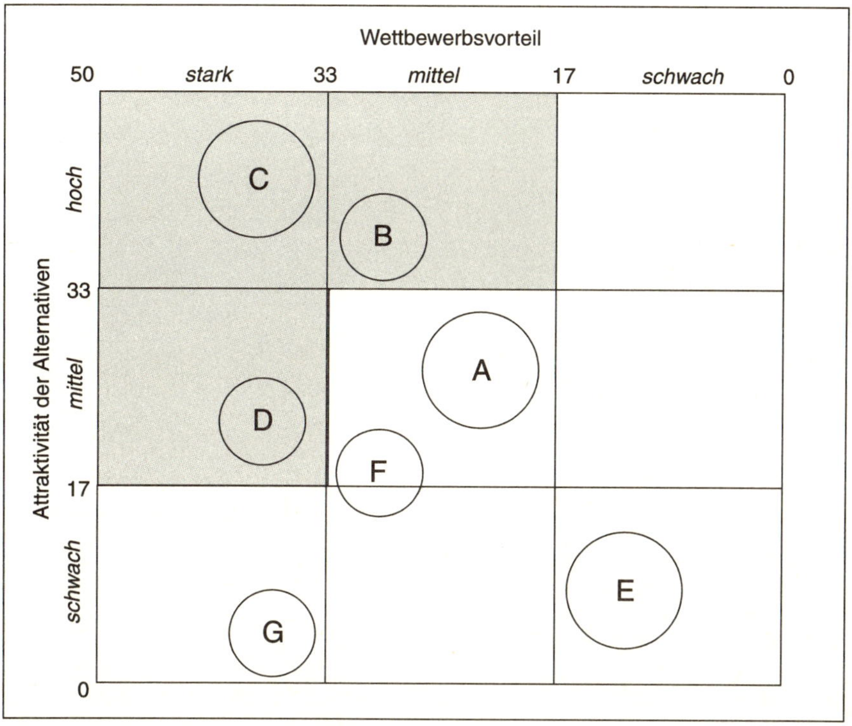

Abbildung 6.3: Strategien vergleichen

Jetzt können strategische Unterziele identifiziert werden:

- das Erzielen von zusätzlichen 4 Millionen Euro Gewinn am Ende des ersten Jahres durch Marktdurchdringung;
- das Erzielen von zusätzlichen 10 Millionen Euro Gewinn am Ende des dritten Jahres durch neu entwickelte Produkte;
- die Einführung eines neuen Produkts im dritten Jahr, das 4 Millionen Euro zum Gesamtgewinn im fünften Jahr beiträgt.

Konzentrieren Sie sich nicht allein auf die Schließung der Lücke und vernachlässigen dabei das Kerngeschäft. Ein viertes Ziel steckt hinter dem Szenario:

Erhalten Sie die Gewinne aus der Stammkundschaft im Wert von 34 Millionen Euro am Ende des fünften Jahres.

Kurzfristige Zielvorgaben

- Sie sollten der Renditegeschwindigkeit eine starke Gewichtung geben.
- Falls die Ihnen zur Verfügung stehenden Investitionsressourcen begrenzt sind, muss dies betont werden.
- Jede Option kann in das Netzgitter eingetragen werden. Die Größe der Kreise signalisiert die Einnahmeprognosen. B, C und D sehen hier am attraktivsten aus.

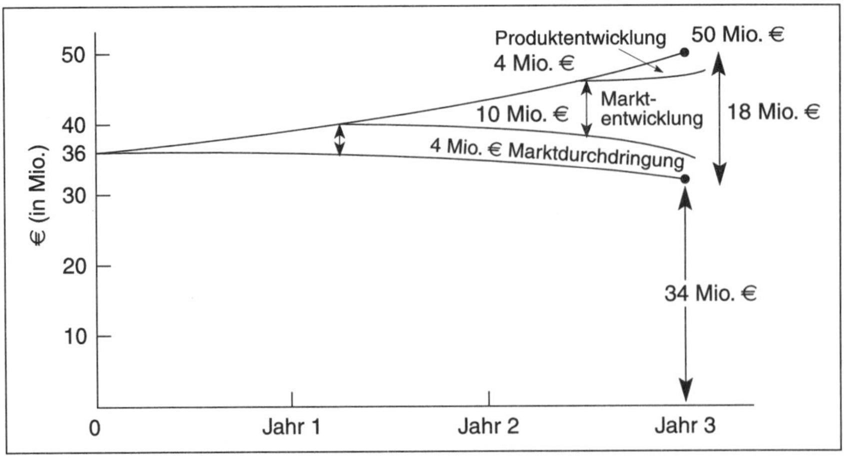

Abbildung 6.4: Strategien zur Schließung der Planungslücke

Strategische Optionen

- In der Praxis können Sie jeder Strategie erst dann einen Wert zuschreiben, nachdem die strategischen Optionen bestimmt wurden und ihr möglicher Beitrag berechnet wurde. Aber dieser Überblick erläutert den dahinter stehenden Prozess.
- Für jedes ausgewählte strategische Unterziel muss ein detaillierter Marketingplan für die Umsetzung entwickelt werden. Wenn Sie also zehn Strategien bestimmen, um die Lücke zu schließen, benötigen Sie elf Pläne, inklusive des Plans zur Erhaltung des Kundenstamms.

Die Strategie kommunizieren

Sobald das Managementteam Strategien ausgewählt hat, ist das Herzstück des Unternehmensplans festgelegt. Die taktischen Maßnahmen, also die Details für die Umsetzung des Plans, werden von den Funktionsteams Marketing, Finanzen und Betrieb entwickelt. Deren Maßnahmen werden harmonisiert, weil alle klar darauf ausgerichtet sind, dieselben Ziele mit denselben Strategien zu erreichen. Das läuft effektiv, solange die Strategie klar kommuniziert wird. Ein Beispiel: Es sollen 4 Millionen Euro Gewinn erwirtschaftet werden, indem wir unsere jetzige Produktpalette Geschäftskunden auf dem italienischen Markt anbieten.

- Versuchen Sie nicht, eine Strategie geheim zu halten. Sie kann nicht umgesetzt werden, wenn niemand weiß, wie sie aussieht.
- Stellen Sie sicher, dass alle Funktionen ihre Zuständigkeiten bei der Umsetzung verstehen. Im obigen Beispiel würden Weiterbildungskurse für Italienisch zu einer Priorität für die Personalabteilung.

Eine Strategie verkaufen

Teams, die schon bis zu diesem Punkt am Planungsprozess beteiligt waren, fühlen sich den vereinbarten Strategien gegenüber wahrscheinlich verpflichteter. Dennoch muss bei den Mitarbeitern Aufklärung und Werbung betrieben werden, um sie zu motivieren. Die Unterstützung der Mitarbeiter ist eine wichtige Voraussetzung für den Erfolg und kann nicht einfach vorausgesetzt werden. Dies erfordert eine kohärente interne Marketingstrategie (siehe Kapitel 10).

Konstruktiv planen und Koordinieren

- Selbst wenn Ihr Unternehmen kleiner und die Planung relativ unkompliziert ist und nur wenige Mitarbeiter betrifft, sollte dieses Unternehmensdach aufgespannt werden, damit Sie Ihre Maßnahmen und Ressourcen konstruktiv planen und koordinieren können.
- Der Prozess, der in diesem Kapitel beschrieben wurde, kann auf einem einzigen Blatt Papier durchgeführt werden. Es müssen jedoch ein klares Ziel und eine klare Strategie festgelegt werden. Wenn Sie nicht wissen oder nicht wissen wollen, wohin Sie gehen, bringt Sie jede Route ans Ziel. Daran sollten Sie denken. Wenn Sie das Ziel kennen wollen, dann muss es klar definiert sein. Es muss eine Route festgelegt werden, der alle folgen können.

7

Die Unternehmensstrategie umsetzen

Die Marketingstrategie entwickeln

Bis zu diesem Punkt hat das Marketingteam die Entwicklung des Unternehmensplans unterstützt oder Arbeiten ausgeführt, die damit in Beziehung standen. Falls ein Unternehmen kundenorientiert werden möchte, sind dieser Marketinginput und die Mitarbeit an der Unternehmensstrategie lebenswichtig.

Von jetzt ab ist das Marketing mit dem eigenen Beitrag zur erfolgreichen Umsetzung der vereinbarten Unternehmensstrategie beschäftigt. Zusammen mit den anderen Funktionsbereichen muss es nun seinen eigenen Plan für jeden Strategiestrang entwickeln, der auf der Unternehmensebene festgelegt wurde.

Jede Strategie erfordert einen eigenen Satz an funktionsfähigen Plänen, um sie umzusetzen (siehe Abbildung 7.1). Dieses Buch konzentriert sich auf den Marketingplan, doch auch andere Funktionspläne erfordern Entwicklung und Koordination, um zu garantieren, dass ein integrierter Marketingmix für jede Strategie bestimmt wird.

In diesem Kapitel wird der Übergang von der Unternehmensstrategie zur Marketingstrategie beleuchtet. Dazu gehören folgende Punkte:

- Die Komponenten eines funktionsfähigen Marketingplans werden im Überblick betrachtet;
- es werden relevante Marketingziele und eine Marketing-Planungslücke festgelegt;
- die Elemente einer Marketingstrategie;
- Segmentierung: Warum? Wie?

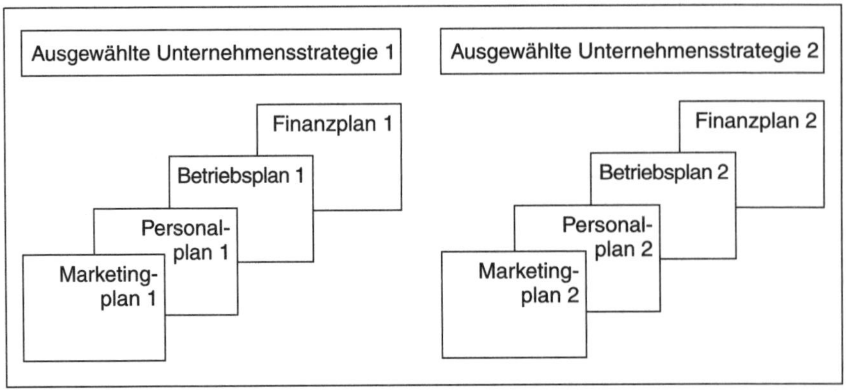

Abbildung 7.1: Funktionsfähige Pläne für eine Unternehmensstrategie

- Positionierung;
- Ziele anvisieren.

Die Bestandteile eines Marketingplans

In den folgenden Kapiteln werden die Schritte und Elemente bearbeitet, die zur Aufstellung eines Marketingplans führen. Bevor wir uns

Prozess →	**Plan**
Audits: Sie sind schon ausgeführt worden, um die Bestandsaufnahme zu unterstützen. Sie müssen vielleicht verfeinert werden, um spezifisch auf diesen Produkt- oder Marktbereich einzugehen. →	**Hintergrund:** Dazu gehört entsprechend dem Audit eine Prüfung der Faktoren, die begrenzend wirken sowie für den Erfolg entscheidend sind. Auch die Unternehmensstrategie und die Ziele, die dieser Plan verwirklichen möchte, müssen dargestellt werden.
Zielvorgaben: Sie werden direkt aus der Unternehmensrichtung abgeleitet. Sie müssen jedoch sorgfältig berechnet werden, um zu erkennen, wie viel Einnahmen erzielt werden müssen, um die angepeilten Gewinne zu erwirtschaften. →	**Zielvorgaben:** Die Unternehmensziele, die auf dem Gewinn beruhen, werden durch die Umwandlung in Marketingziele relevant gemacht. Kategorien hierbei sind: • Kunden • Einnahmen • Marktanteil • Auslastung
Strategieentwicklung: Dies ist der schwierigste Teil des Prozesses: • Methoden der Marktsegmentierung werden identifiziert und bewertet. • Ein Marktsegmentierungsansatz wird bestimmt und die darin enthaltenen Segmente auf ihre Machbarkeit geprüft. Das erfordert eine zusätzliche Erforschung von Kundenbedürfnissen und -profilen in diesem Segment. • Eine angemessene Positionierung wird vereinbart. • Entscheidungen werden getroffen, was wiederholt werden muss, wenn mehr als ein Marktsegment anvisiert wird. →	**Strategie:** Die Frage, wie diese Zielvorgaben verwirklicht werden sollten, wird beantwortet. Der Plan sollte ein Profil der ausgewählten Marktsegmente beinhalten. Er sollte die etablierte Marktpositionierung bestätigen und den Ansatz darlegen, falls mehr als ein Segment anvisiert wird.

Taktik: Je nach der Größe des Unternehmens können jetzt Einzelpersonen mit der taktischen Planung beauftragt werden. Dies ist vor allem auf dem Gebiet der Werbung wahrscheinlich. Entscheidungen in anderen Funktionsbereichen müssen koordiniert werden, weil sie die Faktoren des Marketingmix beeinflussen. Der Planungsprozess muss für jede taktische Aktivität wiederholt werden: • Wo befinden wir uns momentan? • Wohin gehen wir? • Wie gelangen wir dorthin? • Aktionsplan • Kontrollen →	**Strategie:** Genau wie beim Unternehmensplan dient die Marketingstrategie der Koordination der Aktionspläne für die nächste Stufe der Umsetzung. Detaillierte Zielvorgaben und Aktivitäten für jedes Element des Marketingmix sind Teil der Taktik.
Kontrollen: Wer tut was, wann und für wie viel? Dies ist die Brücke zwischen Planung und Aktion. Sie erfordert große Planungsanstrengungen. →	**Kontrollen:** Details der Feedback-Mechanismen, der Etat und der Zeitplan bestimmen den formalen Plan.

Abbildung 7.2: Das Gerüst eines Marketingplans

diesem Prozess zuwenden, ist es hilfreich, den Output dieser Aktivität im Überblick zu betrachten: den Marketingplan und seine Komponenten. In Abbildung 7.2 können Sie das Gerüst des Plans auf der rechten Seite und eine Zusammenfassung des relevanten Planungsprozesses auf der linken Seite sehen.

Der Marketing-Hintergrund

Jeder Plan muss so entwickelt werden, dass er für sich allein stehen kann und auch für Nicht-Insider oder Jahre später noch verständlich ist. Zudem muss er über ein klares Grundprinzip verfügen. Man kann die Qualität eines Marketingplans nicht beurteilen, wenn man nicht den Ausgangspunkt (Audit) und das Unternehmensszenario kennt, auf dem er beruht.

Seien Sie spezifisch

Man beginnt die Planung am besten mit dem allgemeinen Teil, dem Unternehmensplan. So erhält man eine Ahnung vom Umfang und der Gestalt. Während man sich dann schrittweise die Planungshierarchie nach unten vorarbeitet, werden mehr Details beigefügt. Deshalb braucht man vielleicht ein wenig Zeit, um die Hintergrundanalyse zu verfeinern, damit sie die Besonderheiten dieses Geschäftssegments erfasst. Zum Beispiel kann es sein, dass Ihr Produkt im Allgemeinen 60 Prozent der Leute bekannt ist, in diesem Marktsegment jedoch 80 Prozent. Das Käuferverhalten mag einige Besonderheiten aufweisen. Es kann zudem spezielle Probleme geben, die mit dem Vertrieb oder der Werbung zu tun haben, die man herausstreichen könnte.

Vorsichtig beim Planen

- Erliegen Sie nicht der Versuchung, diesen Teil Ihres Plans in eine Geschichte Ihres Unternehmens zu verwandeln. Er sollte kurz und knapp sein, aber so viele kritische Faktoren wie möglich erfassen.
- Belege und Informationen zur Unterstützung können als Anhänge beigefügt werden, wenn Sie dies für sinnvoll erachten.
- Planung bezieht sich auf die Zukunft. Informationen über die Vergangenheit und die Gegenwart liefern also Bezugspunkte, bringen das Unternehmen aber nur wenig nach vorn.

Marketing-Zielvorgaben des Unternehmens übersetzen

Am Ende von Kapitel 6 wurde demonstriert, dass sich Einnahmen und Gewinne nicht unbedingt im gleichen Tempo vergrößern. Im Marketingbereich kann man selten davon ausgehen, dass eine Verdopplung des Umsatzes zu einer Verdopplung der Gewinne führt. Man muss auch den Einfluss der eingesetzten Strategien bedenken.

Das Planungslücken-Modell ist auch hier sehr hilfreich. Indem nicht nur eine Kurve für die Einnahmen, sondern auch eine für die Gewinnmarge eingefügt wird, können Manager sicher sein, dass sie die finanziellen Auswirkungen ihrer Strategie beachten.

In Abbildung 7.3 sehen Sie, dass das Unternehmen zu Beginn des Planungsprozesses mit diesem Produkt 10 000 Euro Gewinn bei einem Umsatz von 50 000 Euro macht. Das bedeutet eine Gewinnmarge von 20 Prozent. Die kurzfristige Strategie der Marktdurchdringung soll weitere 10 000 Euro Umsatzeinnahmen erwirtschaften. Dafür müssen jedoch verstärkte Marketinganstrengungen unternommen werden. Es muss also zum Beispiel stärkere Anreize beim Vertrieb, Preis oder der Verkaufsförderung geben. Es wird geplant, zusätzlich 2 Prozent der Einnahmen für Marketing auszugeben: Zwei Prozent von 60 000 Euro bedeuten 1 200 Euro zusätzlich für den Marketingetat.

Langfristig wird erwartet, dass die Strategien der Marktentwicklung eine Erhöhung der Gewinnspanne auf 22 Prozent ermöglichen. Im vierten Jahr soll der doppelte Umsatz zu mehr als einer Verdopplung bei den Gewinnen führen: 22 000 Euro bei einem Umsatz von 100 000 Euro.

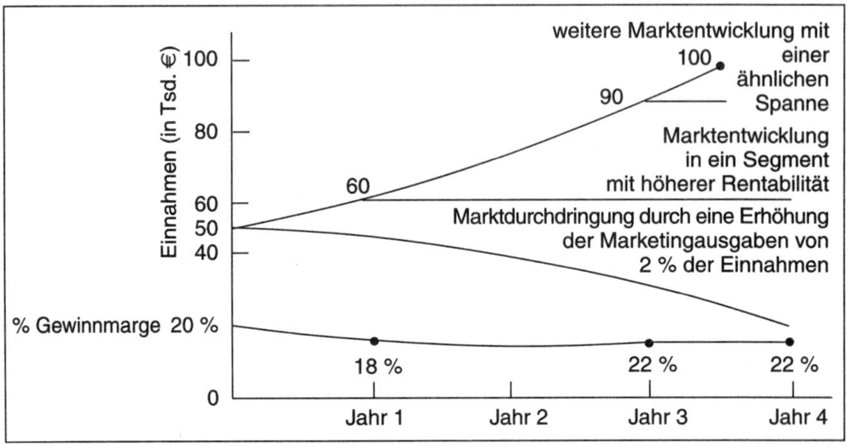

Abbildung 7.3: Marketingstrategien

Eine Kaskade an Zielvorgaben

Marketingziele entstehen nicht aus der hohlen Hand. Sie werden nach dem Geschäftsziel berechnet, das schon für diese Kalkulation besteht. Sie müssen die Bruttogewinnspannen oder Preisniveaus schätzen oder prognostizieren. Dies sollte auf der Grundlage Ihrer früheren Analysen geschehen. Wenn zum Beispiel Porters Fünf-Kräfte-Analyse eine Verringerung der Spanne anzeigt, dann sollte man das in die eigenen Annahmen einbauen.

Falls eine Strategie laut Prognose 100 000 Euro an Gewinn für die übergeordnete Planungslücke beitragen soll und eine Bruttogewinnspanne von 10 Prozent geschätzt wird, dann lautet das Marketingziel, 1 Million Euro an Einnahmen zu erwirtschaften.

Sein Sie nicht beunruhigt
Wenn sich Ihre Prognosen als ungenau herausstellen: Eine der ersten Kontrollen, die Sie einrichten werden, wird die Überwachung der Gewinnspanne, des Durchschnittspreises oder Ähnlichem sein.

Diese Zielvorgabe könnte als Mengenangabe ausgedrückt werden. Wenn Sie einen durchschnittlichen Verkaufspreis von 100 Euro annehmen, dann müssen 10 000 Stück verkauft werden. Falls auf dem Gesamtmarkt 100 000 Stück verkauft werden, dann bedeutet dies, dass weitere 10 Prozent Marktanteil erreicht werden müssen.

Klare Zielvorgabe
Einnahmen, Marktanteil und Mengen sind *nicht* unterschiedliche Zielvorgaben. Sie stellen die gleiche Zielvorgabe dar, nur anders ausgedrückt. Jeder Plan benötigt eine *einzige* klare Zielvorgabe.
Marktanteil als Zielvorgabe
Marktanteile sind schwierig zu messen; sie hängen von Ihrer Definition des Marktes ab und sind nur selten statisch. Sie können jedoch eine nützliche Realitätskontrolle sein. Die Zielvorgabe, auf einem ausgereiften Markt Ihren Marktanteil um 10 Prozent zu erhöhen, kann unrealistisch sein, während 1 Prozent vielleicht zu realisieren ist.

Relevante Zielvorgaben

Man sollte Zielvorgaben schaffen, die für diejenigen von Bedeutung sind, die sie umsetzen sollen. Umsatzzahlen können angemessen sein. Doch wann immer möglich sollte man Kundenzahlen verwenden, weil die Mitarbeiter normalerweise mit den Auswirkungen dieses Wachstumsziels auf ihren Geschäftsalltag mehr anfangen können.

Lassen Sie sich durch den Prozess der Zielsetzung nicht einengen. Solange Ihre Absichten relevant sind, als erreichbar eingeschätzt werden und auf der Zeitachse quantitativ messbar sind, können Sie Ihnen bei der Konzentration Ihrer Unternehmensenergien helfen.

Während der Unternehmensplan einen relativ langfristigen Zeitrahmen abdeckt, ist der Planungshorizont für den Marketingplan eher mittelfristiger Natur. Oft handelt es sich um ein Jahr. Effektiver sind aber drei bis fünf Jahre, da sich die Marktbedingungen so schnell ändern, dass längerfristige Projektionen wenig Aussagekraft haben.

Konferenzkunden berechnen

Betrachten Sie den Fall eines Konferenzhotels, das momentan mit einer Auslastungsrate von 60 Prozent arbeitet. Es verfügt über 100 Zimmer und bietet Delegierten eine 24-Stunden-Belegung zu 200 Euro an. Der Vorstand verlangt, den Gewinn um eine halbe Million Euro zu erhöhen. Der Marketingchef hat dies in ein Marketingziel von 70 Prozent Auslastung übersetzt: zehn Zimmer zusätzlich pro Nacht × 200 Euro × 365 Nächte pro Jahr = 730 000 Euro. Die Gewinnspanne liegt ungefähr bei 65 Prozent, weil durch eine höhere Auslastung nur Grenzkosten anfallen.

Das Marketingteam kann diese Zielvorgaben in Form der Auslastungsrate und der Gesamteinnahmen durch die Zimmervermietung nachvollziehen, doch das ist für die Mitarbeiter vielleicht immer noch nicht das relevanteste Maß.

Angenommen, bei einer durchschnittlichen Buchung wird für 30 Personen ein Aufenthalt über drei Nächte vereinbart, dann kann das Marketing dem Team eine Zielvorgabe setzen, die auf Kundenzahlen beruht:

$$\text{Zielvorgabe: } \frac{3\,650 \text{ zusätzliche Zimmernächte}}{3 \times 30 \text{ Zimmernächte pro durchschnittlicher Buchung}}$$

$$\frac{3\,650}{90} = \text{ca. } 40 \text{ zusätzliche Konferenzbuchungen}$$

Nun können Strategien festgelegt werden, um diesen relevanteren Ausdruck der benötigten Extraleistung zu verwirklichen. Es können Maßnahmen getroffen werden, um Saisonlöcher zu füllen oder Wiederholungsbuchungen von früheren Kunden zu erhöhen. Auch die Anforderungen an den Betrieb und die Mitarbeiter sind offensichtlicher und können bei der Fokussierung anderer Funktionspläne helfen.

Von Unternehmens- zu Marketingzielen

Nehmen Sie sich Zeit, um sich von Ihren Unternehmenszielen zu den Marketingzielen durchzuarbeiten. Begutachten Sie die Auswirkungen unterschiedlicher Strategien und wandeln Sie dann Ihre Zielvorgaben nach Möglichkeit in Kunden-Zielvorgaben um.

Die Marketingstrategie festlegen

Das Herzstück jedes Plans ist die Strategie. Menschen einigen sich immer leicht auf ein Ziel, doch dann gehen sie auf unterschiedliche Weise an die Umsetzung. Die daraus resultierende mangelhafte Koordination bedeutet im besten Fall verschwendete Ressourcen, im schlechtesten Fall einen Mangel an Fortschritt, weil die Leute derselben Seite gegeneinander arbeiten.

Betrachten Sie Ihr eigenes Unternehmen. Wenn Sie viele wohlmeinende Mitarbeiter haben, die hart arbeiten, aber wenig erreichen, dann liegt das höchstwahrscheinlich an einer fehlenden Strategie – entweder in den Unternehmens- oder Marketingplänen.

In Marketingplänen tauchen überraschend häufig in puncto Strategie schwarze Löcher auf. Die Pläne beginnen mit den Zielvorgaben, springen dann jedoch zur Taktik. Aber die Strategie ist entscheidend. Nur die Strategie hält das Unternehmen davon ab, für jeden alles zu sein.

Kein Unternehmen und keine Organisation kann in allem das oder die »Beste« sein. Niemand kann auch für jeden alles sein. Das Konzept der Marktsegmentierung führt die Idee der Selektivität ein: Die Ressourcen werden auf die Bedürfnisse eines kleinen Marktteils konzentriert. So können die speziellen Bedürfnisse dieser Gruppe befriedigt werden. Der direkte Wettbewerb mit der Konkurrenz nimmt gleichzeitig ab, weil die Marktteilnehmer ihre Angebote differenzieren, um verschiedene Segmente anzusprechen.

Die Marketingphilosophie gründet sich auf dieser Konzentration der Maßnahmen und der Spezialisierung. Wenn es Wettbewerb gibt, dann ist es besser, der bevorzugte Lieferant einiger Kundengruppen zu sein als zu versuchen, auf dem gesamten Markt in Wettbewerb zu treten. Die Marketingstrategie beantwortet die folgenden zwei Fragen:

- Welche Kundengruppe(n)?
- Warum sollten sie uns bevorzugen?

Marktsegmentierung

Wegen dieser Schlüsselrolle überrascht es vielleicht nicht, dass der Vorgang der Marktsegmentierung für die Effektivität des Marketingplans entscheidend ist. Dieser Prozess muss mit Überlegung, Kreativität und Geschicklichkeit durchgeführt werden.

Es reicht nicht, einfach eine Beschreibung zu finden, um einen Markt aufzuschlüsseln. Um Aussagekraft zu besitzen, müssen diejenigen innerhalb eines Segments etwas gemeinsam haben. Es muss etwas sein, das dem Marketing erlaubt, ihre Bedürfnisse spezifisch und besser als die Konkurrenz zu befriedigen. Falls das Alter, das Geschlecht, die Firmengröße oder der Standort des Kunden das Käuferverhalten spürbar beeinflussen, dann sind diese Dimensionen für die Segmentierung nützlich. Falls nicht, benötigen Sie andere Kategorien für Ihre Segmentierung.

Märkte segmentieren

Es gibt nur wenige Einschränkungen bei der Segmentierung eines Marktes. Neue, kreative Ansätze können neue Marktchancen eröffnen. Die Methoden für Geschäftskundenmärkte sind ein wenig anders, richten sich aber nach denselben Prinzipien wie die für Verbrauchermärkte. Wie sieht die Marktsegmentierung in Ihrer Branche aus? Gibt es unterschiedliche Ansätze, die vielleicht verwendet werden können?

Verbrauchermärkte

Geodemographische Variablen werden oft am stärksten mit der Segmentierung in Verbindung gebracht. Alter, Geschlecht, ethnische Abstammung und geographischer Standort sind Variablen, die leicht zu identifizieren sind und die auf manchen Märkten das Verhalten beeinflussen.

Ein Einzelhändler bedient unter Umständen den Markt für Damenbekleidung für 30- bis 50-Jährige. Ein gutes Angebot zum Beispiel an Geschäftskleidung wird die Bedürfnisse der berufstätigen Frauen vor Ort befriedigen. Der Stil und die Qualität haben Einfluss auf das sozioökonomische Profil der Zielkäufer. Cocktail- und Abendkleider locken soziale Gruppen mit höherem Einkommen an.

Ein verbessertes Datenbank-Management hat die Fähigkeit von Unternehmen dramatisch erhöht, diese Art von Profilen bei der Auswahl von Kunden zu verwenden. Die sozioökonomischen Gruppen zeigen Vorlieben, Geschmacksrichtungen und Sehnsüchte, die im Weiteren beeinflussen, was jede Gruppe kauft und wie viel sie ausgeben kann.

Nach Produktnutzung segmentieren

Die Leute kaufen oftmals dasselbe Produkt, doch sie befriedigen damit unterschiedliche Bedürfnisse. Jemand kauft ein Rad, um Rennsport zu betreiben, ein anderer für die Fitness, aus sozialen Erwägungen oder für die Arbeit. Sportschuhe werden als Modeartikel, für den Hobby- oder Profisport sowie als bequeme Alltagsschuhe gekauft. Diese unterschiedlichen Motive für einen Kauf sind ein extrem relevanter Ansatz zur Marktsegmentierung. Egal wie das geodemographische oder sozioökonomische Profil der Kunden aussieht – ihre Kaufbedürfnisse und -prioritäten ähneln sich in der Regel.

Wahrscheinlich haben Sie einige Kunden, die regelmäßiger kommen oder Stammkunden sind und deshalb mehr bei Ihnen als bei anderen ausgeben. Welches dieser Segmente ist für Sie das attraktivste oder gewinnträchtigste? Dies haben Sie vielleicht schon während Ihrer einleitenden Audits herausgefunden.

Die Analyse Ihrer existierenden Kundschaft ermöglicht es Ihnen, Ihre Kunden folgendermaßen zu unterscheiden:

- schwache Nutzer: gelegentliche Kunden;
- mittlere Nutzer: regelmäßige Kunden;
- starke Nutzer: Stammkunden.

Es ist sehr teuer, neue Kunden anzulocken. Wahrscheinlich werden sie zunächst zu gelegentlichen Kunden. Man braucht viel Zeit und Ausdauer, um diese in regelmäßige Kunden oder Stammkunden umzuwandeln. Die starken Nutzer sind Ihnen schon treu und produzieren wahrscheinlich schon das Maximum an Umsatz, was Sie von ihnen erwarten können. Das größte Potenzial liegt meist im erhöhten Umsatz bei den schwachen und mittleren Nutzern. Bei diesen sind Sie schon bekannt und sie sind ihrerseits ein identifizierbares Ziel für Werbemaßnahmen.

Eine weitere Analyse dieser Segmente Ihrer Kundschaft enthüllt vielleicht Eigenschaften, die Ihnen helfen, mögliche zukünftige starke Nutzer zu erkennen. Mit diesen Informationen können Sie die mittleren und schwachen Nutzer weiter segmentieren und Ihre Marketingmaßnahmen noch präziser ausrichten. So entstehen effektive Strategien für die Marktdurchdringung.

Segmentierung

Kann Ihr Markt gemäß der Produktnutzung oder dem Käuferverhalten segmentiert werden? Würde dies die Art und Weise beeinflussen, wie Sie den Markt bedienen?

Nach Lebensstil und psychographischen Merkmalen segmentieren

Mit der Weiterentwicklung der Verbraucherforschung können mögliche Segmentierungen nach Motivation, Sehnsüchten und Einstellungen identifiziert werden. Wir wissen, dass das menschliche Verhalten von der Position im Familien-Lebenszyklus beeinflusst wird. Zum Beispiel hat ein Single andere Urlaubsbedürfnisse als ein Paar mit kleinen Kindern. Segmente wie so genannte »Dinkies« oder »Empty Nesters« haben sich aus dem Englischen in das Vokabular der Manager geschlichen. »Dinkies« sind Paare mit zwei Einkommen und keinen Kindern (Double income, no kids), während »Empty Nesters« Paare sind, deren Kinder das Haus bereits verlassen haben. »Yuppies« waren die nach oben strebenden jungen Senkrechtstarter, die uns das Filofax und das Handy beschert haben. Mitte der achtziger Jahre sorgten sie für einen großen Nachfrageschub bei Porsche.

Sie können einen Markt auch aufschlüsseln, indem Sie die Einstellung der Personen zur Umwelt zum Maßstab nehmen oder wie viel Risiko sie in ihrem Leben eingehen wollen. Es wurden zahlreiche Methoden und Profile entwickelt, die Sie übernehmen können.

i

Relevante Segmente

- Denken Sie daran, dass das Segment die Eigenschaften reflektieren muss, die für das Käuferverhalten relevant sind.
- Ein Segment muss groß genug sein, um Ihre Ziele zu befriedigen. So hat ein Segment von 100 nur begrenzten Wert, wenn Sie einen Umsatz von 10 000 Stück anpeilen. Dagegen ist 10 000 zu groß, wenn Sie nur 100 Stück verkaufen wollen. Ihr Marketing wäre eine reine Verschwendung. Falls Ihre Analyse ergibt, dass Sie eine Konversionsrate von 1:10 haben, dann brauchen Sie nur 1 000 Broschüren zu verteilen, um die erwünschten zusätzlichen 100 Stück zu verkaufen.

Geschäftskundenbereiche

Wer Geschäftskunden bedient, muss deren Markt auf ähnliche Weise segmentieren. Diese Aufgabe ist meist einfacher, weil die Anzahl der Kunden kleiner ist und sich leicht identifizieren lässt. Eine enge Arbeitsbeziehung bedeutet, dass die Eigenschaften und das Käuferverhalten womöglich besser bekannt sind.

Es gibt eine Reihe von gemeinsamen Ausgangspunkten für die Segmentierung des Geschäftskundenbereichs:

- Firmengröße;
- nach Mitarbeitern;
- nach Umsatz;
- geographische Abdeckung;
- lokaler, regionaler, nationaler, internationaler Einzugsbereich;
- Standort;
- Branche oder Sektor;
- Produktnutzung;
- Häufigkeit der Nutzung;
- Zweck der Nutzung;
- Käuferverhalten;
- Ebene der Entscheidung;
- Treue;
- Vertragsansatz, zum Beispiel Ausschreibung;
- Preisempfindlichkeit;
- Verfügbarkeit und Unterstützungsbedürfnisse.

Was für ein Geschäft Sie auch betreiben, der Prozess der Marktsegmentierung wird sich für Sie lohnen. Um aus Ihren geringen Marketingressourcen mehr zu machen, müssen Sie sich an die Konzentration halten, die Ihnen durch die Segmentierung vorgegeben wird. Je genauer Ihre Segmentierungsanalyse und je ausgefeilter Ihr Ansatz ist, desto effektiver werden Ihre Maßnahmen sein.

Sinnvolle Aufschlüsselung

Selbst im Geschäftskundenbereich muss man darauf achten, dass man den Markt nicht einfach nach Branche oder Firmengröße aufschlüsselt, nur weil dies so einfach geht. Dem Käuferverhalten und den Käuferbedürfnissen wird hier zu wenig Aufmerksamkeit geschenkt. Firmen wie Dell Computers stellen ein positives Beispiel dar. Dell hat den Direktverkauf an erfahrene Käufer eingeführt und durch eine effektive Segmentierung einen großen Wettbewerbsvorteil erzielt.

- Denken Sie daran, dass es zwei Dimensionen bei der Auswahl des richtigen Segments gibt.
- Es reicht nicht, nur die zu wählen, die am gewinnträchtigsten aussehen. Sie müssen diesen Kunden einen reellen Nutzen bieten können und Sie müssen in der Lage sein, in diesem Segment einen Wettbewerbsvorteil zu erzielen.

Segmente auswählen und bewerten

Wieder müssen von den Planern strategische Entscheidungen getroffen werden. Auch hier bietet die Multi-Faktoren-Matrix einen flexiblen Rahmen, um dem Marketingteam zu helfen, die Attraktivität verschiedener Segmente zu vergleichen. Sie erlaubt die Bewertung sowohl der Segmentattraktivität als auch der wahrscheinlichen Kundenattraktivität, das heißt des Wettbewerbsvorteils (siehe Abbildung 7.4). Die Schritte sind dieselben wie bei der Bewertung der Unternehmensstrategie (siehe Kapitel 6).

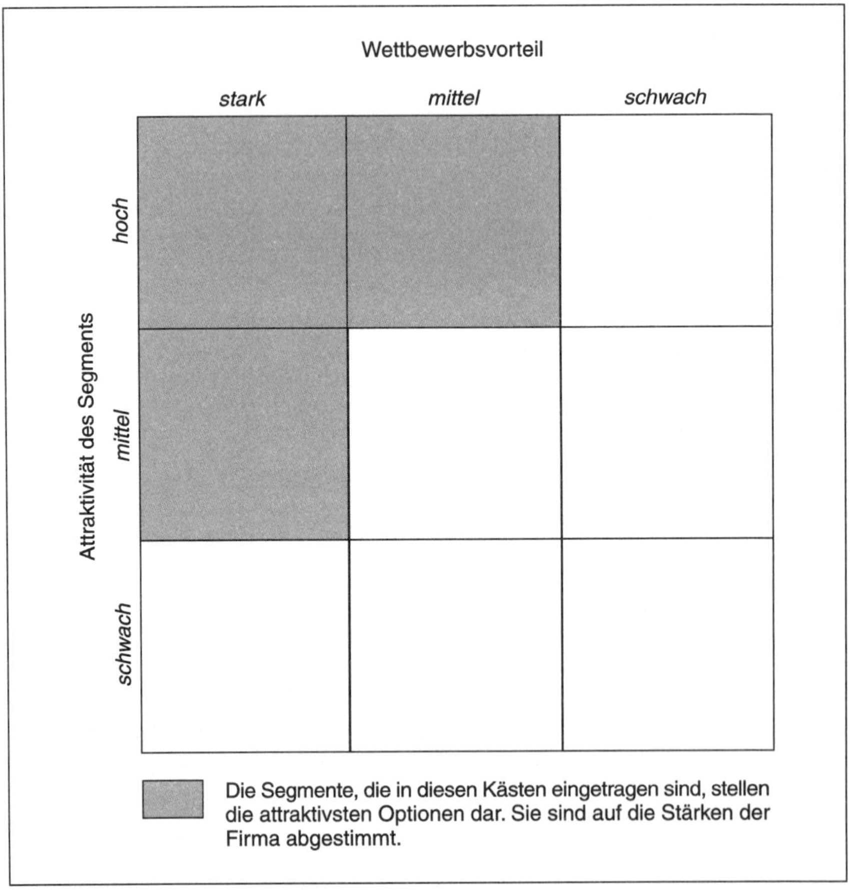

Abbildung 7.4: Die Attraktivität der Segmente vergleichen

Die Managementkriterien können sich allerdings unterscheiden, indem sie zum Beispiel folgende Aspekte reflektieren:

- Größe des Segments;
- prognostiziertes Wachstum;
- Preisempfindlichkeit des Segments;
- Wettbewerbsgrad im Segment;
- Kosten für den Zugang zum Segment;
- prognostizierte Risiken.

Prüfen Sie Ihr Segment

- Prüfen Sie mit folgender Checkliste, ob Ihr Segment die erforderlichen Eigenschaften eines »guten Segments« hat.
- Eine Kundengruppe zu definieren macht nur Sinn, wenn Sie dann mit diesen Kunden auch in Beziehung treten können.

Segmentierungs-Checkliste

Um von Nutzen zu sein, muss ein Marktsegment folgende Eigenschaften haben:

- *substanziell:* Es muss groß genug sein, damit die Marketingmaßnahme kostenwirksam ist.
- *sinzigartig:* Man muss es von anderen Marktsegmenten unterscheiden können.
- *angemessen:* Es muss zu den Zielen und Ressourcen eines Unternehmens passen.
- *zugänglich:* Es muss identifizierbar und für die Marketingaktivitäten des Teams erreichbar sein.

Zusätzlich ist es von Vorteil, wenn das Segment stabil und messbar ist, weil dies bei der Prognose und Kontrolle hilft.

Die Marktpositionierung eines Segments

Sobald ein Segment identifiziert und ausgewählt wurde, kann eine angemessene Marktpositionierung erarbeitet werden. Hierzu sollte man zuerst die Schlüsselvariablen überprüfen, welche die Kaufentscheidungen in diesem Segment beeinflussen. Dies kann als Grundlage für Ihre Positionierungskarten verwendet werden, um die verschiedenen Dimensionen Ihres Angebots zu kommunizieren. Stellen Sie jedoch sicher, dass alle Positionen intern wechselseitig konsistent sind (siehe Abbildung 7.5).

Die Variablen des Marketingmix können als die Achsen für Ihre Positionierungskarten verwendet werden: Imagefaktoren, wie modern oder traditionell, sowie Produktfaktoren, wie schlicht und funktional bis zu de luxe mit zusätzlichen Eigenschaften sind gleichfalls gültig.

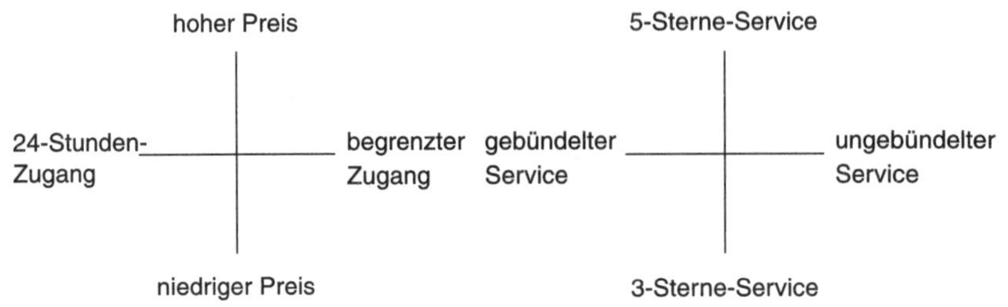

Es gibt keine richtigen oder falschen Positionen. Es kommt darauf an, eine Position zu identifizieren, welche die Bedürfnisse Ihres Segments befriedigt, indem ein relevantes Angebot mit ideell einzigartigem oder differenziertem Nutzen gemacht wird.

Abbildung 7.5: Positionierungskarten

Vergleich durch Positionierung

- Denken Sie daran, dass die Positionierungskarten ein nützliches Instrument sind, um Ihr Produkt mit dem eines Konkurrenten zu vergleichen.
- Um eine Wettbewerbskonfrontation zu vermeiden, müssen Sie sich auf ein unterschiedliches Segment des Marktes konzentrieren und dabei eine spezifische Kundengruppe bedienen, um deren bevorzugter Lieferant zu werden (siehe Kapitel 3).

Den Marketingmix integrieren

Die Positionierungskarte garantiert, dass all Ihre Entscheidungen zum Marketingmix koordiniert, also integriert sind. Der Marketingmanager ist wie der Dirigent eines Orchesters. Alle Elemente eines Marketingmix können wie Musikinstrumente genutzt werden. Einige werden mehr im Vordergrund stehen, doch wenn das Ergebnis harmonisch sein soll, dann müssen alle Elemente dieselbe Melodie spielen.

Bezug auf Kunden

Legen Sie keine Positionierung fest, ohne sich auf die Kunden in Ihrem Segment zu beziehen. Der Nutzen einer Position kann nur dadurch beurteilt werden, inwieweit sie die Bedürfnisse der Kunden befriedigt.

Ziele anvisieren

Ein Segment des Marktes reicht vielleicht nicht aus, um die Marketing-Planungslücke zu schließen. Womöglich ist es auch nicht klug, sich auf ein einziges Segment zu verlassen. Wenn Sie mehr als ein Segment ins Visier nehmen, müssen Sie sich entscheiden, welchen Ansatz Sie für jedes Segment verwenden wollen. Sie können einen einzigen Ansatz für mehrere Segmente verwenden oder Ihre Aktivitäten differenzieren, um die Bedürfnisse jedes Segments zu befriedigen.

Der Ansatz in Abbildung 7.6 zeigt eine gleich bleibende Marketingaktivität, um die Kontrolle und niedrigere Marketingkosten zu garantieren, die durch Größenvorteile im Marketing entstehen.

Das Produkt soll die Kundenbedürfnisse in jedem Segment besser erfüllen, weil jedes Angebot für jedes Segment zugeschnitten wird, (siehe Abbildung 7.7). Dadurch sollten sich die Einnahmen aus jedem Segment erhöhen, was die höheren Kosten rechtfertigen würde.

Wenn Sie sich für eine differenzierte Strategie entscheiden, benötigt jedes Segment eine eigene Positionierung und einen eigenen taktischen Plan. Die drei Elemente Segmentierung, Positionierung und das Anvisieren der Ziele ergeben zusammen die Marketingstrategie. Die Entscheidungen, die in dieser Phase getroffen werden, sind die wichtigsten Ausgangspunkte für die taktischen Pläne. Sie müssen deshalb denjenigen deutlich kommuniziert werden, die für die Details der Umsetzung zuständig sind. Es ist zudem wichtig zu wissen, dass andere Funktionsbereiche ebenfalls einen bedeutenden Einfluss auf die verschiedenen Elemente des Mix ausüben können. Mit Abbildung 7.8 können Sie Ihre vorgeschlagene Positionierung erarbeiten.

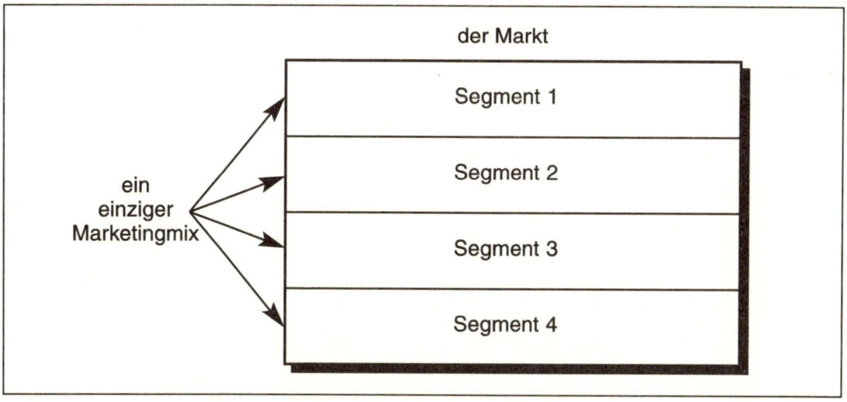

Abbildung 7.6: Undifferenziertes Marketing

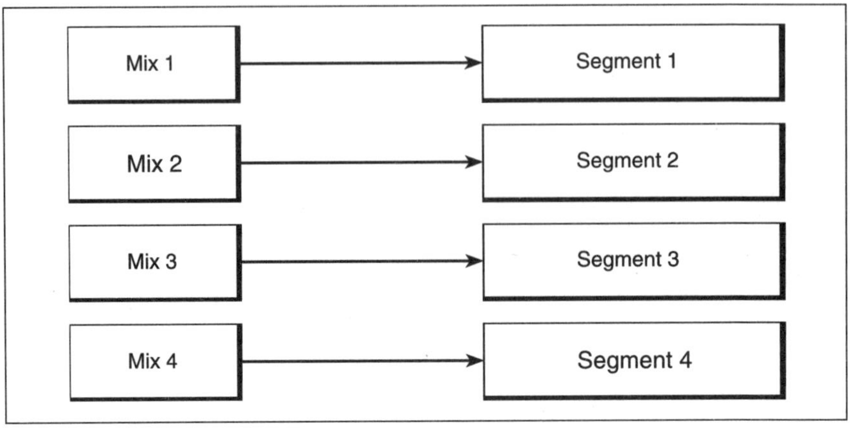

Abbildung 7.7: Differenziertes Marketing

Mögliche Positionierung für Ihr Produkt oder ihre Dienstleistung
Erwägen Sie, Ihr Produkt auf mehr als einer Karte einzutragen, indem Sie unterschiedliche Variablensets verwenden. Spezifizieren Sie das Profil jedes Marktsegments, das Sie anvisieren, und entscheiden Sie, ob Sie Ihren Marketingansatz differenzieren oder nicht.

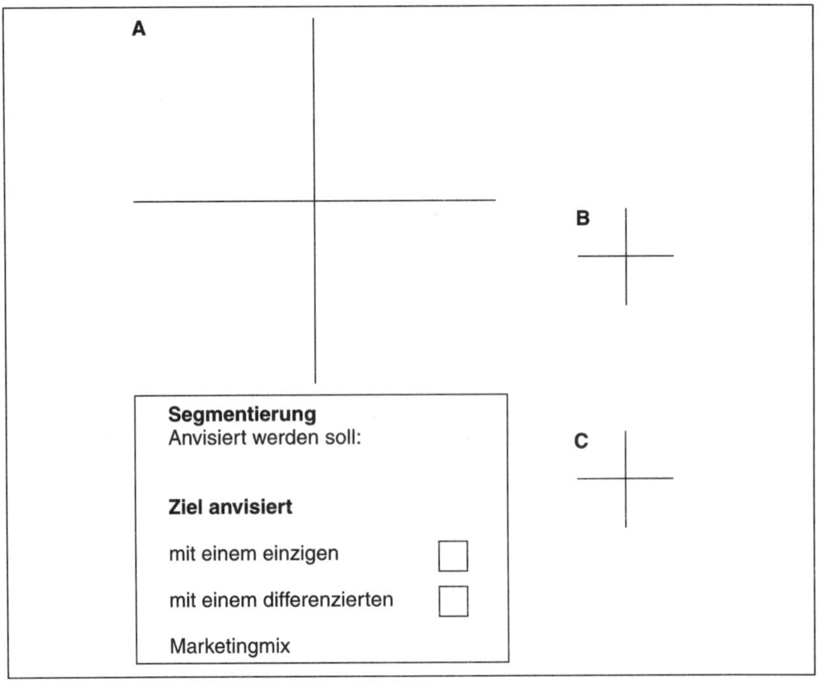

Abbildung 7.8: Eine vorgeschlagene Positionierung für ...

8

Den Marketingmix planen

Die Taktik des Marketingmix

Die Taktik umfasst die Details des Marketingplans. In diesem Abschnitt wird die Rolle der verschiedenen Elemente des Marketingmix dargelegt. Die entsprechenden Maßnahmen werden durch die Positionierung kanalisiert und auf die verschiedenen Marktsegmente konzentriert.

Abhängig von der Größe und Natur des Unternehmens wird der Planungsprozess von einer oder mehreren Personen durchgeführt. Die verwendete Taktik repräsentiert die Firma auf dem Markt; sie wird also direkt ihren Erfolg beeinflussen. Die Effizienz der Marketingmaßnahmen wird dadurch bestimmt, in welchem Maße die Elemente des Marketingmix eingesetzt werden können, um sich gegenseitig zu unterstützen und zu verstärken. Das heißt, inwieweit Sie aus geringen Marketingressourcen mehr machen.

In diesem Kapitel werden folgende Punkte betrachtet:

- Wie schafft der Marketingmix in seiner Gesamtheit kostengünstige Angebote?
- Wie wird die Kundennachfrage durch Änderungen im Mix beeinflusst?
- Der erweiterte Servicemix.
- Die einzelnen Elemente des Mix:
  - Produkt
  - Preis
  - Werbung (wird in Kapitel 9 detaillierter behandelt)
  - Ort
  - Erscheinungsform
  - Personal
  - Prozesse
- Wie wird der Mix normalerweise in verschiedenen Geschäftsbereichen zusammengestellt?

Warum kaufen die Kunden?

Wir haben in einem früheren Kapitel festgestellt, dass Kunden Lösungen für Ihre Probleme kaufen. Sie haben Bedürfnisse und benötigen Produkte oder Dienstleistungen, welche diese Bedürfnisse befriedigen.

Sie suchen nach einem Nutzen. Das ist jedoch eine Kategorie, die nur schwer zu definieren ist, weil der Nutzen für jedes Individuum einzigartig ist. Eine Tasse Tee ist für eine Person mehr wert als für eine andere. Wirtschaftswissenschaftler beschreiben dies als Nutzen oder Nützlichkeit. Die Unterschiede liegen im Geschmack, dem Grad des Durstes und den Prioritäten eines jeden Teetrinkers.

In sehr vielen Bereichen glauben Manager und Mitarbeiter mit Kundenkontakt, dass die Kunden nach dem Preis kaufen. Niemand kauft jedoch aufgrund des Preises. Die Leute kaufen nach dem Preis-Leistungs-Verhältnis, was ein großer Unterschied ist. Wenn jemand eine billigere Version kauft, dann entscheidet er, dass die teurere Variante entweder gleichwertig ist oder zusätzlichen Nutzen bringt, der für ihn aber von keinem oder nur geringem Wert ist. Studie für Studie ergibt, dass der Preis für die Kunden weniger wichtig ist, als die Anbieter glauben. Kunden zahlen nur für einen Nutzen, der ihnen etwas bringt. Das ändert natürlich nichts an der Tatsache, dass einige Marktsegmente preisempfindlicher sind als andere. Manager sollten daraus lernen, die Wichtigkeit des Preises für die Kunden infrage zu stellen.

Ein stimmiges Preis-Leistungs-Verhältnis

Jeder Kauf, den wir tätigen, beruht auf unserer Einschätzung des Preis-Leistungs-Verhältnisses. Ist es das wert? Falls ich es nicht kaufe, wie viel Befriedigung kann ich aus dem Erwerb der möglichen Alternative ziehen.

Einzelne Personen und auch Firmen müssen wählen, weil sie nur über ein begrenztes Einkommen verfügen. Sie stehen vor dem, was die Wirtschaftswissenschaftler das wirtschaftliche Problem nennen: begrenzte Ressourcen und unbegrenzte Wünsche. Wie wir schon bei der Betrachtung der Planungsbegründung erkannt haben, sind alle Käufe durch den Wunsch des Kunden bestimmt, für weniger mehr zu bekommen. Alle Kunden, Klienten und Servicenutzer möchten Angebote finden, die ihnen den größten Nutzen und Wert für die geringsten Ausgaben versprechen.

Marketing ist mit dem Studium der Volkswirtschaft eng verwandt. Beide konzentrieren sich auf den Austauschprozess. Die Wirtschaftswissenschaftler haben erkannt, dass Individuen Entscheidungen treffen, indem sie den Nutzen mit dem Preis für eine Reihe von möglichen Käufen vergleichen. Die Option mit dem besten Preis-Leistungs-

Verhältnis wird ausgewählt. Das Marketing hat die Faktoren identifiziert, welche die Berechnung des Preis-Leistungs-Verhältnisses durch die Kunden beeinflussen. Diese Faktoren entscheiden über den Marketingmix.

Sechs Faktoren schaffen Mehrwert

Die sechs Faktoren des erweiterten Marketingmix erhöhen den wahrgenommenen Wert oder Nutzen, der siebte Faktor ist der Preis:

$$\frac{\text{Wert}}{\text{Geld}} = \frac{\text{Produkt/Werbung/Ort} \quad \text{Personal/Erscheinungsform/Prozesse}}{\text{Preis}}$$

Das Image einer Dienstleistung, ihre Verfügbarkeit und Funktionalität, die Kundenbetreuung, ein nutzerfreundliches Buchungssystem und eine attraktive Umgebung tragen alle zusammen zu der Befriedigung bei, die man aus dem Serviceerlebnis zieht. Wie viel ein Kunde von einem Produkt oder einer Dienstleistung kauft, hängt von der persönlichen Berechnung des Preis-Leistungs-Verhältnisses ab.

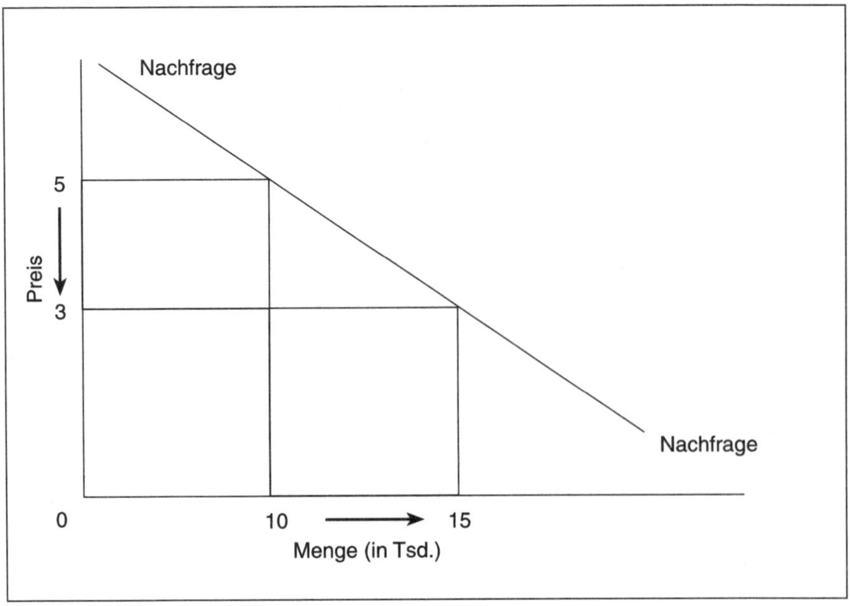

Abbildung 8.1: Die Beziehung zwischen Preis und Nachfrage

Eine Preissenkung ist eine Art, die Nachfrage zu steigern, weil der Kunde denselben Nutzen für weniger Geld bekommt (siehe Abbildung 8.1).

Wenn der Preis in diesem Beispiel auf 3 Euro gesenkt wird, dann wird der Umsatz voraussichtlich auf 5 000 Stück steigen. Diese grundlegende Beziehung zwischen Preis und Menge wird allgemein verstanden. Deshalb wird der Preis häufig genutzt, um den Absatz zu stimulieren. Falls sich Ihr Ziel eher auf Marktanteile als auf Gewinnmaximierung bezieht, dann wird der Verkauf nach Preis wahrscheinlich zu einem erhöhten Umsatz führen.

Versuchen Sie, Mehrwert zu schaffen

Der alternative Ansatz, der von Marketingexperten empfohlen wird, um die Nachfrage zu ändern, beruht auf der Schaffung von Mehrwert. Die Preis-Leistungs-Rechnung des Kunden führt jetzt zu mehr Käufen auf dem ursprünglichen Preisniveau (siehe Abbildung 8.2).

Mehr Mehrwert durch die Veränderung der sechs Variablen, die nichts mit dem Preis zu tun haben, verschiebt die Nachfrage.

Andersartige Nachfrage

- Viele Unternehmen und Organisationen werden durch eine andersartige Nachfrage herausgefordert: zu hohe Nachfrage zu Spitzenzeiten im Laufe eines Tages oder Jahres. Zu diesen Zeiten kann die Preis-Leistungs-Gleichung genutzt werden, um die Nachfrage zu senken, indem zu Spitzenzeiten zum Beispiel nur ein Basisservice geboten oder der Zugang beschränkt wird.
- Es ist nicht immer sinnvoll, höhere Preise zu verlangen, um das verfügbare Angebot zu rationieren. Dieser Ansatz des Nachfrage-Managements gibt Ihnen eine Alternative.

Die begrenzte Rolle des Preises

In der Praxis zeigt sich, dass der Preis beim Nachfrage-Management nur von eingeschränkter Bedeutung ist. Nicht alle Käufe sind preisabhängig. Es gibt einige Güter, die Sie völlig ungeachtet des Preises kaufen würden. Diese Güter werden als preisunelastisch oder preisunempfindlich bezeichnet. Tabak, Alkohol, Medikamente, Benzin und

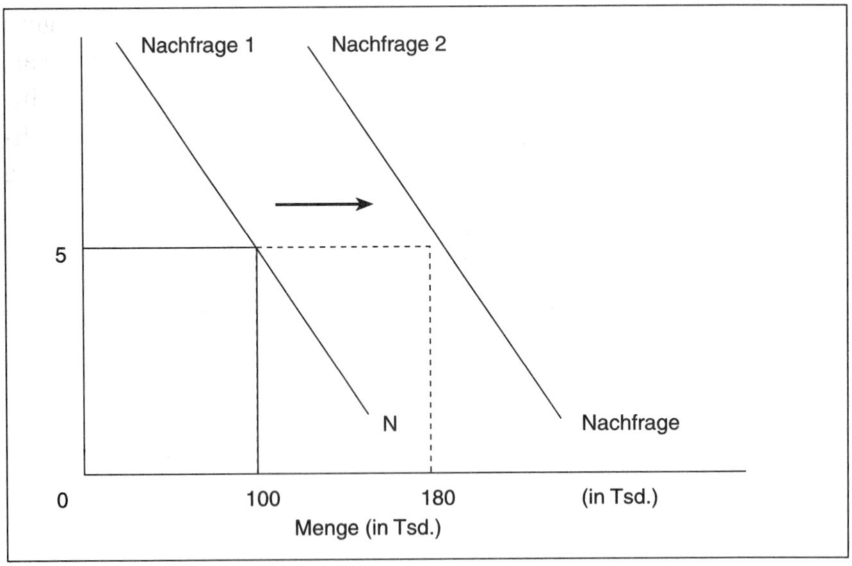

Abbildung 8.2: Veränderungen beim Preis und der Nachfrage

Güter für den Grundbedarf sind gegenüber Änderungen des Preises relativ unempfindlich.

Verständlicherweise wünschen sich viele Manager, dass ihre Produkte weniger stark auf Änderungen des Preises reagieren würden. Sie könnten die Preise erhöhen und gesteigerte Kosten oder gestiegene Steuern an die Kunden ohne allzu hohe Umsatzrückgänge weiterreichen. Das ist eine sehr attraktive Vorstellung. Deshalb greifen sie zu Marketingtaktiken, um ihren Produkten die Eigenschaften zu geben, die einen Kauf preisunelastisch machen. Diese preisunempfindlichen Eigenschaften sind vorhanden, wenn ein Produkt

- eine Notwendigkeit ist;
- ohne direkte Konkurrenten ist;
- süchtig macht.

Marketingexperten nutzen Marken, Verpackung und Werbung, um ihre Produkte von denen der engsten Konkurrenz zu unterscheiden. Es gibt zwar viele Waschmittel, doch wenn man Persil glaubt, dass es weißer wäscht und einem diese Eigenschaft wichtig ist, dann hat man keine Wahl.

Selbst Luxusartikel werden als Notwendigkeit positioniert, um ihre Wichtigkeit auf den Einkaufslisten zu fördern. Schließlich werden

Werbemaßnahmen ergriffen, um Wiederholungskäufe zu ermutigen. Sobald ein Kaufmuster etabliert ist, beschreiben wir einen Kunden als markentreu. Wer etwas zynischer ist, nennt dies vielleicht eher Sucht.

Das Marketing kann deshalb nicht nur zur Bewegung der Nachfragekurve eingesetzt werden, sondern auch, um die Neigung der Kurve zu beeinflussen. So werden die Kunden weniger preisempfindlich (siehe Abbildung 8.3).

Bei einer steileren Nachfragekurve, Nachfrage 3, führt ein Preisanstieg auf 8 Euro zu einem Nachfragerückgang von 5 Prozent oder 5 000 Stück. Die Gesamteinnahmen steigen.

Wirkung von Marketing

- Weder als Unternehmen noch als Kunde sollte man die potenzielle Stärke und den potenziellen Einfluss koordinierter Marketingmaßnahmen unterschätzen. Gerüche, Musik und Lichteffekte können eingesetzt werden, um die Kundenreaktionen im Einzelhandel zu beeinflussen.
- Marketinginstrumente können für gute oder zweifelhafte Zwecke verwendet werden. Jeder Einzelne muss eine moralische Entscheidung treffen, was akzeptabel ist und was nicht. Zum Beispiel könnten dieselben Instrumente innerhalb der jetzt gültigen Beschränkungen benutzt werden, um das Rauchen zu fördern oder um davon abzuhalten.

Das Geschick der Marketingexperten zeigt sich in der Kombination der Elemente des Marketingmix. Sollte das Unternehmen allerdings nicht der Kundenorientierung verpflichtet sein, dann wird das Marketing nur einen begrenzten Einfluss auf die meisten dieser Elemente haben. Alle werden isoliert voneinander eingesetzt, was die Effektivität verringert.

Kunden und Preise

- Kunden kaufen nicht nach dem Preis, sondern nach dem Preis-Leistungs-Verhältnis.
- Einige Güter, wie zum Beispiel Güter für den Grundbedarf, Suchtmittel und solche mit wenigen Konkurrenten, sind naturgemäß wenig preisempfindlich.
- Das Marketing kann genutzt werden, um andere Güter weniger preisempfindlich zu machen.
- Viele Kunden beurteilen die Qualität nach dem Preis.
- Es wird Sie immer jemand unterbieten können!

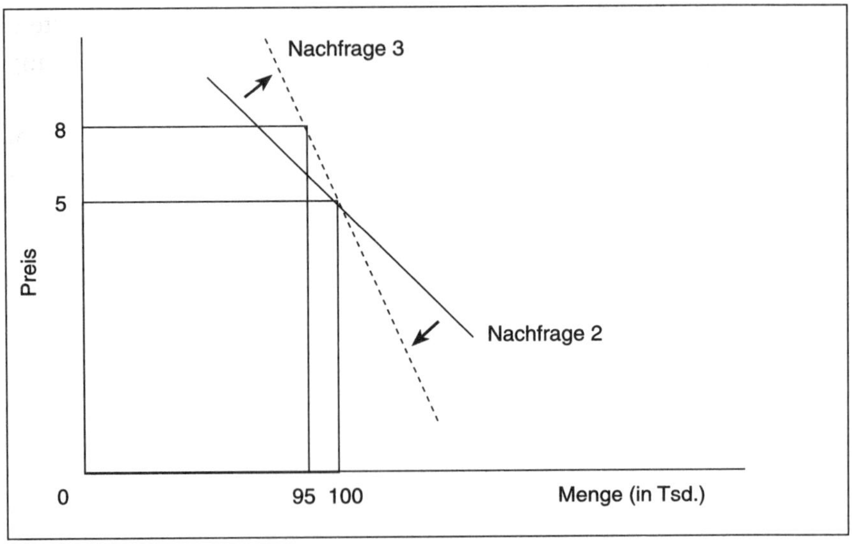

Abbildung 8.3: Wie Kunden weniger preisempfindlich werden

Die Kundennachfrage abdecken

- Verfallen Sie nicht dem Irrglauben, dass es beim Marketing immer nur um verstärkten Absatz geht. Die wahre Aufgabe des Marketing ist es zu garantieren, dass genug Kunden vorhanden sind, um das Angebot des Unternehmens zu erwerben. Angebot und Nachfrage sollen also ausgeglichen werden.
- Weil das Gleichgewicht von Angebot und Nachfrage mit der Zeit und je nach Markt variieren kann, müssen die taktischen Marketinginstrumente fein abgestimmt werden, damit Angebot und Nachfrage im Gleichgewicht bleiben. Dabei muss sowohl auf Nachfragespitzen als auch auf Nachfragelöcher reagiert werden.

Produkt/Dienstleistung

Was der Kunde kauft, ist das offensichtlichste Element des Marketingmix. Die Kundenentscheidungen werden potenziell durch die Palette, den Stil und die Präsentation des Produkts beeinflusst. Es gibt drei Dimensionen, die einen Nutzen für den Kunden bieten (siehe Abbildung 8.4).

In den reicheren und entwickelteren Volkswirtschaften, in denen die Kunden eine Wahl haben, beeinflusst im Regelfall das Erscheinungsbild und das Image eines Produkts die Nachfrage am positivsten. Kotler beschreibt dies als das Gesamtproduktkonzept (siehe Abbildung 8.5).

Dabei werden Kernnutzen und erwarteter Nutzen unterschieden, ohne die ein Kunde niemanden als potenziellen Lieferanten in Erwägung ziehen würde. Es ist dieser zusätzliche oder differenzierte Nutzen, der zur Kundentreue führen kann.

In nicht gewinnorientierten Organisationen und im öffentlichen Sektor ist die Funktionalität oftmals sehr gut, doch fehlende Investitionen in das Umfeld haben zu einem schlechten und zweitklassigen Image geführt. Bequemlichkeit und Service wurden früher als zusätzlicher Nutzen gesehen, werden aber von einer wohlhabenderen Kundschaft immer stärker erwartet.

Funktionalität

- Verlassen Sie sich nicht auf Funktionalität.
- Produkt- oder betriebsorientierte Unternehmen und Organisationen neigen dazu, sich auf Funktionalität zu konzentrieren. Es geht also darum, was das Produkt kann. Sicherlich ist die Funktionalität für die Kunden wichtig, doch heutzutage würde nur eine mangelhafte Funktionalität die Nachfrage (negativ) beeinflussen.
- Die Funktionalität eines Produkts oder einer Dienstleistung wird vorausgesetzt. Sie ist entscheidend, um im Geschäft zu bleiben, reicht aber nicht länger aus, um Ihnen den notwendigen Wettbewerbsvorteil zu verschaffen, damit Sie dort bleiben.

Der Preis

Wir haben schon einige der Faktoren identifiziert, die den Einfluss des Preises auf die Nachfrage begrenzen. Doch im Marketingmix gibt es andere Dimensionen, die unter der Rubrik Preis begutachtet werden müssen. Die Zahlungsbedingungen können die Einstellung des Kunden ändern.

Das Gleiche gilt für Rabatte, Treueprämien und spezielle Werbeangebote. Der taktische Einsatz von Preisen kann sehr effektiv sein. Zum Beispiel erscheint ein Preisschild mit 9,99 Euro als attraktiver als eines mit 10 Euro.

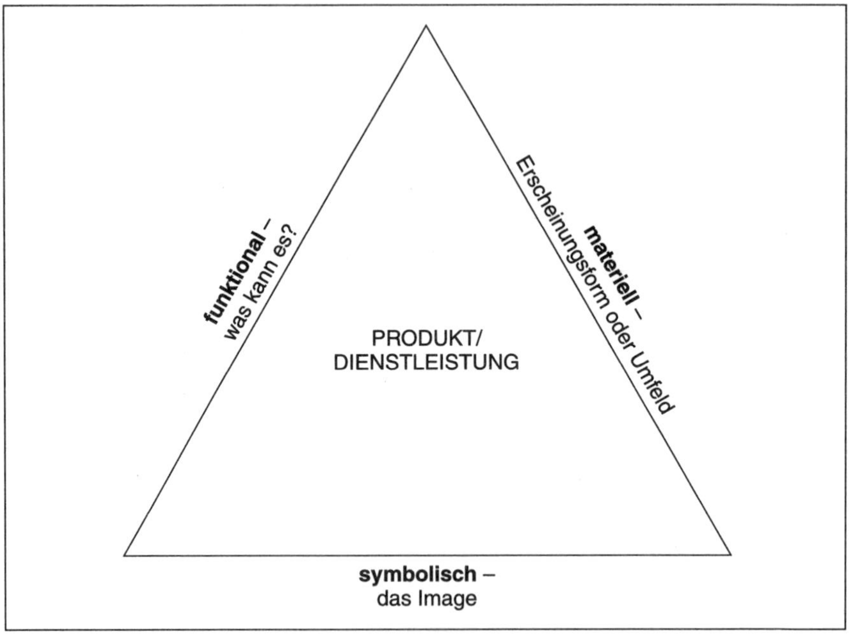

Abbildung 8.4: Die drei Dimensionen des Kundennutzens

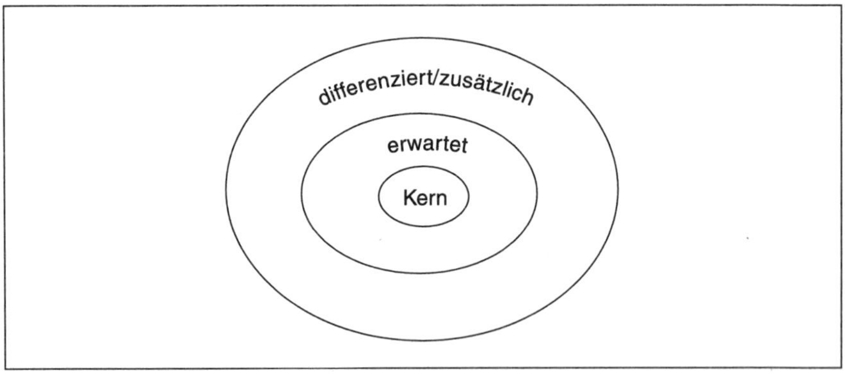

Abbildung 8.5: Das Gesamtproduktkonzept

Die Herausforderung der Preisgestaltung

- Wer legt die Preise in Ihrem Unternehmen fest?
- Welche Methoden werden dabei verwendet?
- Wie ist das Marketing daran beteiligt?

Die Preisgestaltung ist nicht allein eine Entscheidung des Marketings. Doch es sollte aktiv daran beteiligt sein, denn es handelt sich um die

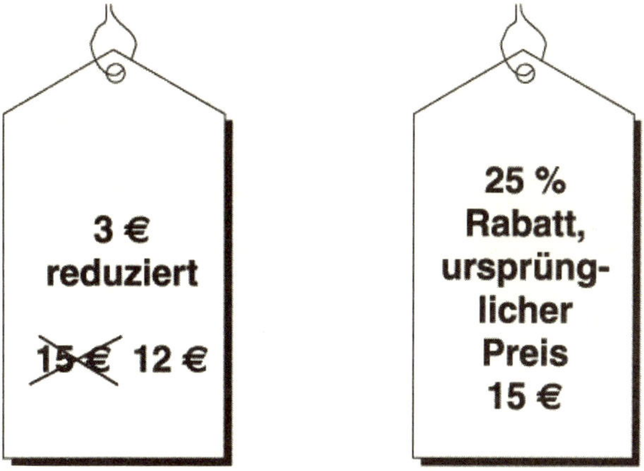

Achten Sie bei Rabatten darauf, dass ein überraschend großer Anteil der Bevölkerung mit Prozentzahlen nichts anzufangen weiß. Ihr attraktives Angebot wird deshalb vielleicht nicht voll erkannt. Die Kunden werden den Prozentrabatt oft nicht als das bessere Angebot erkennen.

herausforderndste Entscheidung, welche das Unternehmen treffen muss. Wenn Sie ganz schlimm danebenliegen, dann bleibt von Ihrem Geschäft nicht viel übrig:

- Der Preis ist zu hoch – die Kunden kaufen nicht.
- Er ist zu niedrig – Ihre Kosten werden nicht gedeckt.

Nimmt man die elementare Bedeutung für das Überleben des Betriebs, dann überrascht es nur wenig, dass die Entscheidungen oft den Hütern des finanziellen Wohlergehens der Firma überlassen wurden, nämlich der Finanzabteilung. Preismodelle, die auf einer Kosten-Plus-Berechnung basierten, sollten die Risiken in diesem sensiblen Bereich minimieren.

Die Marketingexperten müssen sehr vorsichtig an das Thema Preisgestaltung herangehen. Der Preis ist das einzige Element des Marketingmix, welches Einnahmen erzeugt; die anderen verursachen Kosten. Diese Entscheidung sollte von *keinem* Funktionsspezialisten allein getroffen werden. Die Preisgestaltung muss auf Informationen aus dem gesamten Unternehmen beruhen.

Das Problem mit der Preisgestaltung

Die Beziehung zwischen Preis, Kosten und Menge ist die Ursache für das Rätsel der Preisgestaltung: Der Preis wird die nachgefragte Menge bestimmen. Die Gesamt- und Durchschnittskosten des Unternehmens werden durch die produzierte Menge bestimmt und die Kosten sind ausschlaggebend für den Preis, der verlangt wird. Dies ist ein Teufelskreislauf, der nur schwer aufzubrechen ist (siehe Abbildung 8.6).

Die Break-even-Analyse ist ein nützliches Modell, um die verschiedenen Preisgestaltungsmöglichkeiten zu untersuchen sowie ihren Einfluss auf die Leistung zu begutachten (siehe Abbildung 8.7).

Fixkosten sind die Kosten, die der Firma auch entstehen, wenn sie für einen Monat geschlossen würde. Dazu gehören Miete, Zinsen sowie Löhne und Gehälter. Letztere sind allerdings eher Semi-Fixkosten, weil sie zum Beispiel durch Entlassungen oder Teilzeitarbeit beeinflusst werden können.

Variable Kosten sind die Kosten, die nur dann entstehen, wenn die Firma arbeitet. Dazu gehören zum Beispiel Löhne für Zeitarbeiter oder Kosten für Rohmaterial und Energie. Die Kosten lassen sich nicht immer als eine einfache Konstante von Y Euro pro erzeugter Einheit berechnen. Sie werden mit dem Output zunehmen und liegen bei null, wenn der Betrieb stillsteht.

Die Gesamtkosten sind die wichtigste Kennziffer, weil diese das Minimum dessen darstellt, was der Betrieb abwerfen muss, um zu überleben.

In dem Kostendiagramm ist es einfach, eine Kurve einzutragen, welche die Gesamteinnahmen bei einem Preis Y oder Z Euro darstellt (Preis × Menge = Gesamteinnahmen). Siehe dazu Abbildung 8.8.

So können die Manager erkennen, dass sie bei einem Preis von Z Euro eine Menge V verkaufen müssen, um die Kosten abzudecken. Alles, was über die Menge V hinaus verkauft wird, bedeutet einen Gewinn, darunter fangen die Verluste an. Das Break-even-Diagramm erlaubt eine leichte Kalkulation, wie groß der Gewinn oder der Verlust sein könnte (siehe Abbildung 8.9).

Marktkundige Manager müssen nun eine Prognose wagen, wie hoch der Umsatz bei einem Preis von Z Euro sein könnte. Durch eine Wiederholung der Nachfrageprognose für den niedrigeren Preis von Y Euro können die Manager einschätzen, bei welchem Preis der höchste Gewinn zu erwarten ist.

Das Ziel dieser Übung ist natürlich nicht, kostendeckend zu arbeiten, sondern in die Gewinnzone zu gelangen. Wenn Ihre Nachfrageprognose für den Preis von Z Euro bei V + 2 000 Stück liegt, dann sind diese 2 000 Stück Ihre Sicherheitsmarge.

Wenn Sie sich bei der Prognose um 2 000 Stück verschätzt hätten, dann würden Sie noch immer Ihre gesamten Kosten abdecken. Je größer die vorhandene Sicherheitsmarge ist, desto geringer wird das jeweilige Risiko.

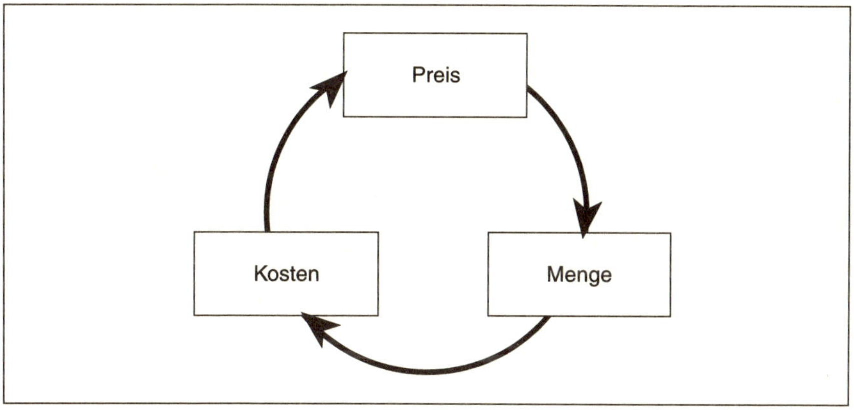

Abbildung 8.6: Die Beziehung zwischen Preis, Kosten und Menge

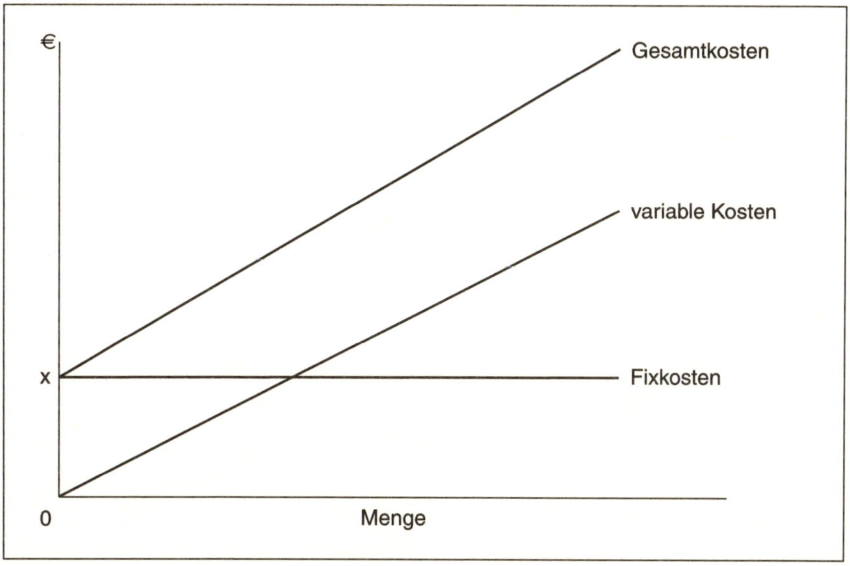

Abbildung 8.7: Die Break-even-Analyse

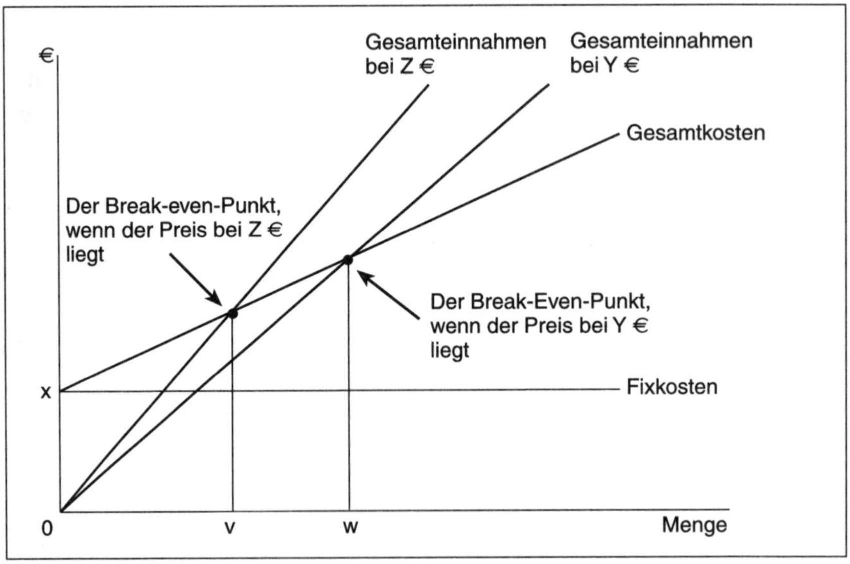

Abbildung 8.8: Die Preis-Leistungs-Kurve

Berechnungen
Versuchen Sie, den Break-even-Punkt Ihrer jeweiligen Produkte oder Dienstleistungen für eine Reihe von Preisen zu berechnen.

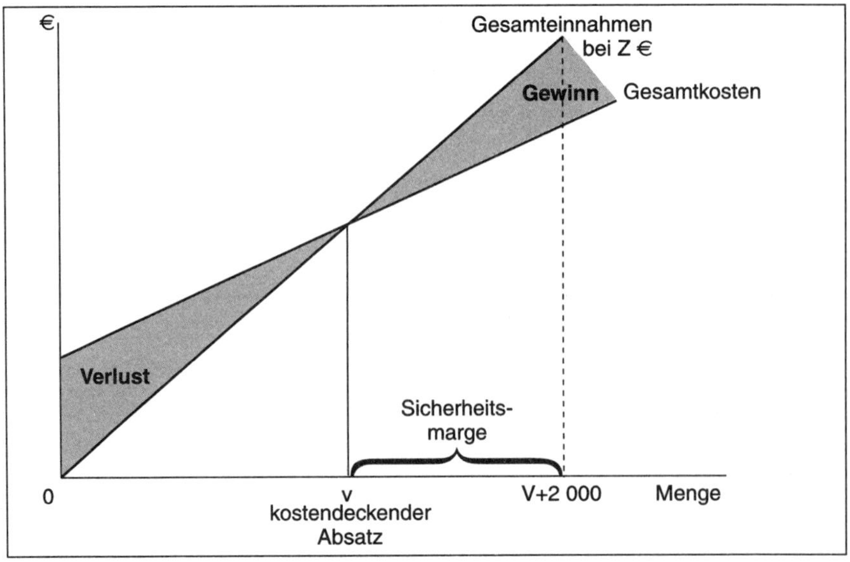

Abbildung 8.9: Gewinne und Verluste berechnen

Niedrigerer Preis – höherer Absatz?

- Gehen Sie nicht davon aus, dass Sie bei niedrigeren Preisen automatisch einen höheren Absatz haben und das Geschäft dadurch von alleine rentabler wird.
- Das Nachfrageniveau und die Preisempfindlichkeit bestimmen, wie viel ungeachtet des Preises gekauft wird. Sie müssen diese Übung für jedes Produkt und jeden Markt wiederholen.

Grenzkosten-Preiskalkulation

Sollten Sie zustimmen, falls ein Kunde den festgelegten Preis nicht akzeptieren will oder kann, Ihnen jedoch einen Preis anbietet, der über den variablen Kosten oder Grenzkosten liegt?

Die Versuchung kann groß sein. Der Unterschied zwischen dem angebotenen Preis und den Grenzkosten für die Produktion dieser Einheit wäre ein Beitrag zur Deckung der Fixkosten. Wenn Sie den Break-even-Punkt bereits überschritten haben, wäre er sogar zusätzlicher Gewinn.

In einigen Sektoren ist die Grenzkosten-Preiskalkulation allgemein verbreitet. Der Dienstleistungssektor ist das beste Beispiel dafür, weil überschüssige Kapazitäten dort nicht gelagert werden können. Ein leeres Bett in einem Hotel oder ein leerer Sitz in einem Flugzeug bedeuten potenzielle Einnahmen, die unwiderruflich verloren sind. Eine Last-Minute-Buchung kann attraktiv sein, solange der Preis die variablen Kosten übersteigt.

Sorgfältige Preisgestaltung

- Wenn diese Art der Preisgestaltung nicht sorgfältig angewandt und kontrolliert wird, dann kann es sein, dass der Beitrag oberhalb der variablen Kosten am Ende doch nicht die Fixkosten des Betriebs abdeckt. Dieser Ansatz der Preisgestaltung wird von der Finanzabteilung normalerweise abgelehnt, es sei denn, er wird von strikten Kontrollen begleitet.
- Die unterschiedlichen Preise, die von Ihren Kunden verlangt werden, können bei denjenigen, die mehr bezahlen, zu Unzufriedenheit führen. Dieser Verlust an gutem Willen muss bedacht werden, wenn Sie die Kosten und den Nutzen bedenken, die mit der Einführung einer Preisgestaltung nach Grenzkosten entstehen.

Die Kunst der Preisgestaltung

Weil es so viele Variablen gibt, die bedacht werden müssen, gilt die Preisgestaltung in der Praxis als Managementkunst und nicht als Wissenschaft (siehe Abbildung 8.10). Modelle, die auf Kosten basieren, Formeln und Nachfrageanalysen können eine Rolle spielen, doch letztlich muss man bei der Preisgestaltung eine Reihe von Variablen abwägen.

Die allgemeinen Parameter der Preisgestaltung sind die folgenden:

- die Kostenbasis,
- die Preisgestaltungsstrategien der Konkurrenz;
- die Kunden.

Je stärker der Markt ein Käufermarkt ist, je mehr Wettbewerb auf dem Markt also stattfindet, desto stärker nähert sich der Preis dem Preisboden an und desto geneigter ist der Markt, den Kunden entgegenzukommen. Je stärker der Markt ein Verkäufermarkt ist, desto stärker nähert sich der Preis dem Höchstpreis.

Es gibt jedoch noch andere Kriterien, welche die Preisgestaltung beeinflussen können.

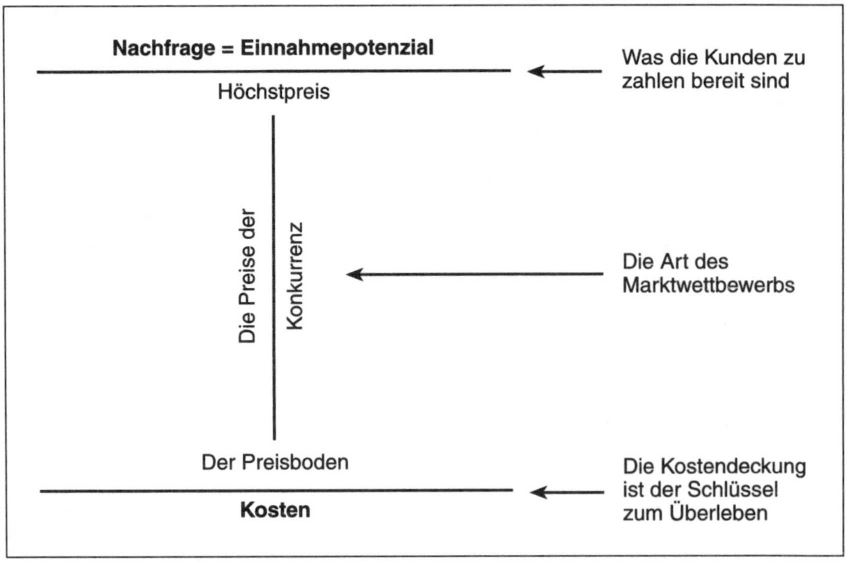

Abbildung 8.10: Die Preisgestaltung

- die Positionierung des Unternehmens oder der Marke;
- der Preis anderer Produkte im Sortiment;
- die Produktlinien-Preisgestaltung;
- Zahlungsbedingungen und Treuesysteme;
- indirekte Steuern und Zuschläge;
- verkaufsfördernde und taktische Preisgestaltungsmöglichkeiten;
- die Wahrnehmung der Kunden in puncto Preis-Leistungs-Verhältnis und Qualität;
- das Image des Unternehmens.

Öffentlicher Dienst und Preisgestaltung

In einigen öffentlichen und nichtgewinnorientierten Dienstleistungsbereichen ist die Bereitstellung kostenlos oder wird heftig subventioniert. Das bedeutet, dass Manager in diesen Organisationen nur die sechs Faktoren haben, um das Nachfrageniveau von Ihrer Seite her zu lenken. Ihre Aufgabe wird dadurch natürlich schwieriger. Auch die Wahrnehmung der Servicequalität bei den Nutzern und oft auch bei den Mitarbeitern wird davon beeinflusst. »Kostenlos« oder »billig« wird häufig mit einem schlechten oder zweitklassigen Service gleichgesetzt.

Die Nutzer des Gesundheits- und Notfalldienstes, des Erziehungswesens oder kommunaler Dienstleistungen vergessen schnell die indirekten Zahlungen, die sie bereits mit ihren Steuern geleistet haben. Sie haben auch nur eine geringe oder gar keine Vorstellung, wie viel ein Krankenhausaufenthalt oder ein Monat Schulunterricht wirklich kosten. Wenn sich ein Image niedriger Qualitätsleistung bei einem Unternehmen festsetzt, dann werden schlechter Service und schlechte Kundenbetreuung oftmals erwartet und schließlich auch geliefert. Die Arbeitsmoral der Mitarbeiter wird wegen der geringen Wertschätzung durch die Kunden untergraben. Eine Spirale des Niedergangs scheint unabwendbar.

Vielleicht sollten alle Nutzer öffentlicher Dienstleistungen eine Rechnung mit den wahren Kosten für die Dienstleistung erhalten. Diese sollte nach dem Beitrag der Kommune, des Landes und des Bundes aufgeschlüsselt sein. Zum Beispiel würde ein Schüler, der einen Kurs an einem lokalen Weiterbildungsinstitut macht, eine Rechnung bekommen, die wie folgt aussieht:

	1 000 €	Kurs- und Unterrichtskosten
	-750 €	Zuschuss der Kommune
=	250 €	zu bezahlende Gebühr

Ist sich der Teilnehmer über die wahren Kosten des Programms im Klaren, wird er wahrscheinlich weniger häufig schwänzen und von den Lehrern mehr Pünktlichkeit und Leistung verlangen.

Die Werbung

Das Thema Werbung und ihre Planung werden in Kapitel 9 eingehend behandelt. Hier müssen wir jedoch ihren übergeordneten Einfluss auf die Kundennachfrage und auf die Einschätzung der Kunden betrachten, wie viel ihr Kauf eigentlich wert ist.

Die unterschiedlichen Werbemaßnahmen können auf mehrere Arten Mehrwerte schaffen:

- Es wird ein Image geschaffen: Werbung schafft den symbolischen Wert, der mit einem Kauf verbunden wird. Das Markenimage steht für Status oder Mode und ermöglicht Spitzenpreise auf dem Markt. Reebok-Sportschuhe, Lacoste-T-Shirts, Chanel-Parfüm und Dior-Design sind gute Beispiele hierfür. Doch auch Coca-Cola, Mars und McDonald's haben ein etabliertes Image, welches den Verbrauchswert erhöht.
- Der Ruf verringert eventuelle Risiken: Ein etabliertes Produkt- oder Firmenimage verringert das Kundenrisiko beim Kauf. Marken wie Sony, IBM oder Vidal Sassoon sind weltweit bekannt, sicher und zuverlässig. Falls es ein Problem gibt, wissen Sie, dass es behoben wird.
- Direkter Werbewert: Einige Elemente der Werbeaktivitäten schaffen auf direktere Art und Weise Mehrwert. Rezepte auf Verpackungen, Ratschläge und Kundeninformationen, Verkaufsförderungen durch Geschenke und Preise, ja, sogar Tragetaschen, die von den Einzelhändlern bereitgestellt werden, sind sowohl funktional als auch verkaufsfördernd.
- Werbung beruhigt: Sobald eine Kaufentscheidung getroffen worden ist, kommt der Kunde vielleicht ins Grübeln. Dieser Zweifel verringert seine Zufriedenheit mit dem Produkt. Man bezeichnet

dies als *kognitive Dissonanz*. Werbung nach einem Kauf trägt dazu bei, den Kunden zu beruhigen, dass er eine gute Entscheidung getroffen hat. So wird die zukünftige Zufriedenheit der Kunden garantiert und ihre langfristige Treue bewahrt.

Der Ort

Der Ort verweist auf die Verfügbarkeit eines Produkts oder einer Dienstleistung, das heißt, wann und wo es erworben werden kann. Der Preis, insbesondere für eine Dienstleistung, besteht nicht nur aus dem Geldwert, sondern beinhaltet auch die Zeit für den Weg zum Zahnarzt, zur Bank oder zu einem Einkaufszentrum. Viele Marktsegmente sind zunehmend eher zeitempfindlich als preisempfindlich. Der Beitrag, den der »Ort« zur Kundenzufriedenheit leistet, sollte deshalb nicht unterschätzt werden.

In einer Reihe von Branchen hat man bemerkt, dass sich durch eine Änderung im Vertriebswesen ein beachtlicher Wettbewerbsvorteil erzielen lässt. Der technische Fortschritt ermöglicht es, über das Telefon Bankgeschäfte zu erledigen oder von zu Hause aus einzukaufen. Firmen, die nur im Geschäftskundenbereich arbeiten, helfen ihren Kunden, Lagerbestände zu reduzieren, indem sie Just-in-time-Lieferungen anbieten. Heutzutage kann man bei einer breiten Palette an Produkten und Dienstleistungen von einer Lieferung bis an die Haustür profitieren.

Jedes dieser Beispiele zeigt, in welchem Umfang die heutigen Kunden Bequemlichkeit schätzen, und belegt, wie Firmen mit diesem Wissen Kunden gewinnen.

Der erweiterte Servicemix

Die bis jetzt betrachteten vier Faktoren – Produkt, Preis, Werbung und Ort – stellen die vier ursprünglichen Faktoren des Marketingmix dar. Mit der Zeit haben die speziellen Dienstleistungsbedürfnisse zu einer Erweiterung des Mix auf sieben Faktoren geführt. Die drei zusätzlichen Faktoren Personal, Erscheinungsform und Prozesse wurden hinzugefügt, um die Servicemanager bei folgenden Punkten zu unterstützen:

- der immateriellen Natur der Dienstleistung;
- der fehlenden Lagerfähigkeit;
- dem Kontakt zwischen den Mitarbeitern und den Kunden. Dieser ist nötig, weil die Produktion, der Vertrieb und der Verbrauch zeitgleich erfolgen.

Eine Dienstleistung zu vermarkten ist eigentlich das Gleiche, wie ein Produkt zu vermarkten, doch diese Eigenschaften machen es schwerer. Sie bedeuten, dass

- Kunden bei Dienstleistungen ein höheres Risiko wahrnehmen;
- eine gleich bleibende Qualität problematisch ist;
- die Kundenpflege ein zentrales Thema ist, weil die Kunden zu Ihnen kommen;
- die Kunden davon überzeugt werden müssen, sowohl Zeit als auch Geld zu opfern.

Service als Mehrwert

- Weil es die Technologie den Firmen zunehmend erschwert, auf dem Feld der Funktionalität in Konkurrenz zu treten, sehen die Produzenten den Service zunehmend als Mehrwert, durch den sie einen Wettbewerbsvorteil erzielen und erhalten können.
- Die Grundlage des Beziehungsmarketings basiert auf der Fähigkeit eines Unternehmens, einen Kundenservice von der Beratung bis zur Kundenbetreuung anzubieten. Die Erweiterung des Marketingmix auf sieben Faktoren wird Ihnen zusätzliche und vielleicht innovative Chancen eröffnen, die Nachfrage zu beeinflussen. Dabei ist es egal, ob Sie Produkte oder Dienstleistungen vermarkten.

Das Personal

Bei der Bereitstellung einer Dienstleistung sind die Menschen der kritische Faktor. Mitarbeiter an vorderster Front, also mit unmittelbaren Kundenkontakt, wie Krankenschwestern, Ausfahrer, Kellner oder Rezeptionsangestellte, haben einen starken und direkten Einfluss auf die Art und Weise, wie ein Kunde den Service eines Unternehmens beurteilt. In einem kundenorientierten Geschäftsumfeld müssen die folgenden Herausforderungen bewältigt werden, um das Maximum aus Ihrem Personal herauszuholen:

- Stellen Sie die richtigen Mitarbeiter ein.
- Sorgen Sie für eine entsprechende Ausbildung.
- Geben Sie ihnen die Befugnis, Kundenprobleme zu bearbeiten.
- Unterstützen Sie Ihre Mitarbeiter, um die Abwicklung zu verbessern.
- Motivieren Sie Ihr Personal, mitzudenken.
- Bieten Sie durch das Management und die Systeme genügend Unterstützung, damit es schon beim ersten Mal richtig läuft.

Ein effektiver Kundenservice hängt von den Menschen ab. Ihre Bedeutung für die Kunden sollte nicht unterschätzt werden.

Kundenzufriedenheit

- Die Kundenbetreuung besteht aus mehr, als den Mitarbeitern beizubringen, zu lächeln und »einen schönen Tag noch« zu sagen. Für die Qualität der Kundenbetreuung ist das Management zuständig. Sie ist kein Schwachpunkt, den man den Mitarbeitern, die an vorderster Front arbeiten, zuschieben kann.
- Kundenorientierte Unternehmen und Organisationen schätzen Menschen. Das gilt sowohl für die Kunden wie die Angestellten. Sie respektieren jeden und ermutigen alle, ihre Kollegen als Kunden zu behandeln. Dies ist der Ansatz des Qualitätsmanagements.
- Geschätzte Mitarbeiter führen fast automatisch zu zufriedenen Kunden.

Die Erscheinungsform

Wie sieht das Wartezimmer in Ihrem Krankenhaus vor Ort aus? Wie ist die Universitätsmensa eingerichtet? Warum haben Fluglinien Mitarbeiteruniformen und Tickets, die alle ihre Unternehmensfarben widerspiegeln? Sie könnten in irgendeiner McDonald's-Filiale auf der ganzen Welt abgesetzt werden, und Sie würden sie an den starken Primärfarben, dem Dekor und anderen materiellen Erscheinungsformen wieder erkennen. Alles wurde sorgfältig ausgesucht, um das McDonald's-Erlebnis zu unterstützen. Man kann Coca-Cola und Perrier sogar mit verbundenen Augen an der Form ihrer Flaschen erkennen.

Materielle Eigenschaften beinhalten alles physisch Greifbare, das Sie an ein Produkt oder eine Dienstleistung erinnert, während Sie dabei sind, es zu verbrauchen. In einigen Dienstleistungsbereichen, wie Hotels und Restaurants, ist die Qualität und Sauberkeit des Umfelds entscheidend für die Positionierung des Service.

Diese äußeren Zeichen von Service und Qualität beeinflussen die Kunden in starkem Maße. Bei Broschüren und Uniformen spielen sie eine bedeutende Rolle, um wahrgenommene Risiken zu minimieren. Krankenschwestern, Polizisten und Flugkapitäne tragen Uniformen, um die Nutzer der Dienstleistung zu beruhigen. Diese Beruhigung kann unendlich zur Steigerung des Zufriedenheitsgrads der Kunden beitragen.

Die Prozesse

Prozesse sind die Systeme und Verfahrensweisen, die garantieren, dass die Qualität einer Dienstleistung gleich bleibend ist. Wenn Sie Ihr Unternehmen analysieren, werden Sie eine Reihe von miteinander verbundenen Systemen entdecken, die alle auf den Kundenservice ausgerichtet sind. Ihre Qualität ist nur so gut wie das schwächste Glied in dieser Kette.

Mehrwert
Versuchen Sie Ihre Systeme aufzuspüren, von der Bearbeitung der ersten Anfrage über die Auftragsbearbeitung bis zur Lieferung, Rechnungsstellung und Bearbeitung von Beschwerden. Wie viel Mehrwert wird auf jeder Stufe hinzugefügt? Welchen Nutzen ziehen die Kunden aus jedem dieser Prozesse?

Maßnahmen

Der Ansatz der »Wertketten-Analyse« beruht auf dieser Identifizierung jedes Schrittes und der Überprüfung seiner Rolle und seines Beitrags zur Kundenzufriedenheit. Dies ermutigt Manager, traditionelle Arbeitsmuster infrage zu stellen und zu überprüfen. Dadurch werden Verbesserungsmöglichkeiten erkannt.

In diesem Kapitel wurde jedes Element des Marketingmix im Überblick begutachtet. Für Ihren Plan müssen Sie nun eine Serie von taktischen Entscheidungen treffen, die mit den Elementen verknüpft sind. Abbildung 8.11 zeigt Auszüge aus einem taktischen Programm, um die vereinbarte Positionierung als Anbieter mit einem 4-Sterne-Service zu erreichen.

Schritt für Schritt

- Versuchen Sie nicht, zu viel auf einmal zu erreichen.
- Versuchen Sie, zu Anfang taktische Pläne für sechs Monate aufzustellen.
- Überprüfen Sie Ihren Fortschritt regelmäßig und stellen Sie sicher, dass sowohl das vorgesehene Programm als auch der Fortschritt allen Mitarbeitern mitgeteilt wird.

An diesem Beispiel kann man sehen, dass sich die Taktiken ändern. Es wird nicht festgehalten, wie die Position jetzt ist, sondern gezeigt, was getan werden muss, um sie zu ändern. Hinter jeder taktischen Empfehlung muss unter Umständen ein detaillierterer Zeitplan und eine detailliertere Rollenzuweisung stehen. Jeder einzelne Manager ist dafür verantwortlich und für den Fortschritt in diesem Bereich rechenschaftspflichtig. Die taktische Planung sollte Ihnen bei dem Übergang helfen, nicht mehr nur über die Zukunft zu reden, sondern positive Schritte einzuleiten, um das gewünschte Ergebnis zu erzielen. Denken Sie an die folgenden Aspekte eines taktischen Programms:

- Einige Dinge werden erst im Laufe des Jahres beginnen, zum Beispiel die Mitarbeiterausbildung.
- Viele Bereiche benötigen die Beteiligung von Mitarbeitern auf allen Ebenen.
- Es kann nicht alles zur gleichen Zeit erreicht werden.
- Wenn Fristen und allgemeine Etatsummen bestimmt werden, hat man einen Ausgangspunkt für Kontrollen. Kontrollen werden in Kapitel 10 eingehender beleuchtet werden.

Planung vereinfachen

Nutzen Sie die Vorlage am Ende dieses Kapitels, damit Sie mit dem Prozess der taktischen Planung leichter beginnen können. Sie werden die Vorlage für Ihr Unternehmen ergänzen und modifizieren müssen. Doch sobald sie fertig ausgearbeitet ist, kann sie als Schablone für das nächste Jahr dienen. So wird der Planungsprozess vereinfacht.

Produkt/Dienstleistung	Bis wann?	Wo?	€
1 In die Renovierung der Hauptempfangsbereiche investieren	Abgeschlossen in Woche 20	Manager A koordiniert	50 000
Werbung 2 Eine neu gestaltete Corporate Identity, die Qualität betont, soll für alle Materialien produziert und umgesetzt werden	Abgeschlossen in Woche 52	Manager B	100 000
Preis 3 Die Politik der Preisnachlässe und Sonderangebote wird fortgesetzt	Jetzt	Alle Manager	–
4 Die Preise werden graduell um 15 Prozent angehoben, wenn das Upgrading erreicht ist	Abgeschlossen in Woche 52	Geschäftsführer koordiniert	Das Geschäft, das verloren geht, wird kontrolliert
Ort 5 Es wird ein neues Buchungssystem installiert, das rund um die Uhr in Betrieb ist	Installiert bis Woche 52	Buchungsverantwortlicher	Jährliche Kosten von 80 000
Erscheinungsform 6 Neue Aushängeschilder, die mit dem Corporate Image übereinstimmen	Bis Woche 30	Manager B	20 000
7 Alle Konferenzdelegierten erhalten bis Woche 26 Ledermappen mit Markenzeichen	Bis Woche 26	Manager B	10 pro Kopf
8 Alle Übernachtungsgäste erhalten ein Gastpäckchen in ihrem Zimmer	Bis Woche 15	Manager A	6 pro Kopf
9 Neue Uniformen für die Mitarbeiter werden mit den Mitarbeitern ausgewählt	Bis Woche 40	Designberater	100 000
Personal 10 Im Betrieb und in der Kundenbetreuung werden Mitarbeiterschulungen durchgeführt, nachdem Bewertungen vorgenommen wurden und der Schulungsbedarf mit allen Angestellten eingeschätzt wurde	Alle Bewertungen bis Woche 26 abgeschlossen Schulungen gehen weiter	Alle Manager	 500 pro Jahr Mitarbeiter
Prozesse 11 Alle Prozesse werden überprüft, Schwächen werden gemeldet und Verbesserungsbereiche vorgeschlagen	Abgeschlossen in Woche 16	Qualitätszirkel, die aus der gesamten Belegschaft gebildet werden	
12 Prioritätenliste für Maßnahmen erarbeiten	Woche18	Leitende Manager	250 000

Abbildung 8.11: Ein taktisches Programm

	Was?	Bis wann?	Wer?	€
Preisgestaltung				
Preis				
Rabattpolitik				
Zahlungsvereinbarungen				
andere strategische Überlegungen				
Ort				
Standort				
Verfügbarkeit				
Zugang				
Buchungsservice				
Zustand				
Öffnungszeiten				
gesetzte Prioritäten				
Produkt				
Produktpalette				
Qualität				
Mehrwert-Service				
neue Produkte				
Werbung				
Zielvorgaben:				
• Aufmerksamkeit				
• Einstellung				
• Aktion				
Werbestrategie				
Zielpublikum				
gewünschter Nutzen				
Werbepositionierung				
Unternehmensmarke				
Botschaft				
Kommunikationsmix				
Kontrollmaßenahmen				

	Was?	Bis wann?	Wer?	€
Personal Zielvorgaben für das Serviceniveau Schulung in Kundenbetreuung Erscheinungsform • Uniformen • Umfeld • Tickets/Broschüren usw.				

Abbildung 8.12: Vorlage für taktische Pläne

9

Effektive Kommunikation

Ein Leitfaden zur Werbeplanung

Der Begriff »Werbung« kann ein wenig in die Irre führen. Viele Menschen denken dabei an aufdringliche Verkaufsteams an der Haustür oder an manipulative Botschaften, die Menschen dazu bringen sollen, Sachen zu kaufen, die sie weder brauchen noch wünschen. Diese aggressiven Verkaufsmethoden werden sicherlich in einigen Branchen angewandt und sie haben dem Marketing bei einigen Leuten ein schlechtes Image gegeben. Doch diese Taktiken sind eigentlich ein Zeichen für Firmen, die nicht kundenorientiert arbeiten. Diese Unternehmen sind immer noch betriebs- oder verkaufsorientiert. Sie produzieren Güter, von denen sie glauben, dass die Kunden sie wünschen, und müssen nachdrückliche Methoden zur Überzeugung der Kunden anwenden.

Eine beliebte, einfache Definition von Marketing lautet: »Produkte, die nicht reklamiert oder zurückgeschickt werden, an Kunden zu verkaufen, die wiederkommen.« Diese Kommunikationsrolle des Marketings wird im Mittelpunkt dieses Kapitels stehen. Folgende Aspekte werden untersucht:

- die Kommunikationsverantwortlichkeiten der Marketingfunktion;
- die Stellung des Verkaufs;
- die Bedeutung von Entscheidungsinstanzen und -prozessen bei der Werbeplanung;
- die Kommunikationsinstrumente sowie ihre Stärken und Schwächen;
- die Erstellung eines Werbeplans.

Marketingexperten – die Botschafter

Die Marketingfunktion wird, wie bereits gesagt, oftmals mit den Werbemaßnahmen einfach in einen Topf geworfen. Manchmal wird noch der Verkauf hinzugefügt, während in anderen Unternehmen der Verkauf fälschlicherweise immer noch separat behandelt wird.

Werbung bedeutet in der Marketing-Terminologie schlicht Kommunikation. Der Begriff »Werbung« wurde so allgemein übernommen, weil sich die vier ursprünglichen Faktoren des Marketingmix zu einer Gedächtnishilfe desselben entwickelt haben. Für ein Unternehmen sollte die Hauptfunktion des Marketings darin liegen, dass es als Botschafter desselben tätig wird. Es werden Botschaften entgegengenommen (Marktforschung) und versandt (Werbung). So entsteht ein Austausch zwischen Firma und Kundschaft. Wir beschäftigen uns mit der Koordination der anderen Elemente des Mix, weil die Preis-, die Verpackungs- und die Vertriebswahl auch Botschaften an die Kunden übermitteln. Die Koordination dieser Botschaften liegt in der Zuständigkeit des Marketings.

Botschaften

- Die Erfahrung des Marketings im Entgegennehmen und Versenden von Botschaften sollte nicht auf die Kommunikation mit Kunden beschränkt sein. Diese Fertigkeiten können im Umgang mit allen Interessengruppen nützlich sein, von den Aktionären bis zu Ministerien.
- Viele Organisationen übernehmen Planungsmethoden und -erfahrungen des Marketings auch für das Management des Wandels sowie das Vermarkten von Plänen bei ihrer eigenen Belegschaft (siehe den Abschnitt in Kapitel 10 zum internen Marketing, ab Seite 224).

Kommunikation

- Die Einwege-Kommunikation ist ein sicheres Rezept für das Versagen sowohl bei einem internen wie externen Publikum ist.
- Offene und effektive Kommunikationskanäle sind Voraussetzung für eine aufgeschlossene und erfolgreiche Organisation, egal wie groß.

Der Kommunikationsprozess

Der eigentliche Kommunikationsprozess ist einfach, auch wenn es viele mögliche Fallstricke gibt. Alle Manager sind mit den Grundlagen vertraut, weil sie dieselben sind wie die der zwischenmenschlichen Kommunikation. Diese sind einfach genug: Es muss immer einen Sender und einen Empfänger geben (siehe Abbildung 9.1).

Die nächste Erfordernis ist die Botschaft (siehe Abbildung 9.2). Was ist der Zweck der Kommunikation? Noch immer nehmen sich zu wenige Manager die Zeit, ihre Kommunikationsziele gründlich zu durchdenken. Das führt dazu, dass unangemessene Botschaften entwickelt werden. Sobald Sie wissen, was Sie sagen möchten, müssen

Sie entscheiden, wie Sie es am besten sagen. Die Botschaft muss »verschlüsselt« werden: Sie muss so in Worte, Symbole oder Bilder gefasst werden, damit das Publikum sie so empfängt und versteht, wie es beabsichtigt war (siehe Abbildung 9.3).

Die entwickelte Botschaft muss auch für den gewählten Kommunikationskanal angemessen sein. Zum Beispiel lässt sich der Inhalt einer Broschüre nur schlecht in ein Briefformat zwängen und eine Pressemitteilung müsste für eine Verkaufspräsentation im Fernsehen angepasst werden. Der Kommunikationskanal muss zudem mit Sorgfalt ausgewählt werden, wenn Ihre Botschaft das Zielpublikum auf eine kosteneffektive Weise erreichen soll.

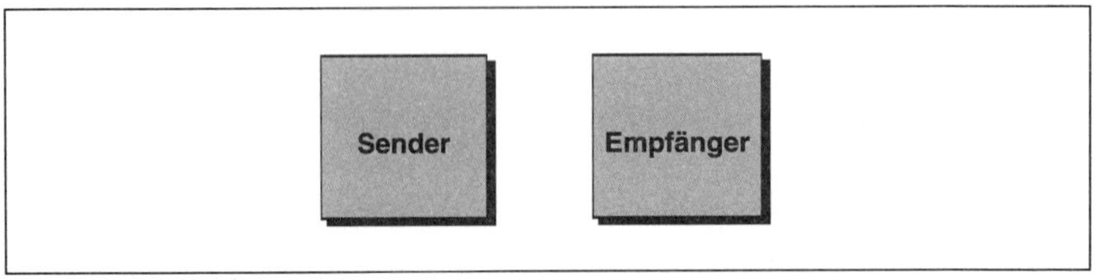

Abbildung 9.1: Sender und Empfänger

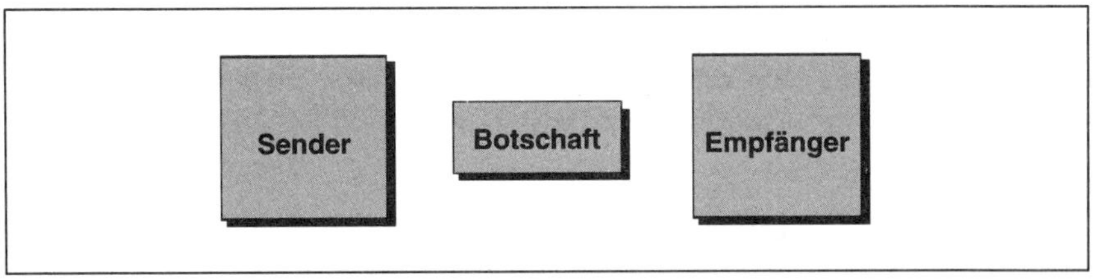

Abbildung 9.2: Die vermittelte Botschaft

Sender und Empfänger

- Selbst vor der Kommunikation hat der Empfänger vielleicht schon eine Meinung vom Sender, die vielleicht ungenau oder wenig hilfreich ist. Was bedeutet es, wenn der Sender als eine amerikanische Organisation oder eine britische Firma, als Start-up-Unternehmen oder als Profi bezeichnet wird? Das Image des Senders wird das Gewicht beeinflussen, dass der Empfänger der erhaltenen Botschaft beimisst.
- Der Sender hat sich womöglich auf den falschen Empfänger eingeschossen. Vielleicht war die Segmentierungsanalyse schlecht oder es wurde die falsche Person in der Entscheidungsinstanz ausgewählt.

Falls Sie wünschen, dass bereits existierende Kunden mehr ausgeben, dann verspricht eine Kampagne, welche den Bekanntheitsgrad Ihres Angebots steigern soll, nur wenig Erfolg. Ihre jetzigen Kunden kennen Ihr Unternehmen schon. Sie müssen deshalb durch Werbemaßnahmen zu Wiederholungskäufen ermutigt werden.

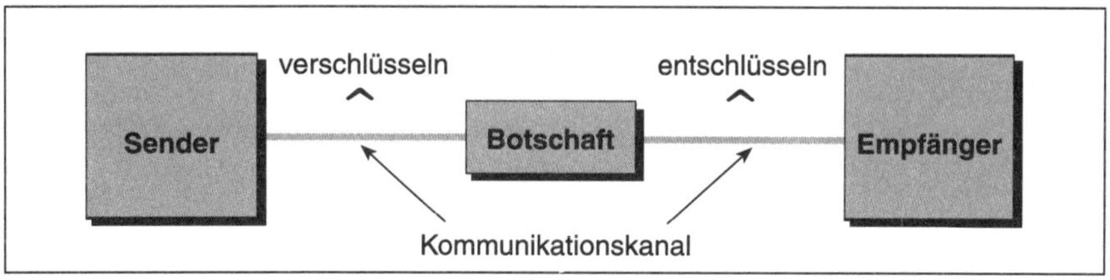

Abbildung 9.3: Das Sender-Empfänger-Modell

Entschlüsselung

- Nehmen Sie sich die Zeit, um alle Kommunikationsbotschaften an einer Stichprobe Ihres Zielpublikums zu testen. Alle Ihre Botschaften, von den Broschüren und Geschäftsbriefen bis zu den Anzeigen und Nachrichten auf dem Anrufbeantworter, müssen entschlüsselt werden, das heißt, die Empfänger müssen auf den Tonfall, den Stil und die Präsentation sowie die verwendeten Wörter reagieren.
- Seien Sie besonders sorgsam bei einem internationalen Publikum, weil die Kultur die Entschlüsselung sehr stark beeinflusst.

Nicht nur Hochglanz

- Wenn man Kommunikation plant, verfällt man schnell einem Ansatz, bei dem Größe und Hochglanz im Vordergrund stehen.
- Auch wenn jede Kommunikation professionell sein und mit dem allgemeinen Image und der Positionierung der Firma in Einklang stehen sollte, kann ein informelles Treffen mit einem handverlesenen Publikum oft mehr erreichen als Stapel an Briefen und Hochglanzbroschüren.

Das Problem der Störungen

Kommunikation findet leider nicht in einem Vakuum statt, ja nicht einmal an einem ruhigen Ort. Es ist ziemlich sicher, dass Ihr Publikum von Störungen jeder Art abgelenkt wird (siehe Abbildung 9.4). Dabei kann es sich um externe Störungen handeln, doch wahrscheinlicher sind Ablenkungen durch andere Aktivitäten, zum Beispiel wenn man sich eine Tasse Tee während der Werbepause macht. Störungen entstehen auch durch die Aktivitäten und Behauptungen Ihrer Konkurrenten. Sich widersprechende Botschaften verwirren den Empfänger, der oftmals dadurch reagiert, dass er beide Botschaften ignoriert.

Erfolgreiche Kommunikation

- Für eine erfolgreiche Kommunikation ist es entscheidend, trotz der Störungen gehört zu werden.
- Die Botschaften müssen das Publikum packen und sein Interesse erhalten. Wie effektiv ist Ihre eigene Kommunikation?

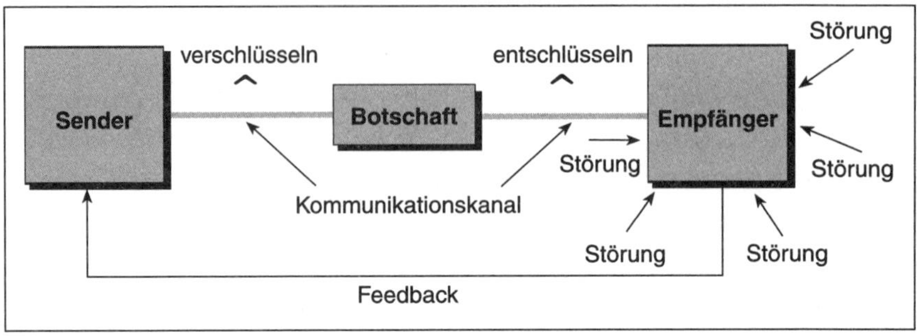

Abbildung 9.4: Störungen bei der Kommunikation

Feedback

Das letzte Element des Kommunikationsprozesses ist das Feedback.

- Hat die Kommunikation funktioniert?
- Hat die richtige Botschaft die richtige Person erreicht?
- Wurde sie empfangen und verstanden?
- Wurde daraufhin gehandelt?
- Wie könnte die Kommunikation verbessert werden?

Werbe- und Kommunikationsmaßnahmen verlangen einen großen Einsatz an Ressourcen. Feedback ist wichtig, um die Effizienz und die Effektivität des Unternehmens verbessern zu können (siehe Abbildung 9.5). Audits helfen Ihnen, die Gründe für Kommunikationsprobleme zu erkennen und von den Erfolgen und Fehlern der letzten Kampagne zu lernen.

Die Entscheidungsinstanz und der Entscheidungsprozess

In den vorangegangenen Kapiteln wurden sowohl der Entscheidungsprozess als auch die Entscheidungsinstanz betrachtet. Für eine erfolgreiche Kommunikation ist das Verständnis beider von entscheidender Bedeutung. Deshalb lohnt es sich, auf beide Kriterien zurückzukommen.

Die Entscheidungsinstanz

Unternehmen sehen sich in der Regel mit einer Vielzahl möglicher Zielgruppen für ihre Kommunikation konfrontiert. Kunden, Verbraucher, Entscheidungsträger, Berater und Kapitalgeber spielen alle womöglich eine Rolle bei der Kaufentscheidung. Auf wen sollte sich die Werbung also konzentrieren? Der Fehler besteht darin, diese unterschiedlichen Publikumsgruppen nicht zu erkennen und allen eine einzige Botschaft zu senden, egal welche Rolle sie in der Entscheidungsinstanz spielen. So werden ihre unterschiedlichen Bedürfnisse und Motive ignoriert.

Das Marketing muss auch seine eigenen Entscheidungsinstanzen gründlich erforschen, um Folgendes zu klären:

- Wer ist beteiligt?
- Welche Bedürfnisse haben die Beteiligten?
- Wie groß ist ihr relativer Einfluss und ihre relative Bedeutung?

In der Praxis wird der Werbeplan keine eindimensionale Maßnahme sein. Eine Kombination an Maßnahmen wird dirigiert werden, um angemessen nutzenorientierte Botschaften an alle konstituierenden Bestandteile der Entscheidungsinstanz zu versenden. Bei einer Firma mit Computerzubehör sieht das vielleicht so aus:

- PR, Vorstandsbriefings und Postwurfsendungen, um die Aufmerksamkeit der wichtigsten Unternehmens-Entscheidungsträger zu erhalten;
- Messen, Ausstellungen, Broschüren und Vorführungen, um zum Beispiel die Meinung der Berater und IT-Manager zu beeinflussen;
- Verkaufsgespräche, Vorführungen am Arbeitsplatz und Einladungen, um die offiziellen Einkäufer und möglicherweise die Endnutzer zu beeinflussen.

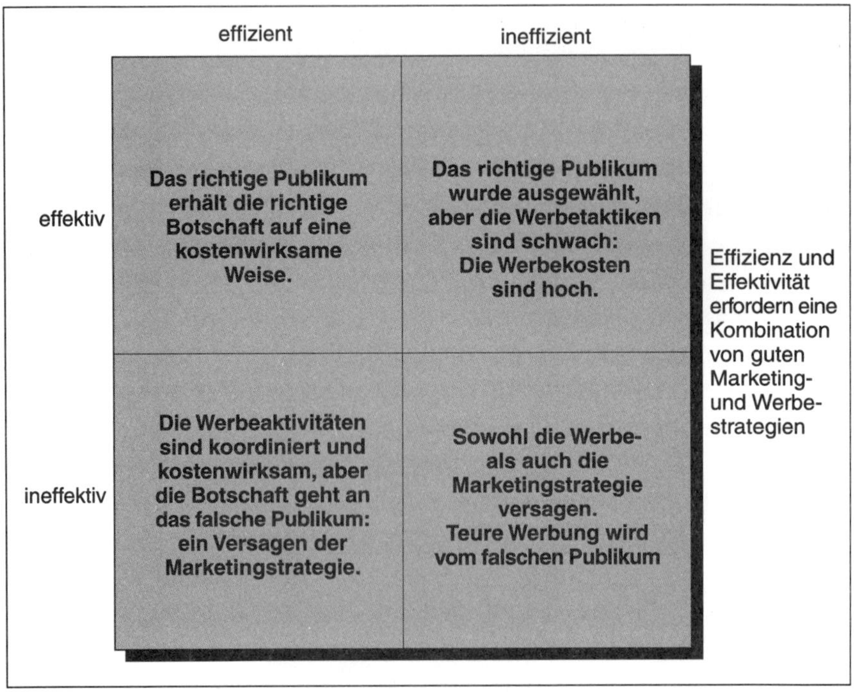

Abbildung 9.5: Die Effizienz und Effektivität der Werbung garantieren

Der Entscheidungsprozess

Alle bis jetzt genannten Gruppen müssen durch den Entscheidungsprozess gelotst werden, auch wenn sich nicht alle zur selben Zeit in der gleichen Phase innerhalb des Prozesses befinden.

Der Entscheidungsprozess zeigt, dass Handlungen, egal ob ein Kauf, eine abgegebene Stimme oder eine Spende, nur ausgeführt werden, wenn sich die Mitglieder der Zielgruppe darüber klar geworden und überzeugt sind, dass ihnen diese Handlung nützt. Die Zielgruppen müssen sich durch folgende Stadien bewegen:

Keine Kenntnis → Aufmerksamkeit → Einstellung → Aktion

Man kann diese Schritte noch weiter aufschlüsseln. Die Einstellung kann in Interesse und Wunsch unterteilt werden, auch wenn es nicht immer einfach ist, diese beiden Zustände zu identifizieren und zu unterscheiden. Manchmal wird auch das Ausprobieren zwischen Einstellung und Aktion eingefügt. Welche Methode Sie auch wählen, um den Kaufprozess in Ihrem Geschäftsbereich aufzuschlüsseln – die verschiedenen Markierungspfeiler bieten Ihnen einen Rahmen, um die momentanen Werbeaktivitäten zu analysieren und um zukünftige Ziele zu setzen.

Sich Ziele setzen

Werbeziele müssen aufgeschlüsselt werden, um die Phasen des Entscheidungsprozesses zu reflektieren, und zwar in folgende Kategorien:

- Aufmerksamkeit,
- Einstellung,
- Aktion.

Nehmen wir ein Beispiel: 50 000 Euro wurden wie folgt ausgegeben und haben die folgenden Ergebnisse erzielt:

- 30 000 Euro, die für Werbung ausgegeben wurden, führten zu 5 000 Anfragen.
- Es wurden 5 000 Broschüren versandt, die zu 1 000 Anfragen nach einem Preisangebot führten. Der Versand jeder Broschüre kostete 3 Euro, insgesamt also 15 000 Euro.
- Es wurden 1 000 telefonische Preisangebote mit einem Kostenaufwand von je 5 Euro erstellt. Die Gesamtkosten betrugen hier 5 000 Euro.
- Es wurden 500 Einheiten verkauft.

In diesem Beispiel lassen sich Interesse (Nachfrage nach Broschüren) und Wunsch (Nachfrage nach Preisangeboten) unterscheiden.

Die detailliertere Aufschlüsselung in Abbildung 9.6 gibt Ihnen ein viel besseres Verständnis für die Effektivität der Werbeaktivitäten. Angenommen, Sie möchten den Verkauf um 250 Einheiten steigern. Sie könnten den Werbeetat um 25 000 Euro aufstocken und wüssten, dass Sie 2 500 Broschüren zur Hand hätten, 500 Preisangebote erstellen könnten und genug Waren hätten, um 250 Bestellungen auszuführen. Alternativ könnte man auch Möglichkeiten erkunden, um aus weniger mehr zu schaffen. Sie könnten sich fragen, wie sich die Nachfragen in mehr Preisangebote umwandeln lassen:

- Wird in der Broschüre der richtige Nutzen herausgestrichen?
- Sind ihre Botschaften effektiv verschlüsselt?

- Könnte ein Werbeangebot, wie ein Preisausschreiben für alle, die ein Preisangebot anfordern, die Nachfrage erhöhen?

Die Konversionsrate von Preisangeboten in tatsächlichen Verkauf könnte ebenfalls untersucht werden, obwohl sie mit 1:2 nicht schlecht ist. Verbesserte Methoden könnten sie jedoch noch weiter erhöhen.

Wenn man sich in dem obigen Beispiel das Ziel setzen würde, auf vier Broschüren ein Preisangebot zu machen, eine Verbesserung um 20 Prozent also, und weiterhin auf zwei Preisangebote einen tatsächlichen Verkauf zu tätigen, käme man auf einen zusätzlichen Umsatz von 125 Einheiten. Dies entspräche einer Steigerung um 25 Prozent bei gesunkenen durchschnittlichen Werbekosten.

Kein integriertes Ganzes

Machen Sie nicht den Fehler, den Erfolg Ihrer Werbeaktivitäten als integriertes Ganzes zu betrachten. Sie können zwar erkennen, dass Sie für Werbeausgaben in Höhe von 50 000 Euro 500 Einheiten verkauft haben. Dies macht Werbekosten von 100 Euro pro Einheit aus. Doch haben Sie noch keine Grundlage, um die Effektivität der Werbemaßnahmen auf jeder Stufe des Entscheidungsprozesses beurteilen zu können.

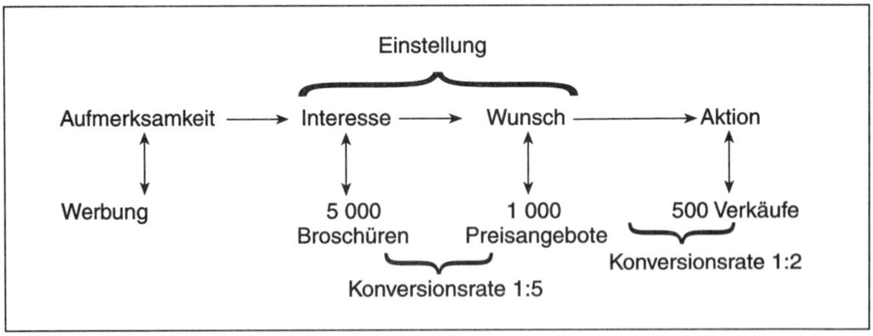

Abbildung 9.6: Die Effektivität der Werbemaßnahmen nachvollziehen

Daten über Kunden

- Bevor Sie damit beginnen, durch teure Werbemaßnahmen die Anzahl der Personen zu erhöhen, die Ihr Produkt kennen und daran interessiert sind, kann es sinnvoll sein, die Datensätze über die jetzige Kundschaft zu untersuchen. Schreiben Sie diejenigen an, die letztes Jahr ein Preisangebot angefragt haben. Bei der Entscheidung, nicht zu kaufen, kann es sich um eine Verschiebung gehandelt haben, anstatt eine Entscheidung, woanders einzukaufen.

- Der Schlüssel zu guter Planung liegt in der quantitativen Messung.
- Sobald Sie über Zahlen verfügen, egal wie vage sie zu Anfang sind, haben Sie einen Mechanismus, um Zielvorgaben zu treffen und die Leistung zu kontrollieren. Dies sind die Schlüssel für eine verbesserte Effizienz.

Die Kommunikationsinstrumente verwenden

Es wurde bereits erwähnt, dass den Marketingfachleuten eine Reihe von Kommunikationsinstrumenten zur Verfügung steht. Die Entscheidung, welches Instrument in welcher Kombination eingesetzt wird, muss mit sorgfältiger Überlegung getroffen werden. Die verschiedenen Kommunikationsmethoden arbeiten in den verschiedenen Phasen des Entscheidungsprozesses mehr oder weniger effektiv. Zum Beispiel ist die Werbung mit ihren massenmedialen Botschaften besonders geeignet, um Aufmerksamkeit zu erregen und Interesse zu stimulieren. Doch wenn es um die alles entscheidende Frage geht, wie man zu Handlungen anregt, dann ist sie längst nicht so stark.

Persönliches Verkaufen ist andererseits so stark geeignet, um Handlungen zu stimulieren, dass es nicht nur in Großbritannien Gesetze gibt, um die Verbraucher vor der Überzeugungskraft eines enthusiastischen Versicherungsvertreters oder eines Verkäufers von doppelt

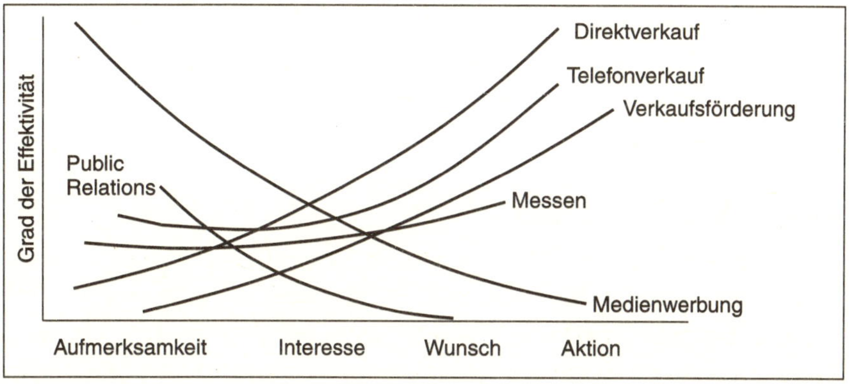

Abbildung 9.7: Die Effektivität der Kommunikationsinstrumente im Überblick

verglasten Fenstern durch ein siebentägiges Rücktrittsrecht nach Vertragsabschluss zu schützen.

Im Modell in Abbildung 9.7 sieht man, wie die verschiedenen Werbemaßnahmen in Bezug auf ihre Effektivität abschneiden. Die Linien zeigen nur die allgemeine Richtung und Stärke des Effekts in jeder Phase an. Sie beziehen sich nicht auf eine quantitative Skala.

Die Kommunikationsinstrumente

Medienwerbung

Es gibt eine Reihe von Medien für die Werbung. Dazu gehören das Fernsehen, Zeitungen, Zeitschriften, Poster, das Radio und unüblichere Kanäle wie Parkautomaten und Taxis. Die Grenze der Medienwerbung liegt darin, dass sie immer noch mehr oder weniger in eine Richtung verläuft. Die Botschaft ist zudem standardisiert und wird an ein breites Publikum gerichtet. Die Vermehrung der TV-Kanäle und Zeitschriftentitel gibt den Werbefachleuten jedoch verstärkt die Gelegenheit, ihr Publikum zu segmentieren und die Botschaften spezieller zuzuschneiden. In Zukunft wird die rasche Entwicklung von interaktiven Kanälen und Verkaufstechniken die fundamentale Schwäche der Einwege-Kommunikation relativieren.

Werbemedien

- Vergessen Sie nicht, die Werbemedien danach auszuwählen, dass deren Publikumsprofil mit Ihrem anvisierten Marktsegment übereinstimmt.
- Die Kosten für 1 000 Botschaften können bei einem anderen Medium günstiger aussehen. Wenn Ihre Botschaft jedoch nicht von den 1 000 »richtigen« Personen empfangen wird, dann handelt es sich langfristig um eine sehr teure Verschwendung.
- Medieneinkäufer müssen Platz nicht allein nach dem Preis, sondern auf der Grundlage des Preis-Leistungs-Verhältnisses kaufen.

Persönliches Verkaufen

Dieses Element des Kommunikationsmix ist nicht nur am geeignetsten, um Handlungen zu motivieren, sondern auch am teuersten.

Große Werbeetats verblassen vollkommen, wenn die Kosten pro Besuch eines Vertreterteams vor Ort berechnet werden. Marketingmanager müssen Verkaufsteams als eine begrenzte Ressource behandeln und ihre Wirkung durch unterstützende Aktivitäten maximieren.

Ein Ausstellungs- und Messeprogramm könnte genauso qualifizierte Verkaufshinweise liefern wie ein Unterstützungsteam für den Telefonverkauf. Verbessertes Training und verkaufsunterstützende Materialien können zu verbesserten Ergebnissen der Verkaufsmaßnahmen führen. Denken Sie daran, dass jeder Mitarbeiter mit direktem Kundenkontakt zum Verkaufspersonal des Unternehmens zählt und ähnliche Fertigkeiten und eine ähnliche Ausbildung benötigt.

Effektive Verkaufsfertigkeiten sind für ein erfolgreiches Unternehmen entscheidend. Sie müssen geschätzt und unterstützt werden. Dennoch müssen sie in den allgemeinen Werbeplan integriert werden (siehe Abbildung 9.8).

Wichtig: Kommunikation

- Vor allem im Geschäftskundenbereich ist es immer noch üblich, die Verkaufs- und Marketingaktivitäten nach verschiedenen Funktionsabteilungen aufzuteilen. Zwischen diesen beiden Aktivitäten gibt es nur einen geringen Kommunikationsaustausch.
- Es steht außer Frage, dass die Verkaufsmaßnahmen koordiniert werden und Werbung und Marketing integriert sein müssen. Sie müssen deshalb vom Marketing dirigiert werden. Dies ist leider zu einem Hierarchieproblem und nicht zu einem Planungsproblem geworden.

Unterstützung des Verkaufs

Halten Sie sich die realen Kosten eines Vertreterteams vor Augen: Die effektive Verkaufszeit kann sehr begrenzt sein, wenn man die Zeit für Anreise, Vorbereitung und Warten mit in Betracht zieht. Der Einsatz von Unterstützungsteams, um telefonisch Wiederholungsbestellungen aufzunehmen und den Routinekontakt zu halten, ist eine Möglichkeit, um die wertvolle Verkaufsressource optimaler auszunutzen.

Verkaufsförderung

Zeitlich beschränkte Veränderungen bei den Elementen des Marketingmix können genutzt werden, um den Verkauf zu fördern. Verkaufs-

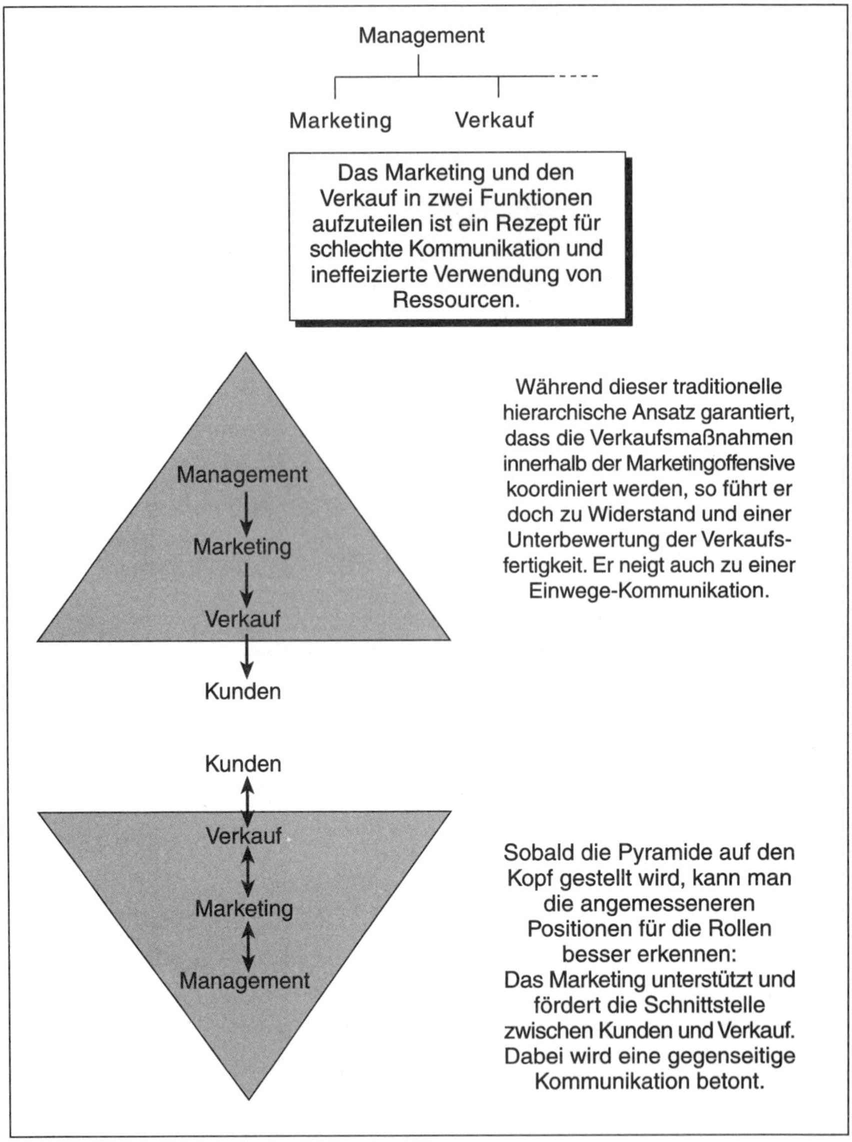

Abbildung 9.8: Die Verkaufs- und Marketingaktivitäten organisieren

fördernde Maßnahmen werden normalerweise taktisch eingesetzt und können bei der Umwandlung von Aufmerksamkeit in Handlung behilflich sein. Das gilt zum Beispiel bei der Markteinführung eines neuen Produkts oder dem Aufbau von Beziehungen durch zunehmende Wiederholungskäufe oder -besuche.

Verkaufsförderung kann ein wirkungsvolles Instrument sein, wenn sie kreativ und angemessen eingesetzt wird. Verkaufsförderung sollte innerhalb der Gesamt-Kommunikationsaktivität kombiniert und entwickelt werden, um die Verkaufsmaßnahmen zu unterstützen und den Einfluss der Werbekampagnen zu vergrößern. Die Angebote müssen für die Zielgruppe sofort attraktiv sein und von ihr als Mehrwert erkannt werden. Ein Angebot, das mit Preisnachlässen winkt, wird in einem preisunempfindlichen Segment nur begrenzt attraktiv sein. Geschenke oder potenzielle Preise müssen mit der Qualität und dem Image der Marke in Einklang stehen.

Ziel und Koordination

- Es ist allzu einfach, sich eine verkaufsfördernde Idee auszudenken, bevor das Ziel identifiziert worden ist. Das Ergebnis ist ein Programm mit kreativen Ad-hoc-Ereignissen, die keine integrierte Rolle bei der Verwirklichung der spezifizierten Kommunikations- und Marketingziele spielen.
- Wenn Werbeangebote und -events unkoordiniert eingesetzt werden, können sie zwar das Interesse der Kunden verstärken, sie werden jedoch nicht den Nutzen für das Unternehmen maximieren.

Kontrollen

Die gesetzlichen und freiwilligen Kontrollen auf dem Gebiet der Verkaufsförderung sind ziemlich komplex. Wenn man sich vor der Entwicklung einer Werbemaßnahme informiert und beraten lässt, können potenzielle Kosten oder ein möglicher Imageverlust vermieden werden, falls eine Werbemaßnahme ins Kreuzfeuer der Kritik gerät.

Eine Checkliste für die Entwicklung der Verkaufsförderung

Das Audit

- In welchem Stadium befindet sich der Produktlebenszyklus?
- Was sind die Kommunikationsziele?
- Wie sehen der Markenwert und die vereinbarte Positionierung aus?
- Wer ist die Zielgruppe und welche Bedürfnisse und Präferenzen hat sie?
- Wie ist die Geschichte der verkaufsfördernden Maßnahmen für dieses Produkt oder dieses Unternehmen?
- Welche anderen Kommunikationsaktivitäten sind geplant?

Setzen Sie Zielvorgaben
Legen Sie klare, quantitative Zielvorgaben für die Verkaufsförderung fest, die zeitlich gestaffelt sind.

Entwickeln Sie eine Strategie
- Erarbeiten Sie verkaufsfördernde Maßnahmen durch Brainstorming, um die Verwirklichung Ihrer Zielvorgaben zu fördern.
- Wählen Sie die Option aus, die am besten mit den Bedürfnissen Ihrer Kunden und Ihres Unternehmens in Einklang steht. Überprüfen Sie die folgenden Faktoren:
  - Image,
  - Auswirkungen auf die Logistik,
  - Kosten,
  - Integration mit dem restlichen Mix,
  - wahrgenommener Wert durch den Kunden,
  - Übereinstimmung mit den relevanten Verhaltensregeln.

Feedback organisieren
Legen Sie fest, wie die Verkaufsförderung beurteilt werden soll, und führen Sie Feedback-Mechanismen ein.

Umsetzung
- Kümmern Sie sich um Bezugsquellen für Geschenke und Waren.
- Informieren Sie alle Beteiligten oder Betroffenen, inklusive der Verkaufsteams und des Vertriebs.
- Koordinieren Sie andere Elemente des Kommunikationsmix.
- Legen Sie einen Werbezeitplan fest und kommunizieren Sie ihn.

McDonald's »gets its kicks from Route 66«
1995 entwickelte McDonald's in Großbritannien seine sehr erfolgreiche »Route-66«-Werbung. Sie ist ein gutes Beispiel, wie Werbung innerhalb des gesamten Kommunikations- und Marketingmix integriert sein sollte, um ihre maximale Wirkung zu erzielen. Die Werbung bot eine Reihe von speziellen Gerichten an, die sich auf Orte entlang der berühmten Route 66 in den USA bezogen. Die Werbung basierte auf dem amerikanischen Image von Spannung und Aufregung, um den Absatz bei jungen Erwachsenen zu steigern. Eine Reihe von »Thelma-and-Louise«-TV-Spots wurde von Gestaltungselementen und Route-66-Hintergrundmusik in den Läden unterstützt sowie der Chance, einen Urlaub in den USA zu gewinnen.

Public Relations

Public Relations (PR) wird oftmals als Aschenputtel im Kommunikationsmix behandelt. Fälschlicherweise wird PR als »kostenlos« betrachtet und als Nebensächlichkeit von begrenztem Wert abgetan. Tatsache ist allerdings, dass PR häufig ein sehr effektives Kommunikationsmittel ist, weil es von den Zielgruppen als objektiv angesehen wird. Wie die anderen Kommunikationselemente erfordert PR jedoch auch den Einsatz von Zeit und Hingabe, um erfolgreich oder effektiv zu sein.

Nicht jeder kann »Öffentlichkeitsarbeit machen«

- Weisen Sie auf jeden Fall ein Budget zu, und legen Sie Mechanismen fest, um die Effektivität der PR zu messen.
- Identifizieren Sie PR-Aspekte im Planungsstadium aller Kommunikations- und Geschäftsaktivitäten.
- Verschicken Sie nicht nur Pressemitteilungen über die »Ausverkauft«-Erfolge, sondern auch über »Bald erhältlich«-Angebote.

Öffentlichkeitsarbeit gibt es nicht kostenlos: Professionelle PR-Unterstützung kostet Geld, ebenso das Einladen und Unterhalten der Medienvertreter, die Umsetzung von Maßnahmen oder auch nur das Fotografieren und Verteilen der Fotos. Letztlich können alle Ihre Anstrengungen umsonst gewesen sein, wenn sie nicht in den richtigen Medien erwähnt werden; die Erzeugung von Öffentlichkeit kann nicht wie Werbung kontrolliert werden. Sie müssen Redakteure und Journalisten beeinflussen, damit sie Ihre Story übernehmen oder Ihr Produkt ausprobieren.

Pressemitteilungen

- Um die Verwertungschancen von Pressemitteilungen zu erhöhen, bedenken Sie die Bedürfnisse der Zeitschrift, des Fernsehens, des Radioprogramms oder der Zeitung. Produzenten und Redakteure wünschen Geschichten, welche Aufmerksamkeit erzeugen, die lustig oder informativ sind und von denen sie glauben, dass sie ihr Publikum interessieren.
- Kreieren Sie Pressemitteilungen, die auf die Interessen jeder Publikation zugeschnitten sind. Schicken Sie immer Fotos mit und bieten Sie wenn möglich ein Interview an.
- Halten Sie Pressemitteilungen kurz und informativ. Geben Sie die Quelle deutlich an und fügen Sie eine Kontaktnummer für Nachfragen bei.

Dokumentation

- Halten Sie immer eine Kamera mit einem Schwarz-Weiß-Film bereit, um Fotos von ungewöhnlichen Ereignissen, bekannten Kunden oder anderen Dingen mit Nachrichtenwert zu schießen.
- Arbeiten Sie mit Lieferanten und Kunden zusammen, um Chancen für gemeinsame Werbethemen zu identifizieren, wie die Unterzeichnung eines neuen Vertrags oder die Eröffnung eines neuen Geschäfts.
- Ermuntern Sie Ihre Mitarbeiter, PR-Möglichkeiten zu melden. Die besten Geschichten kommen oft von denjenigen, die direkten Kontakt zur Kundschaft haben. Richten Sie Systeme für eine schnelle Reaktion darauf ein.

Es lohnt sich, Kontakte mit Journalisten in Ihrer Gegend zu entwickeln. Dies können Journalisten der Lokalzeitung oder des Lokalradios sein oder in der für Ihr Geschäft relevanten Fachpresse. Sprechen Sie mit ihnen im Voraus über anstehende Aktivitäten und Veranstaltungen. Diese Hintergrundberichterstattung kann sich oftmals als viel attraktiver erweisen als die formellen und gestellten Fotogelegenheiten. Bieten Sie jeder Publikation einen einzigartigen Blickwinkel, und versuchen Sie, für das jeweilige Publikum Dimensionen von besonderem Interesse zu betonen.

Schlechte Schlagzeilen

- Es kann vorkommen, dass ein Ereignis schlechte Schlagzeilen nach sich zieht. Dies ist für das Management nicht die Zeit, den Kopf in den Sand zu stecken.
- Man sollte schon im Voraus auf einen solchen Fall vorbereitet sein. Legen Sie einen Sprecher fest und verdeutlichen Sie gegenüber den Medien die Maßnahmen, die Sie eingeleitet haben, um das Problem zu beheben oder zu mildern. Etablierte Medienkontakte sind hilfreich, damit Ihre Meinung garantiert gehört wird.
- Der Schaden durch die Medienberichterstattung kann deutlich verringert werden, wenn man demonstrieren kann, dass das Problem schnell und fair angegangen wurde.

Ein Gartencenter sät einige wenige Samen

Ein kleines örtliches Gartencenter, Phoebes in Catford (GB), war mit einer Kamera vorbereitet, als sintflutartige Regenfälle über der Gegend niedergingen. So wie bei vielen anderen Häusern wurde der Treibhausbereich knietief unter Wasser gesetzt. Auf den Titelseiten der Lokalzeitungen waren in dieser Woche Fotos zu sehen, die engagierte Mitarbeiter zeigten, wie sie das Wasser aus dem Laden entfernten. Für ein lokales Unternehmen, das sich nicht im Geschäftszentrum befindet und vor Ort nicht sehr bekannt ist, brachte diese Berichterstattung ein deutlich erhöhtes Profil innerhalb der Gemeinde mit sich.

Messen und Ausstellungen

In bestimmten Geschäftskundenbereichen sind Messen und Ausstellungen ein zentrales Element der Kommunikationsaktivitäten. Bei einer relativ kleinen und leicht identifizierbaren Kundschaft bieten Branchenereignisse eine kostenwirksame Gelegenheit, um Käufer zu treffen und neue Produkte vorzuführen. Diese Messen erfordern jedoch große Anstrengungen. Es reicht nicht, einen Platz zu buchen und einen Vertreter dorthin zu schicken. Die Stände müssen angemessen mit kompetenten Unternehmensvertretern besetzt sein.

Der Messestand

- Versuchen Sie nicht, bei der Anzahl der Mitarbeiter zu sparen. Sobald Sie sich entschieden haben, an einer Messe oder Ausstellung teilzunehmen, müssen Sie angemessen vertreten sein. Zu wenige Mitarbeiter, um die Besuchermenge zu verkraften, und nicht ausreichende Pausen für die Mitarbeiter bedeuten nicht nur, dass Hinweise verloren gehen. Erschöpfte Mitarbeiter sind auch schwer zu motivieren, sich um neue Geschäftskunden zu kümmern, die sie treffen.
- Stände sollten professionell aussehen. Vermeiden Sie Unordnung und schmutzige Kaffeetassen. Wenn Sie zu viele Mitarbeiter vor Ort haben, schicken Sie einige für eine Stunde weg, sonst haben Sie mehr Mitarbeiter als Gäste am Stand.
- Messen Sie den Erfolg einer Ausstellung oder Messe nicht an den direkten Verkäufen. Nur wenige Firmen nutzen Messen, um zu verkaufen. Sie möchten sich bekannt machen und Interesse erzeugen. Qualifizierte Hinweise (auf Trends, Entwicklungen oder Ähnliches) und eine Erweiterung der Datenbank mit möglichen Kunden sind realistischere Zielsetzungen. Kontrollieren Sie zukünftige Verkäufe, die sich aus diesen Informationen ergeben. Die Zielvorgaben für eine Messe sollten jedoch an den qualifizierten Informationen orientiert werden, die man gewonnen hat.

Die Kosten und den Nutzen gegeneinander aufwägen

Obwohl die quantitative Messung von möglichen Kunden und eventuellen Verkäufen für ein effektives Feedback von Messen eine zentrale Funktion hat, sollten die weniger greifbaren positiven Ergebnisse nicht übersehen werden. Dazu gehört zum Beispiel der erneuerte Kontakt mit den existierenden Kunden. Es ist zudem einfach, die versteckten Kosten der Messeanwesenheit zu übersehen. Dies können zum Beispiel weniger Verkaufsgespräche sein, da Mitarbeiter für die Messe von ihren normalen Verkaufsaktivitäten abgezogen werden mussten.

Postwurfsendungen

Verbesserte Technologien und ein verbessertes Datenbank-Management haben Postwurfsendungen zu einer Alternative gemacht, die nicht übersehen werden sollte. Adressenlisten lassen sich leicht besorgen. Wenn man Aufmerksamkeit erzeugen möchte, dann kann das Versenden von Broschüren, Angeboten und Informationsmaterialien an Zielgruppen eine kosteneffektive Maßnahme darstellen. Im Verbund mit der Verkaufsförderung können Postwurfsendungen die Kunden ermuntern, ein Produkt auszuprobieren. Hier kann es zum Beispiel um die Probefahrt mit einem neuen Auto gehen oder um die Anforderung eines Preisangebots. Ein effektives Management der eigenen Datenbank kann ein kostengünstiges Mittel sein, um Kunden zum Beispiel über neue Produkte zu informieren.

Reklame
Die Kunden sind die Leidtragenden dieser Entwicklung, weil sie riesige Mengen unerwünschter Reklame in ihren Briefkästen vorfinden. Sie müssen deshalb dafür sorgen, dass alle Materialien, die Sie versenden, professionell erstellt worden sind. Sie müssen zudem Aufmerksamkeit erzeugen, den Nutzen herausstreichen und nicht nur Merkmale aufzählen.

Merchandising und Verkaufsorte

Wann immer Kunden Ihr Geschäft oder Unternehmen betreten, ergibt sich die Möglichkeit, Merchandising und Point-of-Sale(POS)-Methoden einzusetzen, um die Kommunikationsmaßnahmen zu unterstützen. Diese Instrumente wurden im Einzelhandel erfolgreich ausprobiert und werden ansonsten in kaum einem anderen Umfeld eingesetzt. Für viele Unternehmen stellen sie eine verpasste Kommunikationsgelegenheit dar.

Werbung im Internet, Werbeangebote per Fax und interaktives Fernsehen sind Beispiele, wie sich die Kommunikationsinstrumente in Zukunft verbessern und zu vermehrten Möglichkeiten führen werden. Als Marketingexperte ist es Ihre Aufgabe, mit den möglichen Optionen vertraut zu sein. Sie müssen ihre Stärken und Schwächen kennen. Kann eine Methode für Ihr Unternehmen Aufmerksamkeit schaffen und erhalten, Interesse erzeugen, eine Einstellung ändern und zum Kauf anregen?

Sich selbst betrachten

Betreten Sie Ihr Geschäft oder Unternehmen als Kunde. Gehen Sie zum Empfang oder zur Information und schauen Sie sich um. Gehen Sie jetzt zum Wartezimmer. Werden hier Firmenprodukte und Informationen ausgestellt? Sind die Botschaften klar und koordiniert oder gibt es nur eine zufällige Auswahl an gerahmten Publicity-Fotos?

Der Werbeplan

Sobald Sie alle Elemente eines Plans betrachtet haben, können Sie diese zu einem einheitlichen Plan zusammenfügen, der mit einem Zeitplan versehen wird. Als schriftliches Dokument sollte der Werbeplan genau dieselbe Struktur haben wie die Unternehmens- und Marketingpläne. Die folgenden fünf Fragen sollten Sie deshalb beantworten:

- Wo befinden wir uns momentan?
- Was ist unser Ziel?
- Wie gelangen wir dorthin?
- Wer tut was und wann?
- Befinden wir uns auf dem richtigen Weg?

Wo befinden wir uns momentan?

Das Werbeaudit wird Hintergrundinformationen liefern, wie hoch der Bekanntheitsgrad und der Umsatz momentan sind. Auch wird man etwas über die Einstellung der Kunden zu der Firma oder dem Produkt erfahren.

Die Marketingstrategie sollte festlegen, welches Kundensegment anvisiert ist, welche Positionierung erforderlich ist und wer in der Entscheidungsinstanz das Zielpublikum darstellt.

Was ist unser Ziel?

Bezüglich der Aufmerksamkeit, der Einstellungen und der Handlungen sollten klare Ziele definiert werden.

Wie gelangen wir dorthin?

Die Werbestrategie erläutert die Mischung der einzusetzenden Kommunikationsinstrumente.

Wer tut was und wann?

Die Details der taktischen Werbeaufgaben müssen koordiniert werden, um eine Synergie der Maßnahmen bei allen in einer Kampagne eingesetzten Medien zu erzielen.

Befinden wir uns auf dem richtigen Weg?

Anhand des detaillierten Zeitplans sollte man den Fortschritt ablesen können. Daneben sollten auch Feedback-Mechanismen und Maße bestimmt werden. Geprüfte Benchmarks in Bezug auf den Bekanntheitsgrad und die Einstellung vor der Kampagne können mit Ergebnissen verglichen werden, die während und nach der Kampagne ermittelt wurden. Marktforschung in Bezug auf Erinnerungswerte und die Höhe der Anfragen kann während einer Kampagne eingesetzt werden. Sowohl formelle als auch informelle Methoden können verwandt werden, um die erforderlichen Feedbackdaten zu erhalten. Diese Informationen sind für die Manager bei der Planung ihrer nächsten Kampagne von unschätzbarem Wert. Sie können auch Schwachstellen im jetzigen Plan offenbaren.

Der Etat

Es wurde mit vielen unterschiedlichen Methoden versucht, Werbeetats aufzustellen. Doch die Methoden erkennen die Beziehung von Ursache und Wirkung zwischen der Werbeaktivität und dem Kundenverhalten nicht an.

Wettbewerbsparität ist ein solches Modell: Es ignoriert Ihre Zielvorgaben und legt stattdessen einen Etat gemäß eines Branchendurchschnitts oder einer Branchennorm fest. Dieser Ansatz kollektiver Weisheit ist fragwürdig, wenn alle Konkurrenten denselben Ansatz wählen.

»Was können wir uns erlauben?« Dies ist ein weiterer beliebter Ansatz. Hier wird ein jährliches Budget wie eine Art Geschenk oder Opfer zugeteilt, anstatt danach zu gehen, was man ausgeben *muss.*

»Das Budget vom letzten Jahr und ein bisschen plus.« Auch dieser Ansatz berücksichtigt nicht die Erfordernisse dieses Jahres: Was wollen wir jetzt erreichen, und wie sieht das heutige Umfeld aus.

Prozentsatz vom Umsatz. Nach dieser Methode wird der Gesamtumsatz des letzten Jahres genommen und 2, 3 oder 4 Prozent davon als Werbeetat für dieses Jahr zugewiesen. Man scheint davon auszugehen, dass der Verkauf vor den Werbeausgaben kommt. Auch hier wird die Beziehung von Ursache und Wirkung nicht eindeutig herausgearbeitet.

Eine bessere Methode wäre es, das Gesamtziel in Einnahmen umzurechnen und dann den Etat als Prozentsatz davon zu berechnen. Hier wird die Werbung als eine Art von Grenzkosten gewertet, die aber als Prozentsatz der Einnahmen fixiert sind.

Die beste Methode ist jedoch diejenige, die zuerst danach fragt, wie die erforderlichen Werbeergebnisse aussehen, wie sie erreicht werden sollen und wie viel das kosten wird. Bei dieser Ziel- und Aufgabenmethode ist klar zu erkennen, dass der Werbeinput einen erwünschten Output erzeugt. Ursache und Wirkung können verstanden werden. Das Kommunikationsteam kann nun eine Etatzuweisung fordern und verteidigen. So wird garantiert, dass der Planungsprozess von unten nach oben gestaltet wird und nicht umgekehrt.

Ziele

- Ein Prozentsatz vom Umsatz ist immer noch keine ideale Methode, um ein Werbeziel zu definieren. Die Methode kann jedoch Anhaltspunkte liefern, um den wahrscheinlichen Etatumfang zu bestimmen und die gegenwärtigen Werbeausgaben zu bewerten. Es gibt keine festen Regeln, und das Niveau wird von der Phase des Lebenszyklus, der Natur der Branche und dem gegenwärtigen Umfang der Aktivitäten bestimmt.
- Allgemein gesagt liegen Ausgaben in Höhe von 1,5 bis 6 Prozent der geschätzten Einnahmen innerhalb der normalen Bandbreite. Zum Beispiel benötigt ein ausgereiftes Produkt für den Geschäftskundenbereich vielleicht nur 1,5 Prozent, um das Kundeninteresse wach zu halten.

Ein aufstrebendes Verbraucherprodukt, das eine breitere Kundschaft ansprechen möchte, braucht hingegen vielleicht 6 Prozent.

Externe Agenturen anstellen

Die meisten Unternehmen nehmen unabhängig von ihrer Größe die Dienste externer Agenturen in Anspruch, wenn es um die Erarbeitung und Durchführung von Werbekampagnen geht. Die Aufgabenstellung muss wie die für ein Marktforschungsinstitut präzise sein. Das Segment sollte detailliert dargestellt werden, ebenso sein Verhalten und seine Vorlieben. Eine passende Agentur auszuwählen ist eine wichtige Aufgabe, weil man davon ausgeht, dass man mit derselben Agentur mehrere Kampagnen gestalten wird.

Eine Checkliste, um eine Agentur auszuwählen

- Bietet die Agentur die Bandbreite von Dienstleistungen an, die Sie benötigen?
- Deckt sie das von Ihnen gewünschte Gebiet ab?
- Kennt sie Ihr Produkt oder Ihre Kunden?
- Hat sie irgendwelche Interessenkonflikte?
- Wie erfolgreich ist sie?
- Mögen Sie die Leute?
- Ist die Agentur wirtschaftlich gesund und organisatorisch zuverlässig?
- Wie wichtig wäre Ihr Unternehmen für die Agentur?

Werbepläne müssen genauso logisch strukturiert sein wie alle anderen Pläne auf den weiteren Stufen der Planungshierarchie. Man kann leicht Werberessourcen verschwenden. Deshalb sind Feedback und eine sorgfältige Analyse der Effektivität der Maßnahmen unbedingt notwendig, um reines Raten bei den Werbeaktivitäten zu vermeiden.

10

Umsetzung und Kontrolle

Pläne erfolgreich umsetzen

Die Aufstellung von Plänen ist für sich genommen keine sehr anstrengende Aufgabe. Man benötigt ein wenig Vorbereitung und Überlegung, doch eigentlich handelt es sich um einen simplen Prozess. Der wahre Test erwartet die Manager bei der Umsetzung der Pläne. Viele Manager, wenn nicht sogar die Mehrheit, sehen den jährlichen Planungsprozess als reine Testübung an, die vom leitenden Management nur als Beschäftigungstherapie erfunden wurde. Von der dynamischen und kontinuierlichen Natur des Planens ist nur wenig zu spüren. Die Pläne stehen fest und sind hauptsächlich eine Papierarbeit. Es gibt keine offensichtliche Verbindung zwischen den Ausführungen im Plan und den Handlungen, die in den folgenden Wochen vollzogen werden. Bei kleinen Unternehmen ist Planung oftmals eine der Aufgaben, für die es niemals genügend Zeit gibt. Die Vorstellungen, wie die zukünftigen Ergebnisse gemanagt werden sollen, existieren nur isoliert in den Köpfen der Partner.

Die Umsetzungsphase ist der Schritt, der für den Erfolg der Planungsaktivität entscheidend ist. Wenn dieser Teil nicht funktioniert, war der ganze Aufwand umsonst. Deshalb sollten Sie bei der Planung der Umsetzungsphase mit besonderer Sorgfalt zu Werke gehen.

In diesem Kapitel werden die folgenden Komponenten einer effektiven Umsetzung und Kontrolle untersucht:

- die Gewinnung der Unterstützung von Kollegen und leitenden Managern;
- die Motivation und Beteiligung derjenigen, die den Plan umsetzen werden;
- die Methoden des internen Marketings.
- Wie werden Pläne in ein dynamisches Referenzdokument umgewandelt?
- Die drei Kontrollelemente: Information, Zeit und Kosten.
- Welche Techniken zur Kontrolle der Marketingaktivitäten gibt es?
- Wie wichtig ist die Kontrolle für die zukünftige Planung?

Unterstützung erlangen

Bis jetzt haben Sie nur einen Plan, der auf dem Papier existiert. Sie haben über eine bevorzugte Strategie entschieden und Sie kennen die

Ressourcen, die Ihnen zur Verfügung stehen, um Ihre Zielvorgaben zu verwirklichen. Jetzt müssen andere davon überzeugt werden, dass Ihre Einschätzung korrekt ist und wahrscheinlich Früchte tragen wird. Dazu gehören die Spitzenmanager, die aus den verschiedenen strategischen Geschäftseinheiten konkurrierende Anfragen nach Ressourcen erhalten. Es können aber auch die Partner sein, die noch unentschlossen sind, worin sie zukünftig investieren sollen, oder ein Kapitalgeber, dessen Unterstützung erforderlich ist.

Egal wessen Unterstützung nötig ist, der Plan kann ohne diese Hilfe nicht ausgeführt werden. Der erste Schritt zur Umsetzung ist also die Erlangung von Unterstützung. Dabei sollte man die Beteiligten als Kunden und den Plan als ein Produkt betrachten, das man ihnen verkaufen möchte. So können alle Instrumente und Rahmen, Tipps und Methoden der Marketingplanung benutzt werden, um das Publikum für sich zu gewinnen. Dies ist das Konzept des internen Marketings.

Sie sollten mit ein wenig Forschung beginnen. Sie müssen wissen, wer überzeugt werden muss, wie deren momentane Einstellung ist und welche Erfahrungen aus der Vergangenheit vorliegen. Wer konkurriert um ihre Unterstützung, und was sind ihre Stärken und Schwächen? Die Bedürfnisse der Beteiligten können Sie durch folgende Fragen besser verstehen:

- Gehen sie Risiken ein oder vermeiden sie diese eher?
- Wünschen sie Innovationen oder bevorzugen sie erprobte Möglichkeiten?
- Welche Rendite soll in welchem Zeitrahmen erzielt werden?
- Welche Garantien, Sicherheiten oder Beweise können Sie anbieten, um Ihre Strategie zu unterstützen?
- Wer hat den größten Einfluss, und wer sind die wichtigsten Entscheidungsträger in dieser Entscheidungsinstanz?

Sobald Sie Ihre Untersuchung und Analyse beendet haben, sind Sie in einer besseren Position, um Ihre Vorschläge kundenorientiert vorzutragen. Sie bieten für den Fall der Umsetzung Ihres Plans einen Nutzen, der von den Entscheidungsträgern geschätzt wird.

Ein kundenorientierter Ansatz bei internen Kunden akzeptiert, dass deren Bedürfnisse mit den Ergebnissen in Verbindung stehen, und nicht die Prozesse und Produkte, die eingesetzt werden, um die Ziele zu erreichen. Wann immer es geht, rechtfertigen Sie Ihre Entscheidungen durch den Verweis auf spezifische Ergebnisse. Folgende Aussage ist falsch: »Das neue Produkt ABC ist bei den Kunden ein klarer Gewinner, weil es besser funktioniert als das beste Konkurrenzprodukt.« Stattdessen sollte man Folgendes sagen: »Indem wir das Produkt ABC funktionaler gestalten, erzielen wir einen Wettbewerbsvorteil. Dadurch prognostizieren wir eine Vergrößerung unseres Marktanteils um 5 Prozent und einen Gewinn, der 2004 um eine Million Euro steigt.« Diese beiden Statements zeigen, dass es viel schwerer wäre, die zweite Aussage abzulehnen, wenn sie dazu eingesetzt würde, Unterstützung für Investitionen in Höhe von 250 000 Euro für das Produkt ABC zu gewinnen.

Immer präsentieren

Wenn man einen schriftlichen Bericht an das Management zur Begutachtung schickt, ist das so, als wenn man einem Kunden eine Broschüre zuschickt. Man wird vielleicht Aufmerksamkeit erlangen und Interesse erwecken, doch es ist nicht sicher, ob danach auch Handlungen folgen werden. Eine Präsentation hat dagegen die kraftvolle Wirkung eines persönlichen Verkaufsgesprächs. Über Einwände lässt sich diskutieren, man kann Kaufsignale wahrnehmen und darauf reagieren. Der Verkauf des Vorschlags kann auch gleich unter Dach und Fach gebracht werden.

Versuchen Sie deshalb immer, die Anwesenheit des Managements bei einer Präsentation sicherzustellen, wenn Sie Unterstützung für einen Plan gewinnen möchten. Selbst wenn Sie nur vor einem einzigen Bankmanager oder Kollegen stehen, nehmen Sie die Position des Präsentierenden ein, um ihr Publikum mit den wichtigsten Aspekten und Elementen des Vorschlags vertraut zu machen.

Viele Leute finden die Idee abschreckend, Präsentationen abzuhalten. Sie setzen sich derartigen Gelegenheiten deshalb nicht freiwillig aus. Es ist jedoch falsch, vor der eigenen Nervosität zu kapitulieren, denn bei sorgfältiger Planung wird die Präsentation relativ einfach und schmerzlos ablaufen. Und das Ergebnis wird die Unterstützung sein, die Sie wünschen.

Wie Sie bei Präsentationen vorgehen sollten

Wählen Sie einen Ort und eine Sitzordnung, die zum Publikum passt. Versuchen Sie Barrieren zwischen Ihnen und dem Publikum, wie einen

Tisch oder ein Pult, zu vermeiden. Sie werden mehr Unterstützung erhalten, wenn Sie in den Publikumsraum gehen. In beiden Sitzanordnungen der Abbildung 10.1 gibt es eine physische Barriere zwischen Ihnen und dem Publikum. Indem Sie das Publikum in einem »U« anordnen, können Sie seinen Raum betreten (siehe Abbildung 10.2). Dies entfernt die wahrnehmbare Barriere und wird als positive Körpersprache wahrgenommen. Wenn man wie in Abbildung 10.3 neben den Tisch tritt, ist er ebenfalls keine Kommunikationsbarriere mehr.

Planen Sie Ihre Botschaft sorgfältig und denken Sie an die Bedürfnisse ihrer Zielgruppe. Verlieren Sie nicht aus den Augen, was das Publikum von Ihnen hören soll und was es für Sie tun soll. Verwenden Sie diese beiden Erinnerungshilfen als Kriterien, um die Gültigkeit jedes Elements Ihrer Präsentation zu überprüfen.

Planen Sie, wie Sie Ihre Botschaft am besten verschlüsseln. Machen Sie großzügig von visueller Unterstützung Gebrauch, um einen maximalen Effekt zu erzielen. Dies können Overheadfolien, Flipchart-Bilder oder ein schriftliches Dokument sein, wie zum Beispiel eine Mappe für jedes Publikumsmitglied. Bei der Vorbereitung und Durchführung der Präsentation sollten Sie folgende Punkte beachten:

- Fassen Sie sich kurz, inklusive einer Zusammenfassung der wichtigsten Punkte. Sie können sich mit jedem Punkt intensiver beschäftigen, wenn Sie die einzelnen Aspekte behandeln.
- Wann immer möglich verwenden Sie Schaubilder, Tabellen, Diagramme und Ähnliches, um Zahlen zu präsentieren. In Abbildung 10.4 gibt es zu viele Zahlen, und das Publikum muss sich das Ergebnis selbst ausrechnen. Deshalb werden Sie Ihnen vielleicht nicht mehr folgen können. Wenn die optimistischen Verkaufsprognosen als Schaubild präsentiert werden, sind sie für das Publikum sofort nachvollziehbar (siehe Abbildung 10.5). Denken Sie jedoch daran, dass eine Veränderung der Skala an den Achsen auch die Neigung Ihrer Kurve ändert. Wählen Sie eine Skala, die zu Ihrem Publikum passt, je nachdem ob es ehrgeizig oder konservativ ist oder ob es Risiken liebt oder Risiken lieber vermeidet.
- Sorgen Sie für ein ähnliches Format und einen ähnlichen Stil auf allen Folien. Verwenden Sie Farben und viel weißen Freiraum, um ein professionelles und selbstbewusstes Image zu verbreiten.
- Erwähnen Sie immer wieder den Nutzen Ihres Vorschlags.
- Erläutern Sie dem Publikum die logischen Schritte, den Hintergrund,

die Ziele und die Strategie. Erwähnen Sie nicht zu viele taktische Details, da diese oftmals nur für Verwirrung sorgen. Beenden Sie die Präsentation mit einer klaren Aussage, was Sie vom Publikum erwarten.

- Vermeiden Sie es, zu viel auf einmal zu präsentieren. Man sollte nicht mehr als eine visuelle Unterstützung pro Minute oder alle zwei Minuten einsetzen. Erfahrene Redner brauchen sogar weniger.

Sobald der Rahmen Ihrer Präsentation steht, studieren Sie Ihre Präsentation ein. Ermöglichen Sie am Ende des Vortrags Fragen. Bereiten Sie Erinnerungsstützen auf Karteikarten vor, und ordnen Sie diese der Reihe nach. Halten Sie die Kärtchen mit einer Klammer zusammen, damit sie nicht durcheinander geraten. Je mehr Erfahrung man hat, desto eher kann man zum Beispiel die Folien als Stichwortgeber verwenden und ohne seine Notizen auskommen.

Versuchen Sie, die Präsentation am tatsächlichen Vortragsort zu proben. So können Sie überprüfen, wie die Ausrüstung funktioniert, zum Beispiel der Overheadprojektor. Kontrollieren Sie auch das Timing.

Am Tag der Präsentation selbst halten Sie Ihre Nervosität unter Kontrolle, indem Sie sehr frühzeitig ankommen, tief durchatmen und alle notwendigen Hilfsmittel zur Hand haben. Fangen Sie pünktlich an, und teilen Sie dem Publikum das Ziel Ihrer Präsentation mit. Erklären Sie, wie lange Sie brauchen und was Sie erzählen werden. Die goldenen Regeln jeder Präsentationsstruktur lassen sich auch hier anwenden:

- *Einführung:* Erklären Sie dem Publikum, was Sie sagen werden.
- *Mittelteil:* Sagen Sie es.
- *Zusammenfassung*: Erklären Sie nochmals, was Sie gesagt haben.

Abbildung 10.1: Physische Barrieren

Halten Sie schriftliche formale Berichte bereit, um Ihre Präsentation zu ergänzen.

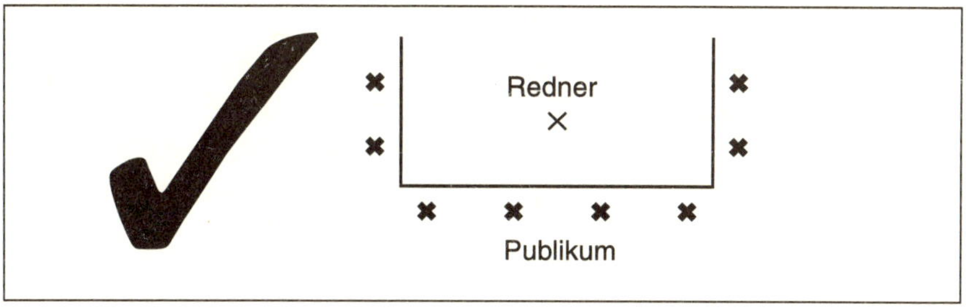

Abbildung 10.2: Aufhebung von Barrieren

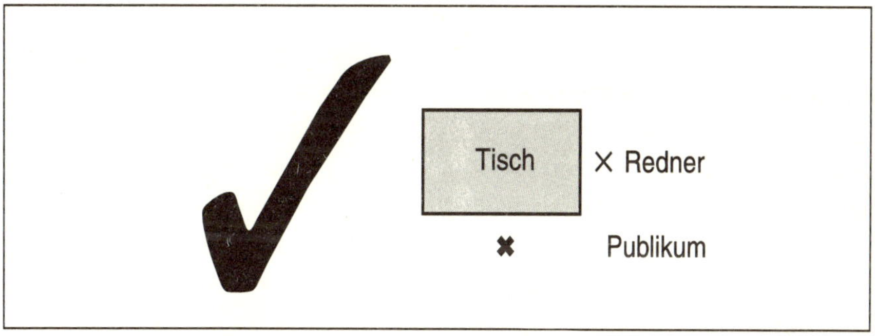

Abbildung 10.3: Aufhebung von Barrieren

Abbildung 10.4: Eine unvorteilhafte Verwendung von Zahlen

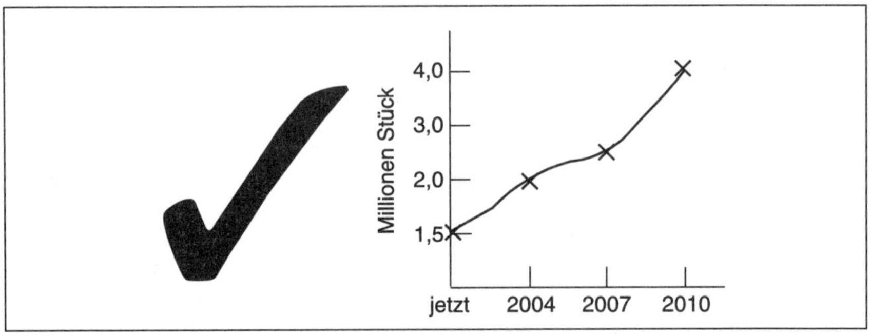

Abbildung 10.5: Grafische Darstellung von Zahlen

- Falls Ihr Plan auf dem Ziel- und Aufgabenansatz basiert, dann müssen Sie dem Publikum unbedingt klar machen, dass Sie das Ergebnis *nur* erzielen können, wenn Ihnen die notwendigen Ressourcen zur Verfügung gestellt werden.
- Sie müssen vermeiden, dass der Prozess der Unterstützungsgewinnung darin resultiert, dass die geforderten Ergebnisse erhöht und die zur Verfügung stehenden Ressourcen gekürzt werden. Auf diese Weise werden die Pläne wertlos. Niemand von denen, die bei ihrer Entwicklung mitgewirkt haben, fühlt sich dann noch verantwortlich dafür.
- Etatzwänge, die zum Beispiel durch finanzielle Schwierigkeiten oder eine Rezession hervorgerufen werden, sollten dennoch schon im gesamten Planungsprozess berücksichtigt werden. Sie sollten bereits als Schwächen oder Bedrohungen in der Auditphase identifiziert worden sein. Die danach gewählten Strategien sollten diesen Beschränkungen Rechnung tragen.

Die Ausführenden motivieren

Sobald ein Plan abgesegnet ist, erfordert der nächste Schritt bei der Umsetzung die Beteiligung all derjenigen, die für die Umsetzung verantwortlich sind oder daran beteiligt sein werden.

Viele von denen, die für die Umsetzung verantwortlich sind, werden hoffentlich schon am Planungsprozess beteiligt worden sein, indem sie für die Audits Input und für die Strategie und die taktischen Maßnahmen Ideen geliefert haben. Im Gegensatz zu dieser ersten Phase erfordert die jetzige Phase jedoch normalerweise die Einbeziehung einer größeren und potenziell unterschiedlicheren Zielgruppe. Vielleicht muss man die Zielgruppe also segmentieren. Der Prozess ist jedoch derselbe wie bei der ersten Phase:

- Identifizieren Sie das Segment und seine Bedürfnisse. Was möchten diese Leute wissen, und was sind vielleicht ihre Bedenken?
- Entwickeln Sie eine angemessene Botschaft, die für die Bedürfnisse der Zielgruppe relevant ist. Legen Sie danach die beste Methode zur Vermittlung der Botschaft fest, zum Beispiel eine Teamsitzung, persönliche Information, Verkaufskonferenz, Nachrichtenbrett oder Rundschreiben an die Mitarbeiter.
- Bereiten Sie die Präsentation vor und üben Sie. Entwickeln Sie ein Programm, damit alle Schlüsselsegmente die Botschaft garantiert ungefähr zur gleichen Zeit erhalten.

Viele ansprechen

Verfallen Sie nicht dem Irrtum, nur die unmittelbar Beteiligten anzusprechen. Bei der Markteinführung eines neuen Produkts wäre dies zum Beispiel das Verkaufsteam. Die Kundendienstmitarbeiter, die PR-Abteilung und die Lieferanten können aber alle mit Kundenanfragen konfrontiert werden. Der Vertrieb und die Logistik benötigen die Lieferspezifikationen, während sich die Finanzabteilung mit zusätzlichen Kundenkonten oder speziellen Preisangeboten für die Einführungsphase beschäftigen muss.

Nutzen verdeutlichen

- Falls der Plan für diejenigen, die ihn ausführen sollen, große Veränderungen mit sich bringt, dann muss man sich den Nutzen dieser Änderungen klar machen und ihn gegenüber den Betroffenen verdeutlichen. Zum Beispiel kann man im Vertriebswesen mit dem Versprechen eines höheren Absatzes oder einer bevorzugten Behandlung locken. Wenn man das per Telefon arbeitende Verkaufsteam bittet, die Arbeitsschichten zu ändern, um die Öffnungszeiten für Buchungen zu verlängern, dann muss man als Lockmittel für den Wandel vielleicht finanzielle Anreize bieten oder zusätzliche Urlaubstage.
- Es ist wichtig, sich die Auswirkungen der Änderungen zu überlegen, bevor man die Präsentation vor den Mitarbeitern hält. Sie werden sicherlich eventuelle Probleme schnell erkennen und sofortige Antworten auf ihre Bedenken wünschen.

Was ist internes Marketing?

Wenn Sie Ihren Plan den leitenden Managern oder den Mitarbeitern »verkaufen«, dann betreiben Sie internes Marketing. Weil eine erfolgreiche Umsetzung ohne die Unterstützung dieser Gruppen unmöglich wäre, ist es sinnvoll, sich dafür genug Zeit zu nehmen. Wenden Sie die Rahmen, Methoden und Konzepte des Marketings an, um das Verhalten und die Handlungen einer internen Zielgruppe zu beeinflussen, dann sind Sie mit internem Marketing beschäftigt.

Wie viel internes Marketing nötig ist, hängt von der Größe der internen Planungslücke ab. Ein Beispiel dafür wäre der Unterschied zwischen den Ressourcen, die Ihnen das Management geben möchte, und dem, was Sie für dieses Projekt tatsächlich brauchen. Ein weiteres Beispiel wären die jetzigen Arbeitsbedingungen und diejenigen nach den Änderungen. Wenn man an internes Marketing denkt, sollte man vor allem den Risikograd, den Grad des Wandels sowie die benötigten Ressourcen bedenken.

Ihre eigene Rolle
Wenn Ihre Pläne vom Management nicht angenommen werden, betrachten Sie Ihre eigene Rolle beim effektiven Verkaufen und Präsentieren der Vorschläge. Verdeutlichen Sie dem Management den relevanten Nutzen, und erkennen Sie die Kosten der Vorschläge in Bezug auf Risiken oder alternative Möglichkeiten, die nicht gewählt werden? Machen Sie nicht das Management verantwortlich, bevor Sie nicht Ihre eigenen Marketingfertigkeiten unter die Lupe genommen haben.

Ein Plan und eine Strategie für das interne Marketing

Das interne Unternehmensziel sollte so klar und quantitativ messbar sein wie jedes andere Ziel. Sie möchten zum Beispiel einen Etat über 1,5 Millionen Euro erhalten, um die erste Phase Ihrer europäischen Initiative zu entwickeln. Das interne Ziel kann sein, vor der Etatsitzung nächsten Monat die Unterstützung von mindestens 60 Prozent des Vorstands für diese Initiative zu gewinnen. Bei 20 Vorständen müssen 12 überzeugt werden. Sie können das Publikum segmentieren und bei denjenigen mit der Lobbyarbeit beginnen, welche die europäische Initiative am ehesten unterstützen werden. Alternativ können Sie die

Unterstützung für einen neuen Marketingplan von einem Betriebsteam suchen. Dabei können Sie folgendes Ziel definieren:

»Innerhalb von zwei Wochen die Unterstützung für den Marketingplan des nächsten Jahres von allen Gruppen zu erhalten, die direkt oder indirekt mit seiner Umsetzung beschäftigt sein werden und ihnen die Auswirkungen verdeutlicht zu haben.«

Segmentierung

Hierbei ist entscheidend, nicht alle internen Kunden gleich zu behandeln. Genau wie bei einem externen Markt erfordert die Zielgruppe Segmentierung. Für jede Schlüsselgruppe ist vielleicht ein anderer Ansatz erforderlich. Einige Segmente lohnt es sich unter Umständen überhaupt nicht anzusprechen. Zum Beispiel eine Gruppe von Vorstandsmitgliedern, die deutlich gegen den europaweiten Vertrieb eingestellt ist, lässt sich wahrscheinlich nur schwer für eine pro-europäische Initiative gewinnen. Es wäre also besser, Ihr Publikum zweizuteilen:

- Bewahren Sie die Unterstützung der Vorstandsmitglieder, von denen Sie wissen, dass sie im Allgemeinen für eine Ausweitung des Vertriebs sind.
- Konzentrieren Sie Ihre Anstrengungen auf diejenigen, die zögern oder unentschieden sind.

Innerhalb eines Teams haben unterschiedliche Gruppen von Mitarbeitern womöglich unterschiedliche Interessen. Die Prämien für das Verkaufsteam, die Anforderungen an das Vertriebsteam und die Benchmarks zur Verbesserung der Kundenbetreuung müssen unterschiedlichen Teams unterschiedlich präsentiert werden.

Positionierung

Es wurde bereits erläutert, wie eine Strategie als risikoreich oder risikoarm lanciert werden kann, um Spitzenmanager zu beeinflussen. Auch Änderungen und Pläne können Firmenangehörigen auf verschiedene Weise präsentiert werden. In Abbildung 10.6 können Änderungen oder Pläne an der Position X attraktiv sein. Das Management kann hier sagen: »Es ist nicht unsere Schuld, dass Änderungen notwendig sind.« Im Hintergrund schwingt die Peitsche für den Fall, dass es keine Änderungen geben wird. Die Position Y wird von einem Management eingenommen, das die Situation kontrolliert und optimistisch ist, das Gelegenheiten bei den Haaren packt und in die Zukunft schaut. Das angedeutete Zuckerbrot dieses Ansatzes ist die Spannung des Wandels.

Sie sehen, wie leicht man sich für Änderungen und Pläne entschuldigen kann. Wenn Sie jedoch bei X Stellung beziehen, dann wird es sehr schwer sein, die Änderungen enthusiastisch und motivierend zu verkaufen. Wenn das Management nicht überzeugt und nicht enthusiastisch wirkt, dann wird sich das schnell herumsprechen.

Manager müssen sich sehr sorgfältig überlegen, wie sie ihren Plan am besten positionieren. Alle Botschaften, die sich darauf beziehen, sollten dann koordiniert und intern konsistent sein. Es gibt viele mögliche Dimensionen, nach denen Sie Ihren Plan positionieren können:

- risikoreich/risikoarm;
- Möglichkeit/Bedrohung;
- kurzfristig/langfristig;
- nur geringe Auswirkungen auf die Mitarbeiter/bedeutende Auswirkungen auf die Mitarbeiter;
- keine andere Wahl/den Wandel selbst wählen;
- leicht zu erreichen/schwer zu erreichen;
- die Mitspracherechte der Mitarbeiter verbessern/den Einfluss der Mitarbeiter reduzieren;
- höheres Einnahmepotenzial/niedrigeres Einnahmepotenzial;
- macht den Job der Mitarbeiter leichter/macht den Job der Mitarbeiter schwerer.

Sie müssen den Plan, den Sie umsetzen wollen, sowie die Eigenschaften Ihrer Belegschaft oder anderer Beteiligter überdenken oder gar ändern, bevor Sie über eine angemessene Positionierung entscheiden.

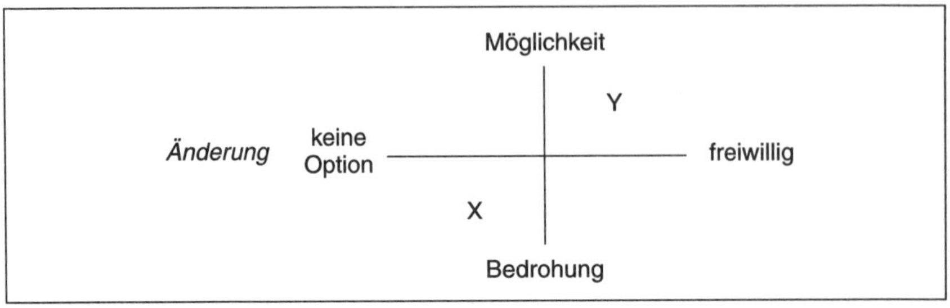

Abbildung 10.6: Die Planungsvorschläge positionieren

Interne Beziehungen

- Denken Sie daran, dass Sie mit Ihren Mitarbeitern genau wie mit externen Kunden eine Beziehung aufbauen und erhalten müssen. Es ist teuer, neue Kunden zu gewinnen. Das Gleiche gilt für das Einstellen und Ausbilden neuer Mitarbeiter. Langfristige Beziehungen sind zum einen von offenen Kommunikationskanälen abhängig, zum anderen vom Versenden ehrlicher und verlässlicher Botschaften.
- Man kann leicht Erwartungen wecken, die man nicht erfüllen kann. Das führt zu langfristiger Unzufriedenheit. Ein Beispiel: Sie gewinnen die Unterstützung der Belegschaft für einen Vorschlag, der nach Ihren Worten einfach umzusetzen ist und keine großen Auswirkungen auf die Mitarbeiter hat. Dann entlassen Sie 10 Prozent des Teams. Ihr internes Publikum wird Ihren zukünftigen Botschaften nicht trauen.

Ziele anvisieren

Innerhalb Ihrer Zielsegmente wird es Schlüsselpersonen geben, deren Unterstützung entscheidend ist. Diese Leute sollten Sie in der Forschungsphase identifiziert haben, sodass Sie differenziert und individuell auf diese Personen zugehen können. Das Verhalten dieser Schlüsselpersonen ähnelt in seiner Wirkung dem derjenigen Personen, die als Erste ein Produkt oder eine Dienstleistung erwerben: Andere werden ihrem Beispiel folgen. Der Erfolg Ihres Plans hängt davon ab, wie enthusiastisch diese Leute darauf reagieren.

Schlüsselfiguren

- Gehen Sie nicht davon aus, dass die Schlüsselfiguren notwendigerweise die formellen Teamchefs oder die Manager sind.
- Oftmals handelt es sich um informelle soziale »Chefs«, einen Gewerkschaftsvertreter, einen älteren, respektierten Werksarbeiter oder Mitarbeiter in der Rezeption, die Kontakte im ganzen Unternehmen haben oder die erfolgreichsten Verkäufer kennen. Sie müssen die internen Einflussstrukturen in Ihrer Geschäftseinheit kennen.

Interne Marketingtaktiken

Die vier Faktoren des Marketingmix bieten einen Rahmen, um die Umsetzung eines internen Marketingplans zu durchdenken.

Der Plan entspricht dem Produkt

Was ist die wichtigste Veränderung, die wichtigste Idee oder der wichtigste Vorschlag, für die oder den Sie Unterstützung erlangen möchten? Denken Sie daran, dass die Merkmale des Plans in Nutzen übersetzt werden müssen. Zum Beispiel könnte der Aufbau eines Teams zum Telefonverkauf, um die Vertreter vor Ort zu unterstützen, dem Verkaufsteam als Möglichkeit präsentiert werden, die effektive Verkaufszeit zu erhöhen und damit auch die verdiente Provision.

Was Sie intern verkaufen, ist das Ergebnis Ihres externen Marketingplans. Doch ist es nicht dasselbe. Zum Beispiel kann die Entscheidung, Ihre Produktpalette in den oberen Preisbereich zu verschieben und damit exklusiver zu machen, zu einer Reihe von internen Veränderungen führen. Dazu gehören folgende Faktoren:

- Das Verkaufsteam kann den Preis nicht mehr so frei verhandeln wie früher.
- Es werden andere Vertriebsagenten gewählt.
- Es gibt ein neues Werbeimage und einen neuen Kommunikationsstil im Umgang mit den Kunden.
- Möglicherweise wird die Belegschaft reduziert, wenn die Umsatzmenge durch die neue Positionierung sinkt.

Für die Umsetzung eines Plans ist entscheidend, dass man die Auswirkungen desselben erkennt.

Der Ort – wann und wo?

Im Marketing geht es beim »Ort« um die Möglichkeit zu kaufen. Im internen Marketing ist dies weniger offensichtlich. Hier geht es mehr darum, wann und wo die Pläne den Mitarbeitern präsentiert werden, um ihre Zustimmung zu erlangen.

Das Timing kann entscheidend sein. Wer erfährt als Erster etwas und wo? Wenn einschneidende Veränderungen zuerst auf der jährlichen Verkaufskonferenz vorgestellt werden, so erhalten sie kaum ein positives Echo. Individuelle Bedenken können nicht geäußert werden, und es gibt für Skeptiker die Möglichkeit, eine Ablehnungsfront zu bilden. Selbst wenn Sie nur mit wenigen Leuten zusammenarbeiten, ist das richtige Timing und die richtige Ortswahl für die Präsentation Ihrer Vorschläge eine schwierige Entscheidung.

Checkliste

Beachten Sie folgende Punkte, wenn Sie Pläne intern verkaufen:

- Wählen Sie Zeitpunkte, wenn sich die Mitarbeiter konzentrieren können. Fünf vor fünf am Freitagnachmittag oder kurz vor einem Kundentreffen sind also schlechte Gelegenheiten.
- Arbeiten Sie mit kleineren interaktiven Gruppen, um ein sofortiges Feedback zu ermöglichen.
- Delegieren Sie die Weiterleitung von Informationen an andere, sodass große Teile der Belegschaft die Botschaft zur selben Zeit erhalten.
- Wählen Sie einen angemessenen Ort, sodass sich die Mitarbeiter in dem Umfeld wohl genug fühlen, um Kommentare abzugeben oder Fragen zu stellen.
- Stellen Sie sicher, dass Besprechungen so durchgeführt werden, dass die Beteiligten das Gefühl haben, ihre Ansicht zählt, ihre Unterstützung ist wichtig und ihr Beitrag wird geschätzt. Ein Ansatz des »Friss-oder-stirb« wird kaum zu einer erfolgreichen Umsetzung Ihres Plans führen.

Der Preis: Was sind unsere Kosten?

Der Preis ist ein weiteres Element des Mix, bei dem es im internen Marketing manchmal zu Problemen kommt. Es gibt natürlich selten ein Preisschild für interne Veränderungen. Aber selbstverständlich hat alles seinen Preis. Manager, die dies erkennen und in der Lage sind, dies in ihre internen Pläne zu integrieren, zeigen ein beträchtliches Einfühlungsvermögen für ihr Publikum.

Veränderungen, die für Sie nur minimal erscheinen, können für andere ziemlich einschneidend sein. Eine Vorverlegung der Öffnungszeiten von neun auf acht Uhr kann zu Problemen bei der Kinderbetreuung oder dem Schultransport führen. Selbst kleinere Änderungen der Verkaufsbereiche können zu erhöhten Fahrtzeiten oder zu vermehrten Übernachtungen außer Haus führen. Sie sind dafür zuständig, den Preis Ihres Planes zu ermitteln. Sie müssen deshalb einen Nutzen präsentieren, der eine Unterstützung des Planes lohnenswert macht.

Die Werbung ist die Botschaft

Auf dem internen Markt funktioniert die Werbung oder Kommunikation praktisch genauso wie auf dem externen Markt.

Botschaften, die nur in eine Richtung versandt werden, wie zum Beispiel Medienwerbung, erlauben keine Reaktionsmöglichkeit. Sie erzeugen Aufmerksamkeit und Interesse, doch nur geringe Einstellungs- oder Verhaltensänderungen. Einzel- oder Gruppenbesprechungen sind wie ein persönliches Verkaufsgespräch. Sie sind effektiver, um das Verhalten zu ändern, doch sind sie in puncto Managementzeit ziemlich teuer.

Genau wie auf einem externen Markt wird am besten ein Kommunikationsmix eingesetzt. Dazu gehören Mitarbeiterbesprechungen, die durch Berichte, Memos, Beurteilungen und, wo nötig, durch Weiterbildungsmaßnahmen unterstützt werden. Posterkampagnen können die Kundenbetreuung verstärken. Auch Qualitäts-, Gesundheits- und Sicherheitspläne, Belegschaftsrundbriefe und Mitarbeiterzeitschriften sind nützliche Kanäle in größeren Firmen.

Kommunikationspläne sollten auf quantifizierten Zielen beruhen, die sich auf die von Ihnen identifizierten Segmente beziehen. So wird die interne Kommunikation zielgerichtet und zweckmäßig sein.

Mitarbeiter beschweren sich am häufigsten darüber, dass ihre Manager »nicht zuhören«. Achten Sie darauf, dass Ihre internen Kommunikationskanäle Feedback-Mechanismen beinhalten.

Kontrollen

Sie sollten ständig überprüfen, wie Ihr Plan intern ankommt. Umfragen zur Einstellung der Mitarbeiter, Kundenfeedback und Verkaufszahlen sind nur einige der Mechanismen, um die interne Akzeptanz der Pläne zu kontrollieren.

Einige Änderungen sind relativ leicht zu überwachen. Dazu gehört zum Beispiel die Anzahl der Mitarbeiter, die einen Kurs in Kundenbetreuung absolviert haben. Andere können nur an Benchmarks gemessen werden, die zu Beginn des Prozesses festgelegt wurden.

Ziele

- Legen Sie falls möglich greifbare Ziele fest, um die Umsetzung der Neuerungen zu unterstützen. Zum Beispiel kann eine Kundenorientierung durch das Erreichen eines Qualitätsstandards wie ISO 9000 oder BS 5750 ergänzt werden.
- Wenn Sie sich das interne Ziel setzen, einen der genannten Standards zu erreichen, haben die Mitarbeiter einen realen Rahmen für die Ver-

> änderungen. So können Sie den Betrieb auf die Bedürfnisse der Kunden neu ausrichten.

Eine Bemerkung zu Budgets

Interne Marketingbudgets sind vielleicht nicht so groß wie externe, doch internes Marketing ist nicht kostenlos zu haben. Das Management muss sich Zeit nehmen. Falls die Veränderungen auch noch den Umzug von Mitarbeitern oder deren Weiterbildung erfordern, dann können die Kosten für die Umsetzung nicht unerhebliche Ausmaße annehmen. Sie müssen deshalb in die Gesamtkosten für den Vorschlag einkalkuliert werden.

Die Pläne kontrollieren

Falls Sie nicht vorhaben, den Fortschritt Ihres Planes während der Umsetzungsphase zu kontrollieren, dann macht es eigentlich wenig Sinn, überhaupt einen Plan aufzustellen. Um ein gewünschtes Ergebnis garantiert zu verwirklichen, reicht es nicht, einen Plan einfach nur zu Papier zu bringen. Kontrollen sind nicht nur eine Option, sondern ein integraler Bestandteil des Planungsprozesses. Kontrollen existieren, um den Planungskreislauf zu schließen, um Feedback zum Fortschritt, zur Effektivität und zur Unterstützung für die Pläne des nächsten Jahres zu liefern. Selbst kleine Firmen können leicht Kontrollen in ihren Planungskalender einfügen, damit sie zu Routineelementen der Managementaktivitäten werden.

Warum Kontrollen nötig sind

Ihr Plan wurde auf der Grundlage einer Prognose zukünftiger Ereignisse und Aktivitäten im externen Bereich entwickelt. Bloß weil Sie vor acht Monaten angenommen haben, dass Ihre Wettbewerber sich nicht ändern werden, können Sie dennoch nicht die überraschende Markteinführung eines neuen Konkurrenzprodukts ignorieren. Die wirtschaftliche Leistung kann sich anders als erwartet entwickelt haben. Das Wetter war vielleicht für die Saison unverhältnismäßig gut oder schlecht. Womöglich haben Sie auch die Geschwindigkeit unterschätzt, mit der eine neue Technologie verfügbar wurde.

Je weiter der Planungshorizont, desto wahrscheinlicher sind Ihre Prognosen falsch. Ungenaue Vorhersagen sind *kein* Zeichen für schlechtes Management. Erst wenn Manager die Lücke zwischen den geplanten und den tatsächlichen Ereignissen nicht erkennen und deshalb nicht die nötigen Anpassungen ihrer Pläne vornehmen, können sie als schlechte Manager beschrieben werden.

Unternehmen und Manager können mit Notfallplanungen und Szenarioplänen ein gutes Stück weit auf unerwartete Ereignisse vorbereitet werden. Schnelles Feedback und Frühwarnsysteme auf dem Markt sind entscheidend, wenn Manager die Chance haben sollen, diese Pläne zu verwirklichen. Ihr Plan übernimmt die Rolle eines Benchmarks, an dem Ihre Leistung gemessen wird. Die Strategie kann nach Bedarf angepasst werden, um Ihr Wunschziel zu erreichen (siehe Abbildung 10.7).

Pläne sollten *niemals* in Stein gemeißelt werden. Sie müssen genau wie die Unterstützungssysteme flexibel und reaktionsfähig sein. Man muss auf Abweichungen von der prognostizieren Leistung nach oben wie nach unten reagieren. Falls für das Produkt A ein Absatz von 104 000 Stück pro Jahr prognostiziert wurde und in den ersten drei Monaten nicht nur 2 000, sondern 3 000 Stück pro Woche verkauft wurden, dann ist dies nicht unbedingt ein Grund für Selbstgefälligkeit. Das Marketing muss seine Prognose anpassen. Dazu gehört unter Umständen eine Analyse, warum die ursprüngliche Vorhersage falsch war.

- Ist die gesteigerte Nachfrage nur eine vorübergehende Erscheinung oder von Dauer?
- Was sind die Auswirkungen dieser neuen Vorhersage auf die Produktion, Distribution und Finanzierung?
- Stehen adäquate Mengen an Rohmaterialien zur Verfügung? Kann die höhere Nachfrage nach Krediten oder Kundenservice befriedigt werden?
- Falls die zur Verfügung stehenden Ressourcen für die Ausweitung des Kundenservice bei Produkt A umdirigiert werden, welches andere Produkt wird dann beim Kundenservice zurückstecken müssen?
- Welche Auswirkungen hat diese Änderung auf die Rentabilität?

Probleme mit dem Cashflow, die sich aus einer unerwartet hohen Nachfrage ergeben, sind ein wichtiger Grund, warum kleinere Firmen Pleite gehen. Verfallen Sie deshalb nicht dem Irrglauben, dass Sie Ergebnisse, die über der Prognose liegen, ignorieren könnten.

Erfolgreiche Manager wissen, dass das Ergebnis wichtig ist, *nicht* der Plan. Der Plan ist schlicht ein Mittel zum Zweck. Wer versucht, einen Plan auf ein Podest zu heben, sich weigert, ihn anzupassen oder sich nur von einem Planungszyklus auf den anderen darauf zu beziehen, für den ist Planung eine unfruchtbare Aktivität, die wahrscheinlich nicht die gewünschten Ergebnisse zeitigen wird.

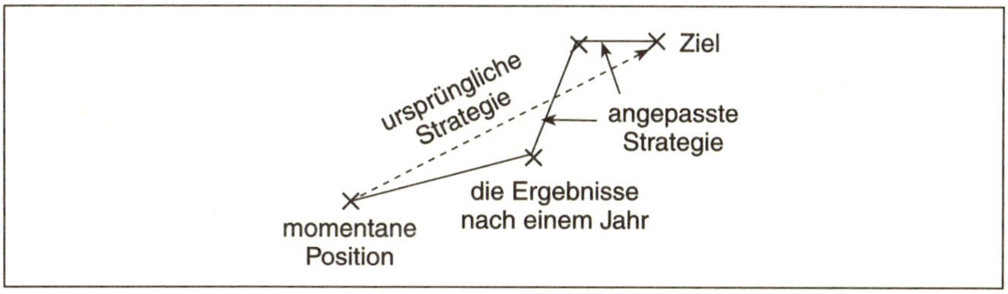

Abbildung 10.7: Die indirekte Route, um Ihre Ziele zu verwirklichen

Von der Defensive in die Offensive gelangen

Stellen Sie sich einen Fußballtrainer vor, dessen Team nur ein Unentschieden für den Einzug ins Finale benötigt. Seine Spielstrategie ist defensiv ausgerichtet, doch der Gegner schießt schon in den ersten 15 Minuten zwei unerwartete Tore. Die Defensivstrategie muss nun zugunsten einer offensiven aufgegeben werden, um die Tore auszugleichen und das nötige Unentschieden zu erreichen. Falls die Mannschaft nur ihre bisherigen defensiven Anstrengungen verdoppeln würde, könnte sie vielleicht die Gegner davon abhalten, noch mehr Tore zu schießen, doch sie würde damit nicht das Ziel des Finaleinzugs erreichen.

Pläne ändern

- Gehen Sie davon aus, dass Sie Pläne modifizieren müssen, und bauen Sie das in Ihren Geschäftskalender ein. Setzen Sie alle zwei, drei Monate Überprüfungsbesprechungen an. Das Thema: »Was müssen wir an dem Plan ändern?«
- Sobald Sie und Ihr Managementteam Veränderungen erwarten, wird der Planungsprozess automatisch dynamischer und kontinuierlicher.

Der Wert der Kontrollen

Planung ist ein Zyklus (siehe Abbildung 10.8). Die Kontrollelemente schließen den Kreis, indem sie wertvolle Informationen für die nächste Planungsrunde liefern. Kontrollen liefern auf dreifache Weise einen Beitrag zu den Planungsaktivitäten:

- Sie warnen Manager, wenn die tatsächliche Leistung von der Prognose abweicht.
- Sie liefern Informationen für die Planungen im nächsten Jahr.
- Sie liefern den Managern Informationen, die ihnen die Beurteilung ihrer eigenen Planungskompetenz ermöglichen. So können sie von den Planungserfahrungen lernen.

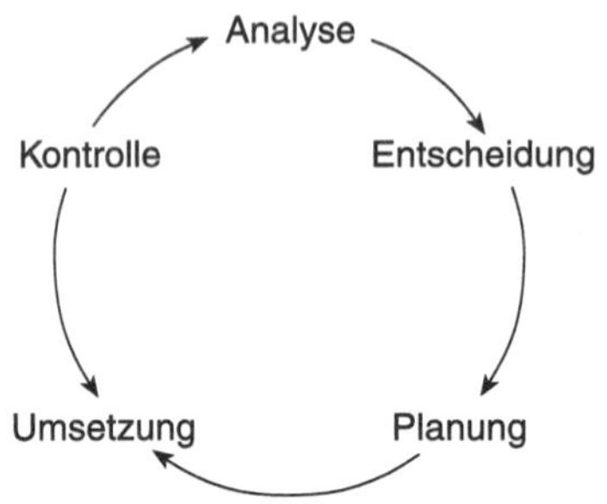

Abbildung 10.8: Der Planungszyklus

Ein Frühwarnsystem

Sobald die Pläne auf spezifischen und quantifizierten Zielvorgaben beruhen, ist die Basis für ein einfaches Kontrollsystem geschaffen. Falls Sie den Verkauf von 12 000 Einheiten pro Jahr planen, dann können Sie am Ende des Monats überprüfen, ob Sie 1 000 verkauft haben oder ob Sie pro Woche durchschnittlich 250 absetzen.

Dieses schlichte System nimmt jedoch auf saisonale Schwankungen bei der Nachfrage keine Rücksicht. Ein Manager muss also den Absatz über zwölf Monate vorhersagen, um ein wirkliches Benchmark zu bekommen, an dem die Leistung für jeden Monat gemessen werden kann (siehe Abbildung 10.9).

Wenn man die Leistung dieses Monats mit der vom letzten Monat vergleicht, ignoriert man die saisonalen Schwankungen. Stattdessen sollte man ein bewegliches jährliches Ganzes betrachten. Nehmen Sie das Ergebnis der letzten 12 Monate, addieren Sie dann den Verkauf für Monat 13 und subtrahieren Sie den für Monat 1. Vergleichen Sie das Gesamtergebnis für die 12 Monate von Monat 2 bis 13 mit dem ursprünglichen Ergebnis für 1 bis 12. Falls die Summe größer ist, steigt Ihre Leistung.

In Abbildung 10.10 lag der jährliche Gesamtumsatz bei 65 Millionen Stück, die einen Gewinn von 1,3 Millionen Euro beisteuerten. Wenn man die Ergebnisse für Monat 13 gegen die von Monat 1 austauscht, kann man die Leistung auf einer jährlichen Basis unter Berücksichtigung saisonaler Schwankungen berechnen. Die 12 Monate bis zum Ende von Monat 13 brachten einen Absatz von 64 Millionen Einheiten (Gesamtergebnis – Monat 1 + Monat 13). Sie erzeugten einen Gewinn von 1,28 Millionen Euro, was eine nachlassende Leistung bedeutet. Tauscht man nun die Zahlen für Monat 2 gegen die von Monat 14 aus, dann liegt der Absatz wieder bei 65 Millionen Einheiten (neues Ergebnis – Monat 2 + Monat 14) und der Beitrag zum Gesamtgewinn liegt bei 1,29 Millionen Euro.

Kontrollinformationen müssen auf einer kontinuierlichen Basis gesammelt werden, damit sie einen Wert haben. Dieser ist vor allem an der Fähigkeit abzulesen, Trends zu erkennen. Diese Trends liefern den Input für die Analyse und Prognose zukünftiger Pläne.

Wir haben nun tatsächlich den Kreis geschlossen: Informationen waren der Ausgangspunkt der Planungsaktivitäten, sie sind aber auch der Schlusspunkt. Die Qualität des Unternehmensmanagements und des Marketinginformationssystems ist ausschlaggebend für die Kontrollaktivitäten. Leider sind kleinere Firmen am schlechtesten gerüstet, um plötzlichen Änderungen zu widerstehen. Oftmals haben sie auch praktisch keine Kontrollmechanismen installiert.

Wie schon in einem früheren Kapitel diskutiert wurde, ist die Informationsexplosion, mit der viele Unternehmen zu kämpfen haben, nur die Spitze des Eisbergs. Bessere und schnellere Informationssysteme ermöglichen, dass der Verkauf, der Lagerbestand und die Leistung nicht mehr nur monatlich, sondern sogar stündlich kontrolliert werden können. Verbesserte Informationsinstrumente sollten bei effektiver Verwendung zu verbesserten Kontrollen führen.

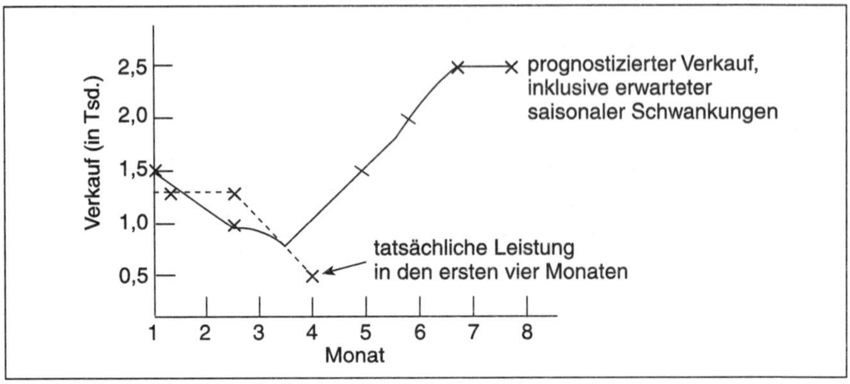

Abbildung 10.9: Den tatsächlichen mit dem prognostizierten Verkauf vergleichen

	Monat 1	Monat 2	Monat 3 →	12-Monate-Ergebnis	Monat 13	Monat 14
Verkaufsvolumen (in Mio. Euro)	4	6	8	65	3	7
Gewinnbetrag (in Tsd. Euro)	100	120	140	1300	80	130

Abbildung 10.10: Saisonale Schwankungen einbeziehen

Überlastung vermeiden

Manager müssen eindeutig wissen, welche Informationen sie für eine effektive Kontrolle benötigen. Sie müssen diese dann anfordern, anstatt passiv Informationen zu empfangen. Es macht wahrscheinlich keinen Sinn, den Verkauf stündlich oder täglich zu kontrollieren, wenn im Wochenrhythmus nachbestellt wird. Bloß weil es möglich ist, eine Kontrolle durchzuführen, heißt das noch nicht, dass es auch eine sinnvolle Beschäftigung für das Management ist.

Ausnahmen berichten

Eine Kontrollmethode, welche eine Überlastung reduzieren kann, ist das Berichten von Ausnahmen. Mit dieser Methode können Manager auf einen Blick erkennen, bei welchem Produkt, bei welcher Filiale oder bei welchem Mitarbeiter die Leistung außerhalb des Budgets oder der prognostizierten Aktivität liegt. Indem Sie dieses Modell mit einer

»Fehlermarge« versehen, zum Beispiel 4 Prozent über oder unter dem prognostizierten Aktivitätslevel, können Sie erkennen, was »außergewöhnlich« ist und deshalb sofort der Aufmerksamkeit des Managements bedarf.

In Abbildung 10.11 werden Informationen über ein Verkaufsteam dargestellt: Seine Leistung wird anhand der prognostizierten Verkaufseinnahmen und -besuche gemessen.

Die Leistung der Verkaufsmitarbeiter A-P wird in dem Schaubild eingetragen. Neun Mitarbeiter liegen außerhalb der vierprozentigen Marge oberhalb wie unterhalb der vorgesehenen Aktivitäten:

- Bei C und P sind die Verkaufseinnahmen bei weniger Besuchen gestiegen.
- K und J haben höhere Verkaufseinnahmen und mehr Besuche vorzuweisen.

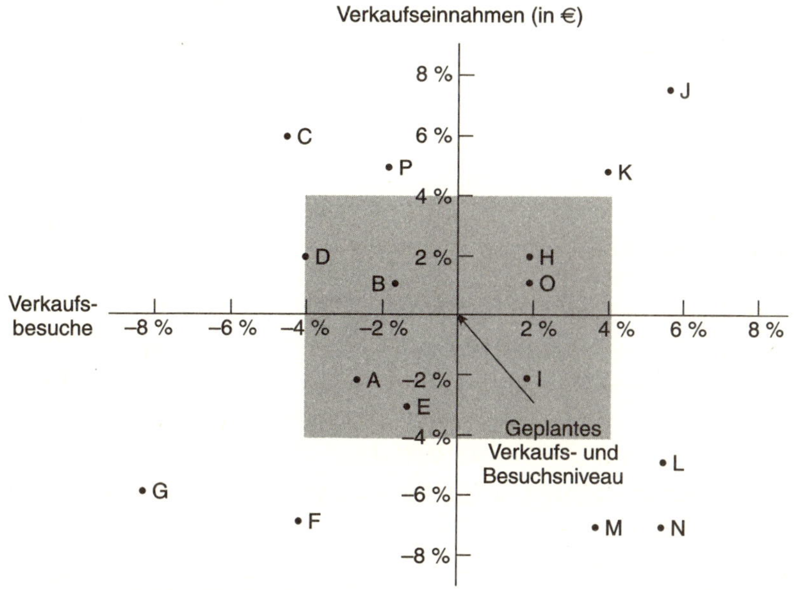

Das Management hat eine Toleranzspanne von plus/minus 4 Prozent des ursprünglichen Budgets angesetzt. Ergebnisse innerhalb dieser Spanne erfordern keine sofortigen Maßnahmen.
Diese Methode weist jeder Person, Filiale oder jedem Produkt ein unterschiedliches Budget zu. Dabei können Größe, Gebiet oder Geschichte eine Rolle spielen. Das Management konzentriert sich auf die relativen Abweichungen vom Budget.

Abbildung 10.11: Ausnahmen berichten

- Bei M, L und N gibt es mehr Besuche, doch weniger Einnahmen.
- G und F haben sowohl geringere Verkaufseinnahmen als auch weniger Besuche vorzuweisen.

Das Managementteam für den Verkauf kann nun die Einzelleistungen überprüfen. M, L und N erhalten mehr Aufmerksamkeit, weil sie mehr Verkaufsbesuche absolviert haben und deshalb vermutlich mehr Auslagen hatten, dennoch sind die Einnahmen gesunken. Vielleicht verbringen sie nicht genug Zeit bei einem Kunden, qualifizieren ihre Verkaufs-Leads nicht ausreichend oder benötigen zusätzliches Verkaufstraining. Vielleicht könnten sie davon profitieren, mit C und P zusammenzuarbeiten. Auf jeden Fall ist die Analyse des Ansatzes von C und P wichtig, um die »Best Practices« im ganzen Unternehmen zu verbreiten.

Karten, auf denen die Ausnahmen festgehalten werden, sind auch eine nützliche Grundlage für das Benchmarking. Die Position dieses Jahres kann im Vergleich mit der letztjährigen eine hilfreiche Vergleichsgrundlage sein. Das gilt sowohl zwischen Mitarbeitern als auch über einen bestimmten Zeitraum.

Keine voreilige Meinung

- Bilden Sie sich keine voreilige Meinung über die Fähigkeiten von M, L und N sowie G und F. Es gibt zwei mögliche Gründe für ihre Leistung:
  - Es können externe Faktoren, die für ihre Verkaufsgebiete wichtig sind, verantwortlich sein. Zum Beispiel kann dies eine regionale Rezession oder ein starker örtlicher Wettbewerb sein.
  - Die ursprünglichen Budgets sind womöglich falsch berechnet worden. Zum Beispiel können G und F dieselben Zielvorgaben für Verkaufsbesuche wie K und J gesetzt worden sein. Falls K und J in einer Stadt operieren, dann ist die Steigerung der Verkaufsbesuche einfach. Aber in den ländlichen Gebieten, in denen G und F arbeiten, verhindern die physischen Begrenzungen eine Verwirklichung der Zielmarken.
- Das Management sollte sich nicht allein auf das Berichten von Ausnahmen verlassen, um die Leistung zu beurteilen. Die Methode signalisiert allerdings mögliche Problemfelder und liefert eine Grundlage für die Prioritätensetzung des Managements sowie für weiterführende Analysen.

Die Leistung kontrollieren

Die Festlegung der Kriterien, anhand derer Leistung bemessen wird, ist eine fundamentale Aufgabe des Managements. Sie sollte am Anfang des Planungsprozesses behandelt werden. Leistungskennziffern wurden schon bei den Auditaktivitäten diskutiert. Sie sind sehr nützlich, um die Leistung zu kontrollieren. Kennziffern ermöglichen ein Benchmarking der Leistung, das Geschäftsbereiche überschreitet, Teams innerhalb eines Bereichs oder sogar Unternehmen innerhalb einer Branche vergleicht. Sobald Trends gefunden wurden, die eine Leistungsschwäche signalisieren, kann das Management nach den Gründen suchen und Korrekturmaßnahmen einleiten.

Der Kontrollprozess ist eigentlich ziemlich einfach (siehe Abbildung 10.12).

Der Diagnoseprozess ermöglicht den Managern ein besseres Verständnis des Marktverhaltens und der Art, wie Marketingaktivitäten das Verhalten beeinflussen.

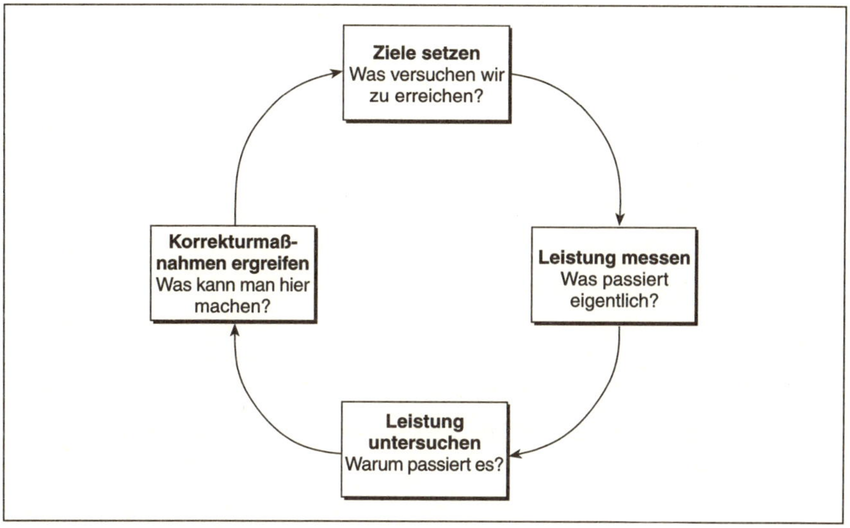

Abbildung 10.12: Der Kontrollprozess

Vergleiche

- Manager müssen sehr vorsichtig sein, wenn sie Leistungen mit den Zielvorgaben vergleichen. Falls die Vorgabe zu hoch gesteckt oder zu niedrig angesetzt war, kann die tatsächliche Leistung in die Irre führen.

- Sich mit anderen in der Branche zu vergleichen, ist ein Ansatz. Doch man muss bei der Auswahl der angemessensten Maße sehr sorgfältig vorgehen.
- Der Durchschnitt der Firmenleistung in einer Branche oder die Leistung des Marktführers können ebenfalls in die Irre führen. Unternehmen jeder Größe müssen die schärfsten Konkurrenten identifizieren. Diejenigen mit einer ähnlichen Größe und mit ähnlichen Merkmalen sind als Benchmark besser geeignet.

Checkliste für Marketingleistung

Jeder Manager muss seine eigene Checkliste aufstellen. Wahrscheinlich werden jedoch Maße dabei sein, die Folgendes anzeigen:

- Gesamtverkaufsvolumen und -einnahmen, aufgeschlüsselt nach Produkten und Kunden;
- Rentabilität von Produkten und Kunden;
- Maße zur Bekanntheit, Einstellung und Handlung;
- die Leistung der Verkäufer und der Kommunikation, zum Beispiel Anfragen pro Verkauf, Verkaufskosten, Umsatz, durchschnittlicher Bestellwert und Wiederholungskaufraten;
- Gesamtkosten für Verkauf und Marketing;
- Entwicklung der Marktanteile;
- Gewinnentwicklung bei anderen wichtigen Branchenkonkurrenten.

Leistung über einen Zeitraum messen

Der Plan ist dynamisch, er wird im Laufe der Zeit umgesetzt. Die taktischen Aktionspläne haben aufgelistet, was von wem getan werden muss. Sie können nun koordiniert werden, um die Abfolge der Ereignisse festzulegen. Diese sollte sinnvollerweise als Gantt-Grafik dargestellt werden. Daran kann dann die Umsetzung des Plans überprüft und bewertet werden.

Ein taktischer Plan für die Durchführung einer Messe oder Ausstellung kann beispielsweise wie in Abbildung 10.13 aussehen.

Die Erstellung eines Zeitplans hat einen weiteren Vorteil. Das Team wird gezwungen, die notwendige Ereignisabfolge zu überdenken, und die Einzelnen haben ein klares Bild von den Schritten, die vollzogen werden müssen, und wer dafür verantwortlich ist. So ergibt sich ein exzellenter Mechanismus für interne Kommunikation. Dieser detaillierte Prozess ist der Schlüssel, damit die Planung nicht als theoretische Übung vernachlässigt wird, sondern zu einer praktischen Aktivität wird, welche das Geschehen beeinflussen soll.

Ein effektiver Plan benötigt einen Zeitplan, so wie ein Rezept eine Methode erfordert. Es reicht nicht, die richtigen Zutaten für Ihr Soufflé zu haben, sie müssen auch in der richtigen Reihenfolge zeitlich abgestimmt eingesetzt werden, um das gewünschte Ergebnis zu erzielen.

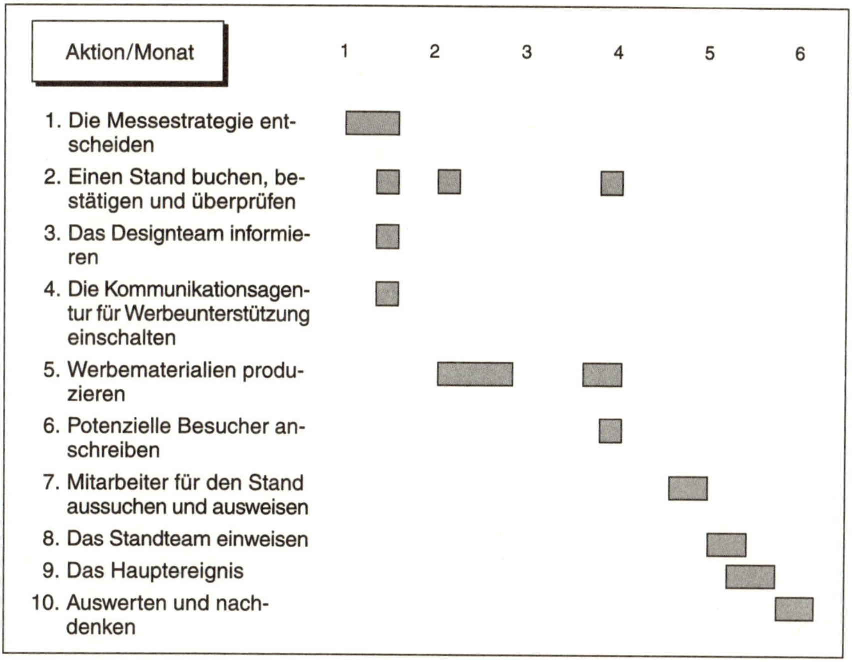

Abbildung 10.13: Ein taktischer Plan für eine Ausstellung oder Messe

Immer Luft lassen!

- Bei der Planung einer Ereignisabfolge sollte Raum für Notfälle gelassen werden.
- Seien Sie auf Unerwartetes vorbereitet und lassen Sie Zeitreserven, um eventuell Werbematerial nachzudrucken oder zusätzliche Mitarbeiter einzuweisen, weil jemand krank geworden ist.

Der Etat

Das letzte Element der Kontrolle ist der Etat. Hierbei handelt es sich schlicht um die finanziellen Ressourcen, die für die Umsetzung eines Plans benötigt werden. Der Etat ist wichtig, doch seine traditionelle Rolle in einer Planung, die von oben nach unten funktioniert, schafft auch Probleme. In der Vergangenheit wurden Budgets relativ inflexibel als Instrument finanzieller Kontrolle eingesetzt.

Abteilungen sind daran gewöhnt, dass ihnen ein Etat zugewiesen wird. Man geht davon aus, dass sie damit zurechtkommen und das Möglichste damit erreichen. Der kundenorientierte Planungsansatz, der in zwei Richtungen funktioniert, ist anders. Hier werden Zielvorgaben entwickelt, welche sich durch das gesamte Unternehmen nach unten verteilen. Jedes Team wird aufgefordert, eine Strategie zu entwickeln, wie sich diese Zielvorgaben am besten verwirklichen lassen. Für ihre Pläne werden die Kosten ermittelt und zusammengenommen ergeben sie den notwendigen Etat für diesen Plan. Er sollte natürlich nicht unrealistisch sein, was die Ressourcen der Firma angeht, denn der Plan wurde erst nach einer gründlichen Überprüfung der verfügbaren Ressourcen aufgestellt.

Hierbei handelt es sich um eine Erweiterung des Ziel- und Aufgabenansatzes bei der Etatermittlung, der in Kapitel 9 beschrieben wurde. Es ist ein weiteres Beispiel, wie leitende Manager sich ändern müssen, wenn Pläne und Firmen kundenorientiert werden sollen. Unternehmen, die früher Etats so aufgestellt haben, dass jedes Team den gleichen Anteil an Ressourcen erhalten hat, oder nach der Formel rechneten »Letztes Jahr plus ein bisschen«, müssen ihren Ansatz überdenken. Sie sollten die Ressourcen den Bereichen oder Abteilungen zuweisen, die ihre Pläne am erfolgreichsten vermarktet haben.

Sobald der notwendige Etat berechnet worden ist, gibt es für das Team eine letzte Chance, die Rentabilität der Strategie zu überprüfen. Dabei wird der Wert des Ergebnisses, falls die Zielvorgaben erreicht werden, mit den prognostizierten Kosten für ihre Verwirklichung verglichen. Man sollte sich zwei Fragen stellen:

- Machen der Vorschlag und der Plan einen gewinnträchtigen Eindruck?
- Könnten dieselben Ressourcen woanders effektiver eingesetzt werden?

Um zu garantieren, dass die Ressourcen wie geplant eingesetzt werden und dass die Projekte und Teams ihr Budget nicht sprengen, sind Finanzkontrollen von großer Bedeutung. Kostenkontrolle ist ein Schlüssel zum finanziellen Wohlergehen, zur Sicherheit und zur Bewahrung guter Kundenbeziehungen. Alle Mitarbeiter sollten die finanziellen Auswirkungen ihrer Handlungen verstehen. Nicht nur die leitenden Manager sollten auf das Geld achten.

Zu viele Mitarbeiter verwechseln Einnahmen mit Gewinn. Sie sehen nur den Verkaufspreis und vergessen, dass nur ein Bruchteil davon zur Kostendeckung zur Verfügung steht. Verkäufer von Lotterielosen erzielen zum Beispiel nur eine Gewinnspanne von 5 Prozent. Ein verschwendeter Euro bedeutet, dass 20 zusätzliche Lose verkauft werden müssen, um den Verlust auszugleichen. Für die Mitarbeiter können Sparmaßnahmen geizig wirken, wenn die tatsächlichen Kosten des Betriebs nicht richtig verstanden werden.

Die Etataufstellung kann zu diesem finanziellen Bewusstsein beitragen. Es ist für die Mitarbeiter im Marketing allzu leicht, ausschließlich die Grenzkosten oder die direkten Kosten ihrer Maßnahmen zu sehen: Eine Wurfsendung wird nur mit 50 Cents für die Broschüre berechnet, ohne das Porto und die Verwaltung einzukalkulieren. Ein strikterer Budgetansatz fördert eine realistischere Einschätzung. So fühlen sich Mitarbeiter am Ende verantwortlicher für die Ressourcen, die sie einsetzen.

Möglichkeiten

- Manager müssen Folgendes fragen: »Was benötigen wir, um X zu erreichen?« Sie können aber die Antwort hinterfragen.
- Es ist ziemlich verständlich, wenn Vorschläge auf Ineffizienzen überprüft werden. Alle Mitarbeiter sollten ermutigt werden, nach besseren Möglichkeiten zu suchen, dasselbe Ergebnis zu erzielen, vor allem auf der taktischen Ebene.

Auswirkungen

Denken Sie daran, dass aufgrund geänderter Umstände modifizierte Pläne auch Auswirkungen auf den Etat haben. Diese müssen durchdacht werden.

Den Kreis schließen

Wenn der Plan also Schritt für Schritt umgesetzt wird, entsteht eine Datensammlung zu Leistung und Effektivität. Die Daten fließen in das Managementinformationssystem ein. Diese Daten können abgerufen werden, um zukünftige Pläne und die Strategie für das nächste Jahr sowie die taktische Planung zu unterstützen.

Der Kreislauf ist Teil eines kontinuierlichen Prozesses. Der Planungszyklus funktioniert als Antriebsrad, welches das Unternehmen vorantreibt. Wenn es stoppt, gibt es keinen Schwung mehr. Falls die Planung willkürlich war, wird auch die wirtschaftliche Leistung willkürlich sein.

Die Planung muss mehr als nur eine weitere Aktivität des Managements sein. Sie muss die zentrale Funktion und Begründung für die Rolle des Managements sein. Es ist völlig gleich, wie groß das Unternehmen ist, wie die Branche aufgebaut ist oder wo sich die Firma befindet. Planung ist eine universelle Aktivität. Wir müssen sie ernst nehmen, doch den Prozess von Mythen befreien. Planung muss für die Managementelite zur Routine werden und darf nicht etwas Besonderes sein. Sie muss eher informell und umsetzend als formell und zurückhaltend sein. Am wichtigsten ist, dass unsere Pläne unsere kundenorientierte Philosophie reflektieren sollten. Die wurde entworfen, um die Kunden und Aktionäre zufrieden zu stellen, indem die Ressourcen garantiert effizient und effektiv eingesetzt werden. Jedes Unternehmen, das richtig plant, kann aus weniger mehr schaffen.

Das Wichtigste

- Beziehen Sie andere so weit wie möglich mit ein. Der Planungsprozess und die Pläne müssen gemeinsam gestaltet werden.
- Treffen Sie Entscheidungen aufgrund von realem Kundenfeedback und von Marktforschung. Eingebung und Erfahrung haben hier nichts zu suchen.
- Investieren Sie in ein Informationssystem, das zur Entscheidungsunterstützung konzipiert wurde.
- Beginnen Sie mit einem klaren Verständnis der Stärken und Schwächen des Unternehmens. Definieren Sie realistische quantifizierte Zielvorgaben, welche das relevante externe Umfeld berücksichtigen.
- Seien Sie bei der Identifizierung und Beurteilung strategischer Optionen offen. Sobald jedoch Entscheidungen gefallen sind, kommunizieren Sie diese deutlich.

- Versuchen Sie nur auf der Ebene der strategischen Geschäftseinheiten zu planen, und produzieren Sie immer einen Plan für jedes Ihrer Produkte und jede Ihrer Marketingstrategien.
- Übersetzen Sie Geschäftsziele, damit diejenigen, welche die Pläne umsetzen sollen, die Auswirkungen verstehen können.
- Stellen Sie sicher, dass Marketingstrategien auf Segmentprofilen basieren, die beim Kaufverhalten oder der Kaufmotivation relevant sind oder Ähnlichkeiten aufweisen.
- Um Synergieeffekte zu erzielen, müssen Sie die taktischen Aktivitäten durch Positionierung koordinieren und harmonisieren.
- Bauen Sie schon am Anfang des Prozesses Kontrollen ein.
- Verwenden Sie Benchmarks, um einen wirklichen Einblick in die Effektivität und Effizienz zu erhalten.
- Gestalten Sie die Planung als dynamischen und fortdauernden Prozess. Holen Sie die Planung vom Podest herunter und arbeiten Sie mit den Plänen. Modifizieren und ändern Sie die Pläne, wenn es nötig ist.
- Konzentrieren Sie sich auf die Umsetzung und verwenden Sie Zeitpläne sowie Aktionspläne. Mit ihnen können Sie die Akzentverschiebung vom Denken zum Handeln unterstützen.

Register

K

L

M

N

O

P

Das Problem.

Zu viele, neue Wirtschaftsbücher.
Zu wenig Zeit.

Die Lösung.

Weniger lesen. Mehr wissen.
business bestseller summaries.

«Wir ertrinken in Informationen und hungern nach Wissen.»
John Naisbitt

302 Seiten

8 Seiten

herausgegeben in Kooperation mit dem F.A.Z.-INSTITUT

*) Ein Jahr lang (= 36 Ausgaben) zum Preis von **nur € 16,50** statt € 19,80 pro Monat inkl. MwSt. und Porto (= 2 Monate gratis!).

Kostenloses Ansichtsexemplar unter www.business-bestseller.com

1 Mit business bestseller summaries reduzieren Sie Ihren Leseaufwand von mehreren hundert Seiten pro Buch auf handliche **acht Seiten** und verkürzen so eine Lesezeit von normalerweise 8-12 Stunden auf freundliche **15 Minuten.**

2 **Sie gewinnen wertvolle Zeit** für die wichtigen Dinge im Leben.

3 Jedes Monat sichtet business bestseller für Sie **hunderte Neuerscheinungen.** Die drei interessantesten Bücher werden ausgewählt und von einem kompetenten Autorenteam auf 8 Seiten zusammengefasst.

business bestseller VerlagsgmbH
Büro Hamburg: Yvonne Funcke
Isebekstraße 17, 22769 Hamburg
Tel. (040) 4325-3546
Fax (040) 4325-2187
abo@business-bestseller.com
www.business-bestseller.com

4 Sie erhalten **auf den Punkt gebracht** alle relevanten Informationen für die optimale Umsetzung in beruflichen Erfolg.

5 **Sie lesen weniger und wissen mehr.** Mit business bestseller gehören Sie zur Informationselite, haben die besseren Argumente und können schon heute über die Trends von morgen reden.

BUSINESS-BÜCHER FÜR QUERDENKER

Talentierte Köpfe sind die Produktivkraft der Zukunft, der beschleunigte Wandel erfordert auch im Business vernetztes und »wildes« Denken. Künftig werden nur diejenigen Unternehmen überleben, die sich in kreative und unkonventionelle Denkfabriken verwandeln. Ein freches Plädoyer für die Funky Inc. des 21. Jahrhunderts - absolut kultverdächtig!
Die Autoren zählen zu den originellsten Management-Gurus Europas und lehren an der renommierten Stockholm School of Economics.

Jonas Ridderstråle
Kjell A. Nordström

Funky Business
Wie kluge Köpfe das Kapital zum Tanzen bringen

258 Seiten

€ 23,95 [D] / sFr 43,00

ISBN 3-8272-7001-4

FINANCIAL TIMES
Prentice Hall

Financial Times Prentice Hall
Martin-Kollar-Straße 10-12
81829 München

Telefon: +49-89-46 00 3-282
Telefax: +49-89-46 00 3-280
www.FTmanagement.de

BUSINESS-BÜCHER FÜR QUERDENKER

»Der Kunde ist die Mutter aller Diktatoren.« Kundenorientierung ist ein Dauerthema. Doch sie erschöpft sich keineswegs in gutem Service und freundlichen Mitarbeitern. Prof. Simon Knox von der renomierten englischen Cranfield School of Management und der Unternehmensberater Stan Maklan legen mit diesem Bestseller ein revolutionäres Konzept zur umfassenden Kundenorientierung des gesamten Unternehmens vor. An die Stelle von Produktnutzen, Qualität, Service und Marketing muss die Kundenorientierung des gesamten Unternehmens treten. Alle Stufen des Geschäftsprozesses – einschließlich derjenigen bei externen Partnern oder Lieferanten – müssen zu 100 Prozent auf den Kunden fokussiert werden. Das gesamte Unternehmen ist das Produkt. Die »Unique Organisation Value Proposition« (UOVP) löst das allseits bekannte USP ab.

Simon Knox
Stan Maklan

Der 360° Wettbewerb
Vom Marketing zur radikalen Kundenorientierung

240 Seiten

€ 44,95 [D] / sFr 81,00

ISBN 3-8272-7015-4

FINANCIAL TIMES
DEUTSCHLAND

Financial Times Prentice Hall
Martin-Kollar-Straße 10-12
81829 München

Telefon: +49-89-46 00 3-282
Telefax: +49-89-46 00 3-280
www.FTmanagement.de

BUSINESS-BÜCHER FÜR QUERDENKER

Das ist gelebtes Branding!

Brand Leadership ist das erste Wirtschaftsbuch mit drei unterschiedlichen Markencovern. Der Titel erscheint im *Persil*-Stil, im *Tempo*-Outfit und in der Anmutung von *Milka*.

Sie haben sich bereits für Ihr Lieblingscover entschieden und möchten zusätzlich die beiden anderen Cover besitzen? Kein Problem! Denn nichts ist schöner, als gelebtes Branding. Nutzen Sie die Möglichkeit, Ihrem Buch ein neues Outfit zu geben!

Wir bieten Ihnen folgenden **kostenlosen Service:**
Schreiben Sie uns, welche Cover in Ihrer Sammlung fehlen, und wir senden Ihnen diese gerne umgehend zu.

Senden Sie Ihre Bestellung an:

Financial Times Prentice Hall
Lektorat
Martin-Kollar-Str. 10–12
81829 München

FINANCIAL TIMES
DEUTSCHLAND

Financial Times Prentice Hall
Martin-Kollar-Straße 10-12
81829 München

Telefon: +49-89-46 00 3-282
Telefax: +49-89-46 00 3-280
www.FTmanagement.de

BUSINESS-BÜCHER FÜR QUERDENKER

Das große Strategie-Paket
Dieser Sammelband bündelt mit seinen Beiträgen das Strategiewissen der weltbesten Business-Schools und führender Management Gurus wie Henry Mintzberg oder C.K. Prahalad. Alle Beiträge sind Originalbeiträge, die speziell für die Mastering-Serien der Financial Times verfasst wurden.

In einer Zeit des rasenden Wandels im Business scheint langfristige strategische Planung hinfällig zu sein. Doch Unternehmen, die allein auf Techniken des operativen Managements vertrauen, gehen im Strudel des Tagesgeschäfts unter. Strategische Planung, das heißt vor allem kreatives Nachdenken. Die alleinige Anwendung erprobter Management-Werkzeuge kann nicht das liefern, was Strategie wirklich ausmacht: den Wettbewerb zu überraschen. Dieser Band bietet das gesammelte Strategiewissen für die Praxis.

Financial Times (Hg.)

Mastering: Strategie
Das komplette Know-how der weltweit führenden Business-Schools

450 Seiten

€ 49,95 [D] / sFr 92,00

ISBN 3-8272-7058-8

FINANCIAL TIMES
Prentice Hall

Financial Times Prentice Hall
Martin-Kollar-Straße 10-12
81829 München

Telefon: +49-89-46 00 3-282
Telefax: +49-89-46 00 3-280
www.FTmanagement.de

BUSINESS-BÜCHER FÜR QUERDENKER

Schaffen Sie eine solide Basis!
Egal, ob Sie ein Unternehmen neu gründen oder umstrukturieren wollen: Um Ihre Stärken und Schwächen kennen zu lernen und Geldgeber zu überzeugen, benötigen Sie einen Business-Plan. In diesem Praxishandbuch erfahren Sie, wie Sie einen Business-Plan überzeugend aufbauen. Sie lernen, wie Sie Ressourcen, Produkte und Märkte analysieren und Ihre Unternehmensziele definieren. Entwickeln Sie strategische und operative Pläne, und stellen Sie einen Finanzplan auf.

Ein guter Business-Plan ist die Grundlage für ein erfolgreiches Unternehmen!

Financial Times Managementpraxis: Das sind umfassende Arbeitsbücher für Praktiker im Management. Die Reihe bietet die Basics des Managements zum Nachschlagen – und detailliertes Spezialwissen für die direkte Umsetzung. Schritt-für-Schritt-Anleitungen, zahlreiche Tipps, konkrete Ideen, Checklisten und praxisnahe Beispiele führen ohne Umwege zum Erfolg.

Richard Stutely

Financial Times Managementpraxis:
Der Businessplan
Ein Praxisleitfaden für Manager und Unternehmensgründer

350 Seiten

€ 44,95 [D] / sFr 83,00

ISBN 3-8272-7076-6

FINANCIAL TIMES
Prentice Hall

Financial Times Prentice Hall
Martin-Kollar-Straße 10-12
81829 München

Telefon: +49-89-46 00 3-282
Telefax: +49-89-46 00 3-280
www.FTmanagement.de

BUSINESS-BÜCHER FÜR QUERDENKER

Frischer Wind im Handel
Wie lassen sich Kunden begeistern und wie wird Einkaufen zum Erlebnis? Charismating bietet Mitarbeitern in Handel und Vertrieb leicht umsetzbare Tools, um den Verkauf an neuen und pfiffigen Maßstäben auszurichten. Mit neuen Ideen und viel Esprit zeigt Ihnen Claudius Schmitz Schritt für Schritt die sieben Charismating-Bausteine: Sie lernen die Bedürfnisse Ihrer Kunden kennen und erfahren, wie Sie die Sinne kitzeln. Charisma und effektives Erlebnismanagement bringen Handel und Vertrieb in Fahrt. Die Kunden werden begeistert sein!

Claudius A. Schmitz

Charismating: Einkauf als Erlebnis
So kitzeln Sie die Sinne Ihrer Kunden

350 Seiten

€ 39,95 [D] / sFr 73,00

ISBN 3-8272-7078-2

Financial Times Prentice Hall
Martin-Kollar-Straße 10-12
81829 München

FINANCIAL TIMES
Prentice Hall

Telefon: +49-89-46 00 3-282
Telefax: +49-89-46 00 3-280
www.FTmanagement.de